U0957063

建构和平

中国对联合国外交行为的演进

Constructing Peace: the Evolution of China′s Diplomatic Behavior towards the United Nations

赵磊 著

Zhao Lei

九州出版社
JIUZHOUPRESS

图书在版编目（CIP）数据

建构和平：中国对联合国外交行为的演进／赵磊 著．
北京：九州出版社，2007.9
（国际战略研究丛书）
ISBN 978-7-80195-579-1

Ⅰ.建…　Ⅱ.赵…　Ⅲ.①外交史—史料—中国②联合国—中外关系—史料　Ⅳ.D829　D813.2

中国版本图书馆 CIP 数据核字（2007）第 141787 号

建构和平：中国对联合国外交行为的演进

作　者	赵　磊
出　版	九州出版社
出 版 人	徐尚定
地　址	北京市西城区阜外大街甲 35 号（100037）
发行电话	（010）68992190/2/3/5/6
网　址	www.jiuzhoupress.com
电子信箱	jiuzhou@jiuzhoupress.com
印　刷	三河市东方印刷厂
开　本	720 × 1020 毫米　16 开
印　张	16.25
字　数	210 千字
版　次	2007 年 9 月第 1 版
印　次	2007 年 9 月第 1 次印刷
书　号	ISBN 978-7-80195-579-1/D · 175
定　价	29.80 元

★ 版权所有　　侵权必究 ★

国际战略研究丛书编委会

顾　问

陈云林　虞云耀　李君如

江　流　李盛林

主　任

康绍邦

副主任

宫　力

委　员

（以姓氏笔画为序）

马小军　门洪华　王　杰　王武树

刘建飞　孙建杭　陈江生　陈维健

宫　力　贺　钧　徐尚定　康绍邦

目录

图表目录

导 论

中国是联合国创始会员国，也是安理会常任理事国，曾为联合国的诞生做出了突出贡献。第二次世界大战期间，中国人民同世界人民一起众志成城、浴血奋战。抗日战争和世界反法西斯战争的胜利，不仅战胜了和平的敌人，还建立了以联合国为核心的集体安全机制。联合国的成立，寄托了世界人民对“欲免后世再遭今代人类两度身历惨不堪言之战祸”的愿望，承载着各国对“彼此以善邻之道，和睦相处”的理想，代表着各国对多边主义和集体安全的信奉与承诺。

今天，中国与联合国已经建立起十分密切的相互依存关系，双方利益彼此交融，在“建构和平”之路上携手共进。然而，中国与联合国的交往并非一帆风顺，在不同历史时期，双方的战略互动具有鲜明的时代特征。本书主要运用建构主义的理论框架，研究中国对联合国的外交行为，并着力解析中国相对于联合国的国家身份、国家利益变迁，以期洞悉中国和平外交战略的形成与发展脉络。

从建构主义的视角出发，本书的研究起点主要来自于两个重要的“问题源”：

1. 研究中国与联合国关系，除了传统的结构现实主义和新自由制度主义研究方法外，有没有其他可供选择的新路径？

2. 中国对联合国的外交行为，是否有清晰的历史分期？其历史轨迹遵循何种规律？

根据这两个“问题源”和温和建构主义观点，[1]本书有以下三个主要命题：

1. 就理论层次而言，根据温和建构主义理论，不同层次的文化结构（共有观念）、身份定位等要素，皆成为影响国家外交行为的重要变量。

2. 就国家利益而言，中国对于联合国外交行为的转变，其前提是中国相对于联合国发生了身份变迁；基于此，国家利益的侧重点有不同突显。

3. 就行为演进模型而言，三个层次（国际、双边、国内）文化结构是中国与联合国关系发展的背景因素，分别赋值和依据研究重点（双边>国内>国际）加

① 温和建构主义主要是指以亚历山大·温特为代表的主流建构主义，区别于激进建构主义、现代性建构主义、女权主义建构主义，等等。

一定分值，所得出的最后分值与初始分值进行比较，便可在一定程度上推演出中国对联合国外交行为的下一阶段特点。

“观念因素”曾经被视为解释国际关系问题的“最后选择”。但今天，观念、身份等要素已成为研究外交行为的重要变量。当然，强调“观念因素”的作用并不意味着否认物质力量的重要性，而是认为物质力量只有在一定的社会环境中才能发挥作用。就主流国际关系理论而言，结构现实主义强调以安全为核心要素的国际结构，否定观念因素的作用。新自由制度主义强调观念要素与物质要素在国际关系中发挥同等重要的作用。温和建构主义则认为，观念是第一位的，物质力量只有在人们观念的解读作用发生后才有意义。本书主要采用温和建构主义的观念内涵，即国际关系行为体之间的互动活动形成共有观念，共有观念建构行为体的身份、利益和行为。对此问题，温特（Alexander Wendt）曾举例说明观念因素的重要性，假如英国拥有核力量，朝鲜也具有核力量，核力量是物质性存在，但是对于美国来说，感到构成威胁的必然是朝鲜，而不是英国。这是因为，在美国的眼中，英国是朋友，而朝鲜是“无赖国家”。

从研究范畴而言，联合国是多边外交舞台，但本书主要分析中国对联合国的外交行为，因此，将联合国看做是具有自身特性的单一国际关系行为体，故本书属于“双边关系”研究。广义上的“双边关系”特指国家间交往所形成的特殊政治、经济、军事、文化等关系，但随着国际行为主体的增多、国际关系内容的丰富，国家与国际组织的交往也逐渐被视为重要的双边关系而加以研究。从国际政治角度分析，可以将联合国视作独立的国际关系行为体，主要是因为：1．联合国具有独立的行为能力，能够参与国际间的相互交往，并对国际关系其他行为体施加影响。2．联合国具有自己的、与其他行为体相区别的特殊利益。3．联合国拥有与其行为能力相适应的能够对其他行为体施加影响的手段。4．联合国有较稳定的组织形式。因此，中国与联合国的关系可以视为行为体之间的双边关系而加以研究。

作为独立的国际关系行为体，联合国特性主要由主导国/群体的意志及特性所决定。例如，在20世纪70年代之前，联合国的行为特征更多流露其主导国美国的行为印记。在研究过程中，本书所提出的核心理论假设是：中国与联合国的互动实践形成了特定的文化结构，即共有观念，特定的文化结构建构了中国的身份、利益和行为。其中，自变量是文化结构，因变量是国家行为，中介变量是国家身份和国家利益[①]；基本变量关系是：文化结构通过建构国家身份和国家利益来影响国家外交行为。因此从研究目的而言，本书属于解释性研究。[②]

在这一核心理论假设前提下，还有其他附属假设，本书一并验证，其中包括：

中国对联合国的外交行为经历由工具性学习向规范性学习转向。[③]

正是通过几十年从简单到复杂，从个人到组织，从失败到成功的不断学习，中国对联合国的外交行为不断成熟，这首先是一个源于自身学习不断深化的过程。[④]

联合国作为一个具有自己规范的、有目的的行为体会主动作用于国家，把组织规范传授（Teach）给国家，使之内化为国家的自觉意识，并“教”会了国家新的利益。

例如，根据玛莎·费丽莫（Martha Finnemore）的观点，很多20世纪中期新独立的发展中国家都建立了国家科技部门，这是因为联合国教科文组织真正“教”这些国家认识到这些部门才是一个国家政府结构的基本成分。以中国为例，20世纪70年代，联合国发起“人类环境大会”，在与联合国交往过程中，中国逐渐意识到环境保护事业是中国政府必须重视的重要议题。此后，“环保成为后毛泽东时期中国立法最多的领域。”[⑤]

本书研究中国对联合国的外交行为，采用温和建构主义的分析框架，因此可以说是建构主义的实证研究。建构主义是国际关系理论的三大主流派别之一，国

---

① 中介变量是指在自变量与因变量之间发挥传递作用的变量，即自变量X导致中介变量V，然后V再导致变量Y的出现。中介变量的作用是用以解释为什么自变量与因变量之间能够形成关系。结构现实主义研究国家外交行为的基本变量有两个，即国际体系结构与国家行为。基本变量关系为：国际体系结构影响国家行为。自由制度主义研究国家外交行为的基本变量也有两个，即国际制度和国家行为。基本变量关系为：国际制度影响国家行为。而建构主义研究国家外交行为时，文化结构不能够直接影响或作用于国家行为，建构主义者认为只有先确定了国家身份和利益之后才能真正理解和解释国家行为。因此，将国家身份和国家利益作为中介变量是可行且必要的。

② 总体上讲，国际关系研究目标主要有三类，包括描述性研究、解释性研究和处方性研究，它们相应回答“是什么（What）”、“为什么（Why）”和“怎么样（How）”

③ 建构主义注重研究社会化的学习与教育机制，学习与教育是相伴共生的一对概念，其中学习的主体是作为建构的对象国政府，施受教育的主体则包括国际组织、“关键国家”，甚至一国国内的利益集团。具体途径包括：国际组织的规范和制裁、“关键国家”的示范效应、政府承受的压力、政府本身的学习。以中国与联合国关系为例，“工具性学习”是指中国适应性、功利性地接受联合国制度，当联合国对中国有用时，中国就积极参与；当联合国对中国无用时，中国就置之不理。“规范性学习”指中国认识到联合国在全球治理中不可替代的重要作用，即国家有责任遵守联合国制度，有义务维护联合国权威，而上述行为完全属于内在的自我要求。

④ 温特将学习分为“简单学习”（Simple Learning）和“复杂学习”（Complex Learning）。简单学习是使自己的行为符合社会规范的过程，而复杂学习则涉及身份和利益的形成。这与约瑟夫•奈的分法是不同的，奈也把学习分为简单学习与复杂学习，但他认为前者指通过学习新的信息使自己适应现状，而不去改变它。后者指行为者承认手段与目标之间有冲突，并积极地改变手段或调整目标。此外，他还把学习分为个人学习（Individual Learning）和组织学习（Organizational Learning）。前者指个人观念的进步或改善的过程，后者指通过个人思想观念的变化对环境产生影响，并通过个人的学习改变组织程序，使组织进一步发生反应过程。相关论述见Joseph S. Nye, Jr., Nuclear Learning and U.S.-Soviet Security Regimes, *International Organization*, Vol.41, No.3, (Summer 1987), p. 378.

⑤ Lester Ross and Mitchell A. Silk, *Environmental Law and Policy in the People’s Republic of China* (New York: Quorum Books, 1987), p. 3.

家的外交政策及外交行为越来越成为其研究的重点领域。作者认为，对中国外交行为进行研究，除历史性、政策性分析外，加入理论化元素是此学科国际化且更富生机的科学进路。客观地说，主流国际关系理论对国际组织本身、国际组织与国家利益的关系、国际组织与国家外交行为的关系，是有不同认知的，见表1：

表1 主流国际关系理论对国际组织、国家利益、国家外交行为的认知 ①

结构现实主义	1．在本质上，国际组织的创立与维护同霸权国的积极鼓励密切相关，霸权国的实力与威望是其他国家接受该组织的前提； 2．国际组织不能促使国际合作，而仅仅促使国家间的协调，国家在国际组织的外交行为注重自身的相对收益； 3、国家更愿意使国际组织负担职能和责任，而不是授予它们权力，组织制度对于国家行为只有最低限度的影响。
新自由制度主义	1．国际组织的建立提供了国家间交换信息的场所，减少不确定性、降低交易成本，并为合作者提供可预见的信任机制； 2．国际组织致力于发展规范，促成国际合作，国家在国际组织的外交行为注重自身的绝对收益； 3．组织制度是各国要遵守的行为准则，国家加入国际组织就要约束自己的行为，使之符合国际制度的要求且具有预见性。
温和建构主义	1．国际组织的建立与维护是社会建构的结果； 2．国家利益不是先天就有的，在国家与国际组织的社会性互动中，国际组织“教”会了国家新的利益； 3．国家对组织制度的认同是不断学习、逐步适应的过程。通过社会化，国家把组织制度“内化”为自己的行为准则。

从表1可以看出，温和建构主义与结构现实主义、新自由制度主义之间关系除竞争性外，还存在互补性。后两者主要运用经济学的分析方法，而前者则运用了社会学分析方法。如果多角度地考察国家的外交行为，发挥各种理论与方法的

① 注：1．代表主流国际关系理论对国际组织本身的认知。2．代表主流国际关系理论对国际组织与国家利益关系的认知。3．代表主流国际关系理论对国际组织与国家外交行为关系的认知。

研究长处，我们就会对研究问题有一个更全面的把握。实际上，国家行为主要受到两种逻辑的支配，即推论逻辑和适应性逻辑。①推论逻辑由行为体驱动，行为体对手段和目的进行计算，设计出效用最大化战略，外交行为只能是这一过程的产物。适应性逻辑由行为体互动所形成的文化结构驱动，文化结构规范行为体所要考虑和采取的行动。而且，两种逻辑在决定国家外交行为时往往同时起作用。故此，本书不在于取代结构现实主义、新自由制度主义理论，而欲借用温和建构主义理论展现新的研究视角，同时为理解和预测中国对联合国的外交行为提供一种新的分析框架。

第一节 理论框架的建立

本书主要运用建构主义理论重新审视中国对联合国的外交行为。在此研究进程中，运用温和建构主义理论构建一个统一的概念体系，如“文化结构”、“国家身份”、“国家利益”、“外交行为”等，这是全书的理论基点。其逻辑顺序可以简化为：“文化结构—国家身份—国家利益—外交行为”。其中，“文化结构”的形成不是既定的，行为体的互动实践可以在三个方面形成不同层次的文化结构。图1是本书的核心解释模型：

图1 文化结构与外交行为的核心解释模型

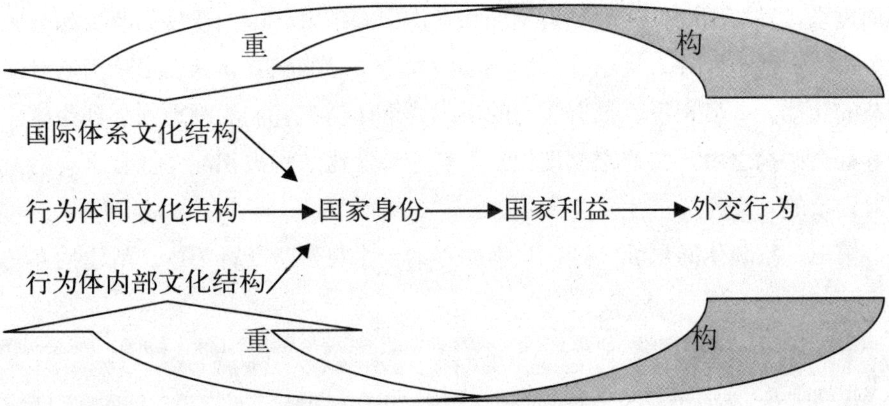

① 两种逻辑的名称来自马奇和奥尔森。转引自Martha Finnemore, *National Interests in International Society*, (Ithaca NY: Cornell University Press, 1996), p. 29.

一、文化结构

建构主义的文化结构（Cultural Structure）特指行为体社会互动实践所形成的共有观念或共有知识（Shared Knowledge）。温特认为，国际政治的结构是观念的分配（Distribution of Ideas），并把这一概念同“Cultural Structure”，“Distribution of Shared knowledge”等概念相混用。也就是说，他所说的“Ideas”，“Culture”，“Shared Knowledge”等都属同一类事物，本质均属观念范畴，同“Material Dimension”相对应。建构主义特别强调文化结构对于国家外交行为的影响，表现出整体主义的研究趋向。在世界观方面提倡重视观念的重要性，认为物质力量唯有经过观念建构才具有实质性作用。因此，建构主义认为诠释外交行为，并不能完全聚焦于有形的物质力量（如人口、资源、经济、军事、科技能力，等等），还需了解观念因素对于外交行为的建构作用。

不同层面上的社会性实践活动产生不同特质的文化结构①：首先，国际体系层面。国际社会的主要或全体行为体相互作用，形成在一定历史时期内较为稳定的文化结构。这种文化结构就是生成国家利益的国际社会性因素，从而使不同国家在此特定社会环境中拥有共同的理解和期望。

其次，行为体内部层面，即存在国内社会层面的建构主义。②国家作为自组织的单位，其文化结构也源于国家的内部建构。也就是说，国家在体系层面互动之前，是具有自己身份的，即国家身份的内在层面。这种身份的建构是国内具有不同需求，发挥不同作用的利益集团相互作用的结果。国内秩序的改变如革命、战争、改革甚至领导人更迭都会影响国内权力资源的配置，从而影响国家对国家利益的认知。一般来说，最有实力的组织或个体会把它们的观念强加到法律、政策等社会结构之中，并使之制度化，一旦这种文化结构被积淀为社会事实后，就会对国家的外交行为产生重要影响。③

第三，行为体间层面。这一层面的互动至少包含两个行为体。从建构主义角

① 秦亚青教授也认为文化结构的形成来源于三个层面的互动实践，即国际体系层面、国内体系层面、国际互动层面。相关论述见方长平：《国家利益的建构主义分析》，当代世界出版社2002年版，秦亚青教授所作序言部分，第4页。

② Volker Rittberger, et al., eds., *German Foreign Policy Since Unification* (Manchester/New York: Manchester University Press, 2001), pp. 45-47.

③ Yucel Bozdaghoglu, *Turkish Foreign Policy and Turkish Identity* (London: Routledge, 2003), p. 29.

度看，两个行为体在没有交往的情况下是无所谓共有观念的。在行为体互动过程中，初始行为通过互应机制使双方产生并加强一些观念，当开始共同拥有这些观念时，便有了文化结构，同时形成了外交决策的文化氛围。例如，如果行为体之间相互把对方视为敌人，那么这个信念就帮助它们确定了在任何给定情景中的身份和利益。它们的行为方式又向他者证实了它们确实是威胁，这样就再造了原有的敌对观念。①

温特提出了三种理想类型的文化结构：霍布斯文化（Hobbesian Culture）、洛克文化（Lockean Culture）和康德文化（Kantlan Culture）。其中，霍布斯文化结构的逻辑是“所有人反对所有人”的战争状态，洛克文化结构的逻辑是“生存和允许生存”的竞争状态，康德文化结构的逻辑是“一人为大家，大家为一人”的和谐状态。

二、国家身份

“Identity”源于拉丁语的“Idem”，意思是同样的、相同的（即the same），翻译成汉语，即可作“身份”，也可为“认同”。一般认为，“独特的身份在社会中具有三个基本功能：即它将告诉自己我们是谁、告诉他人我们是谁和告诉自己他人是谁。”②就定义而言，温特在《无政府状态是国家造就的》一文中指出，身份是行为体“对自身相当稳定的、特定角色的理解和期望。”③在《国际政治的社会理论》一书中，温特进一步将其定义为“有意图行为体的属性，它可以产生动机和行为特征。”④

国家身份的定位也有不同维度。例如，一个国家在与另一个行为体进行交往，会不断根据国际社会、国内社会及双边层面已有的文化结构去定位、修正、再造自己的角色，以此明确自己在交往平台上所处的地位以及所能够发挥的作用。按照建构主义理论，国家执行外交决策是因为这一决策符合自身的身份定

① 田文林、林海虹：《伊斯兰与西方的冲突：一个自我实现的文化预言》，《世界经济与政治》，2002年1期，第34页。

② Ted Hopf, The Promise of Construction in International Theory, *International Security*, Vol.23, No.1, (Summer 1998). 转引自陈东晓：《浅议建构主义对东亚安全前景的再认识》，《国际观察》，2000年第4期，第30页。

③ Alexander Wendt, Anarchy is What States Make of It: The Social Construction of Power Politics, *International Organization*, Vol. 46, No. 2, (Spring 1992) p. 397.

④ [美]亚历山大·温特：《国际政治的社会理论》，秦亚青译，上海人民出版社2000年版，第282页。

位，即行为体的行为并不是为了使自己的利益最大化，而是为了去做符合规则的“正确”的事情。根据这一理论，行为体的行为应该要与源于自身身份的角色期望保持一致。这就是说，如果中国将自己界定为一个“负责任的大国”，中国的外交政策就应尽可能符合这一身份。

独特的国家身份一旦形成，便对国家利益的确定起到决定性作用，因为“身份是利益的前提，身份界定利益”。国家利益又是外交行为的基本动因，所以当国家的身份发生改变时，国家的外交行为也必然随之改变。一般而言，文化结构建构了三种不同的身份类型：敌人、竞争对手、朋友。霍布斯文化结构导致的身份类型是敌人；洛克文化结构导致的身份类型是竞争对手；康德文化结构导致的身份类型是朋友。

三、国家利益

国家利益是一个历史范畴。英国学者查尔斯·比尔德（Charles A. Beard）对国家利益作为一种概念的形成过程做了较为清晰的分析：从王朝利益过渡到国家利益大约经历了一个世纪的过程。国家利益作为一种客观因素虽然从产生国家开始就存在，但是无论是古希腊的城邦国家、西欧的中世纪君主国家，还是中国的春秋战国及以后长达2000年之久的封建王朝，国家很难成为一个“绝对独立”的政治实体，往往依附于君主或皇室的利益而存在。例如，在中国士大夫眼中，“朕即一切”成为天经地义的事情，他们对“国家利益”的维护以忠于皇族的利益为最高境界。威斯特马克（Edward Westermarck）说：“对于一个中世纪的人来说，国家仅是他居住的社区，臣民的第一责任是忠于某一贵族而不是将各个贵族联系起来的国家。”①只是在威斯特伐利亚体系建立以后，民族国家的国家利益才逐渐在外交领域加以确认，同时主权平等原则成为保护国家利益的重要国际法准则。

国家利益始终是一国制定对外政策的主要依据。②但是，对国家利益如何形成这一问题，国际关系各学派却提出了不同的回答和解释，其根本差异集中在一点：观念性因素是否能够对国家利益的形成起到决定性作用。结构现实主义的国

① 阎学通：《中国国家利益分析》，天津人民出版社1997年版，第12页。

② 倪世雄：《世纪风云的产儿——当代国际关系理论》，浙江人民出版社1989年版，第31页。

家利益学说强调客观条件是国家利益形成的根本原因，并修正了摩根索（Hans J. Morgenthau）以权力为中心的国家利益说，提出了以安全为核心的国家利益理论。应该说，结构现实主义的国家利益观是最简约的利益理论，即客观条件（国际体系的无政府状态）决定国家利益（国家安全）。这种国际利益观完全排斥了观念对国家利益形成起到的作用。[①]

新自由制度主义在对待国家利益问题上采取了折衷的做法。由于新自由制度主义强调国际制度、国际规则等因素的作用，而这些因素显然属于非物质因素，并且已经进入了观念的范畴。然而，新自由制度主义却将客观条件与观念因素共同作为并列的原因性变量。因此，新自由制度主义的国家利益观是：客观条件和观念因素共同决定国家利益。这等于在结构现实主义利益模式上附加了一个变量——观念，用这个附加变量解释单凭所谓的客观现实无法解释的国家行为现象，比如国家之间的合作行为。[②]

建构主义理论认为国家利益如同国际体系的无政府状态均不是给定因素，而是社会性建构的产品，即国家在社会性实践过程中，观念变化会导致国家身份发生变化；国家身份变化促使国家利益也随之发生改变；在此基础上，国家利益决定外交行为，即国家只有在国际体系中确定了自我身份或自我认同以后，才能相对地确定其利益的范围、数量和程度。[③]当然，这里的观念是共有观念，是主体间知识，是文化。并且，国家利益处于不断变化的过程中。

国家利益是多种多样的，以不同的标准为尺度，国家利益可以分成不同的类型。例如，唐纳德·纽克特南（Donald Nuechterlein）以美国的国家利益为研究对象，分析国家利益的组成要素，在其著作中将美国的国家利益分为三大类：防御、经贸以及世界秩序。1．防御利益，即国防利益，指保护美国人民、领土和机构不受潜在的外来威胁之侵害。2．经贸利益，即经济利益，指推行美国之国际贸易和投资，其中包括保护在国外的美国私人公司。3．世界秩序，即责任利益，指建立一个和平的国际制度，不必诉诸战争即可解决争端。[④]

就中国而言，本书主要分析三种基本的利益需求：第一，政治利益需求，

① 方长平：《国家利益的建构主义分析》，当代世界出版社2002年版，秦亚青教授所作序言部分，第2页。

② 方长平：《国家利益的建构主义分析》，当代世界出版社2002年版，秦亚青教授所作序言部分，第2-3页。

③ Martha Finnemore, *National Interests in International Society*, (Ithaca NY: Cornell University Press, 1996), p.2.

④ [美]纽克特南：《变动世界中美国的国家利益》，黄奇铭译，台湾新亚出版社1976年版，第10-11页。

即“主权利益”、“安全利益”，是国家利益的核心，只有政治利益得到一定程度的满足后，其他国家利益才可能得以实现。其内容包括政治独立、领土安全、国家统一等。第二，经济利益需求，即“发展利益”，是最经常性的国家利益。当国家生存有了一定程度的保障后，经济利益便成为国家外交政策所追求的重要目标。其内容具体指国家外交行为要服务于国内经济建设，争取创造有利于改革和发展的相对稳定的外部环境。第三，责任利益需求，即“道义利益”，是国家的最高利益追求。当社会安定、经济富足（国家利益的国内价值实现已经完成）时，国家就转而寻求获得他者尊重、精神满足，从而实现自我价值的国际实现。①当然在不同历史时期，上述三种基本利益需求是有层次性的，即存在国家急待实现的核心利益。

四、外交行为

外交行为是国际关系分析中的一项重要内容。外交行为是外交政策的具体表现。戴维·辛格（David J. Singer）曾指出，外交政策分析是从国家层次上来理解世界，它不同于从体系层次来理解世界政治。②而以结构现实主义、新自由制度主义、温和建构主义为核心的国际关系主流理论，都将研究重心置于国际体系层次。③不过国际体系理论和外交政策理论实际上并不容易分开。对国家外交行为的影响有多种变量，如果从分析层次的角度来考虑，可以有三个方面：个人、国家和国际体系。虽然有些变量在单元层次上解释起来比结构层次更好，但这并不意味着系统理论不能解释外交政策，而只是说明它不能解释外交政策的各个方面。④如果从规范的角度来分析国家外交政策可以从国际和国内两

① 王逸舟教授认为中国外交要实现三种基本利益需求：第一，“发展利益及需求”，即有一个能保证自身改革和发展的相对和平稳定的外部环境。第二，“主权利益及需求”，即保障领土完整和主权不受侵犯，逐步实现国家统一。第三，“责任利益及需求”，即在本地区（亚太区域）发挥积极影响，并逐渐成为全球范围内一个有影响力的、被公认为起建设性作用的重要国家。部分国外学者也认同，中国在国际体系中的外交行为服务于三个目标：1．维护主权、安全、统一。2．促进经济发展。3．树立良好国际形象。相关论述见[美]伊莉莎白·埃克诺米、米歇尔·奥克森伯格主编：《中国参与世界》，华宏勋等译，新华出版社2001年版，第21-23页。

② David J. Singer, The Level of Analysis Problem in International Relations Theory, in Andrew Linklater, ed., *Critical Concepts in Political Science*, (New York: Routledge, 2000), pp. 835-848.

③ 秦亚青：《权力·制度·文化：国际关系理论与方法研究文集》，北京大学出版社2005年版，第15页。

④ ames D. Fearon, Domestic Politics, Foreign Policy, and Theories of International Relations, *Annual Review of Political Science*, 1998, pp. 297-298.

个层面来进行，即跨国层面的建构主义和国内社会层面的建构主义。①此外，就双边外交行为而言，两个行为体之间的互动也会产生共有观念，这样的观念造就了行为体之间的文化结构，界定了行为体相对的身份，因而在利益判定的基础上产生外交政策。

霍布斯文化结构的核心内容是敌意。行为体间的关系再现是敌人，行为原则是不承认其作为独立的行为体存在的权利，并且可以无限制使用暴力。外交行为取向：1．力图摧毁、消灭或改变对方。2．时刻把对方意图向最坏处考虑，任何事件都会与敌意联系在一起。3．军事实力被视为至关重要的因素，既根据敌人的军事实力预测敌人的行动，又认为自我军事实力是相互关系的决定性因素，军事方式被认为是唯一可以具有最终决定权的手段，发展军事力量被视为安全的保证。4．如果爆发战争，就会无限制使用暴力，直至消灭对方或被对方所消灭，等等。②

洛克文化结构的核心内容是竞争。行为体间的关系再现是竞争对手，行为原则是相互承认生存和财产权利。外交行为取向：1．承认相互主权。2．重视绝对收益、未来效应。3．军事实力比重减弱。4．暴力受到限制，等等。③

康德文化结构的核心内容是友谊。行为体间的关系再现是朋友，行为原则是非暴力、互助。外交行为取向：1．集体身份和高度的利益认同。2．不使用战争和战争威胁方式解决冲突。3．一方受到威胁的时候另一方将予以帮助，等等。④

第二节　演进模型的建立

理论框架的建立提供了研究静态外交政策的分析手段，但研究动态外交行为还必须建立相应的演进模型。本书运用多层次系统定性分析和简单量化分析相结合的方法，依照程度差异对3种文化结构进行进一步细化，并赋予基本数值。为演算方便以创造直观评估系统，故赋值区间为“-3”至“+3”；程度每变化一

① Volker Rittberger, et al., eds., *German Foreign Policy Since Unification*, (Mancherster/New York: Manchester University Press, 2001), pp. 45-47.

② [美]亚历山大·温特：《国际政治的社会理论》，秦亚青译，上海人民出版社2000年版，第328-335页。

③ [美]亚历山大·温特：《国际政治的社会理论》，秦亚青译，上海人民出版社2000年版，第350-354页。

④ [美]亚历山大·温特：《国际政治的社会理论》，秦亚青译，上海人民出版社2000年版，第370-372页。

级，数值变化“|1|”，具体算式如图2：

图2 文化结构程度分级示意图

敌对的霍布斯状态	问题严重	-3
	问题比较严重	-2
竞争的洛克状态	有些矛盾	-1
	关系密切又潜在矛盾	1
和谐的康德状态	无矛盾或关系一般	2
	关系密切或比较密切	3

由于上述文化结构的程度分级难以量化，因此本书以不同时期外交决策者对国际、双边、国内社会紧张程度的主观感受为判断标准：如时刻强调战争、革命、挑战，即处于“问题严重的霍布斯状态”；如偏重缓和、和解，即处于“问题比较严重的霍布斯状态”；如强调变革、依存，即处于“有些矛盾的洛克状态”；如侧重合作、正常化、好感，即处于“关系密切又潜在矛盾的洛克状态”；如行为体言行突出共同利益，即处于“无矛盾或关系一般的康德状态”；如积极强化朋友认同、和谐状态，即处于“关系密切或比较密切的康德状态”。

三个层次文化结构对国家外交行为的影响是有区别的，就双边关系而言，“双边压力”大于“国内压力”又大于“国际压力”。①因此，在上述分值的基准下，必须进行必要的加分，以突显各层次效力的差异。如果是正值，就在原数值基础上分别加值“2、1、0”；如果是负值，则分别加值“-2、-1、0”。演算后分值总和是正值，分值区间为“6—12”，表明“友谊”是中国对联合国外交行为的主体趋向特征；如果分值总和位于“-6—6”区间内，表明“合作、竞争”是中国对联合国外交行为的主体趋向特征；如果分值总和是负值，分值区间

① 当国际结构恶劣、国内社会混乱时，可能存在国家间双边关系良好的情况。例如，20世纪70年代初期的中美关系。与此相反，当国际、国内结构处于良性状态时，国家间双边关系也有可能十分脆弱、紧张。例如，20世纪90年代以来，与台湾所谓“邦交国”和中华人民共和国之间的关系。因此，本文认为就影响力而言，如果研究中国与其他行为体之间的双边关系，那么“双边压力＞国内压力＞国际压力”。

为“-6—-12”，则中国对联合国外交行为的主体趋向特征是“敌意”，见图3：

图3 文化结构区间示意图

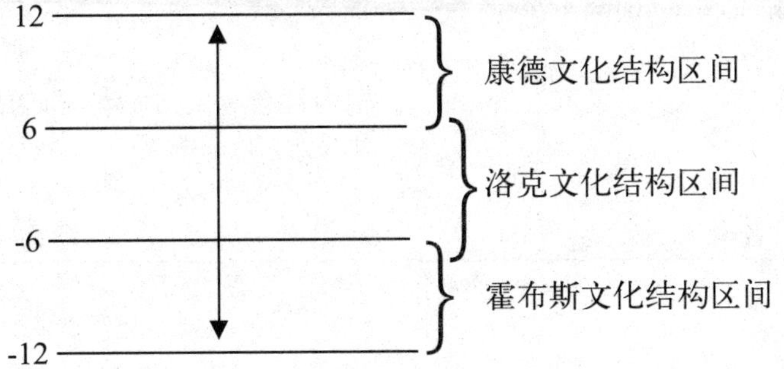

从数值比重情况看，双边关系处于洛克状态较多，处于极端的霍布斯状态或康德状态较少。此外，这一演进模型在一定程度上也有助于分析外交行为的动态发展趋势。比如在某一时期，中国与联合国处于问题严重的霍布斯状态，国际体系和国内结构均为关系密切或比较密切的康德状态，经过计算，分值总和为“2”，即中国与联合国的互动实践会逐渐由霍布斯状态向洛克状态发展，外交行为也会由敌意向非敌非友的竞争对手方向转变。因此，这一演进模型不仅能够在理论框架下分析动态的外交行为，更重要的是提供了一种可供检验的预测工具。

戴维·辛格认为，国际关系研究主要包括两个层次：国际系统和国家。肯尼斯·沃尔兹（Kenneth N. Waltz）则从决策者个人因素、国家内部因素和国际系统因素三个层次研究国际关系。布鲁斯·拉西特（Bruce Russett）和哈维·斯塔尔（Harvey Starr）提出了6个分析层次的变量。[①]本书根据研究设计的假设关系提出了3个分析层次的变量，[②]见图4：

① 秦亚青：《层次分析法与国际关系研究》，《欧洲》，1998年第3期，第4-10页。

② 三个层次是本书的基本分析框架，其中“行为体间”，即中国与联合国的互动实践是本书深入研究的重点。

图4 层次分析法与本书的分析层次

	沃尔兹	辛格	拉西特—斯塔尔	本书
宏观	国际系统	国际系统	世界系统	国际体系
			国际关系	
	国家	国家	国内社会	行为体间
			国家政府	
			决策者角色	
微观	决策者个人		决策者个人	行为体内部

第一章　中国对联合国外交行为的历史分期——文本分析（1949—2006）

文本分析是重要的内容分析方法，主要研究相关文献的内容特征，包括“潜在的或隐含的信息”，是对文献所含信息量及其变化的分析、推理。①文化结构会影响国家外交政策话语。例如，现在我们越来越多的在公开的政府文件和领导人言论中发现，“与国际接轨”、“按照国际惯例办事”、“国际责任”、“多边主义”、“国际游戏规则”等词汇的出现频率越来越高，这显示了中国对国际制度的内化进程。②本书将运用文本分析方法，通过对大量客观数据的统计，推演出文字、言语表述背后的外交行为趋向，从而提高研究结果的效度和信度。

《人民日报》是中国共产党中央委员会的机关报，是中国最具权威的综合性日报，其言论是中央精神向外界传达的最主要媒介，也是世界了解和观察中国的重要窗口。在一定程度上，中共中央对国际事务观点、外交政策动向可以通过《人民日报》向世界公开表露。因此，本书选择《人民日报》作为文本分析的资料来源，以1949-2006年《人民日报》发表的有关联合国内容的文章为研究素材，将定量与定性研究相结合，力图客观判断各个历史时期中国对联合国外交行为的不同特征。此外，在《人民日报》的基础上，本书还加入了中共中央政治报告、中国代表在联合国大会一般性辩论中的发言等官方文件作为文本分析的补充资料。

---

① 文本分析是一种对文字资料进行深入研究的分析方法，即在选定的特定时间和特定地点，统计某类文献中的某些单词、词组或符号出现的频次，以此为依据来揭示人们的思想特征。文本分析基于这样的假设：某种符号在一定时期内反复出现的话，它一定是人们内心深处情感的象征。

② 因此，在文书的分析过程中将特别关注以下词汇的出现频率：20世纪50、60年代：战争、安全、主权，等等；70、80年代：竞争、合作、发展，等等；90年代至今：国际惯例、国家责任、国家形象，等等。

第一节　确定历史坐标：中国对联合国外交行为的分期问题

如何对中国的联合国外交行为进行分期，文书引入的分析指标是《人民日报》在不同历史时期对联合国特定领域关注的密度、强度。具体来说，就是看中国政府更加关注联合国领域哪一层面的活动，由此判断中国与联合国交往是更加注重政治利益、经济利益还是责任利益。

本章数据来源于《人民日报》之“图文数据全文检索系统”（外交学院图书馆镜像站、中共中央党校图书馆镜像站），时间区间限定为1946-2006年，取样步骤为：

1. 在“标题”与“正文”栏内，同时输入“联合国”字样，进行初步检索。

2. 对检索结果进行筛选，首先排除有“联合国”字样，但与联合国组织毫无关系的文章，如《“葡萄联合国”青年农民李先华的葡萄园里，生长着来自世界上九个国家和地区的二十多种珍稀葡萄》（1995年10月13日）等；其次排除内容相同，但重复录入的文章。例如，《江泽民会见联合国人权事务高级专员》（2000年11月22日），该文在搜索结果页面上重复出现两次，本文要排除多余的一次。

3. 确定数量范围，进行定性分析。最后选取的素材主要包含下列三类文章：（1）中国与联合国直接交往的文章。如《中国政府与联合国开发计划署签署援助协议》（1990年4月24日）、《温家宝会见联合国秘书长安南》（2003年12月9日）等；（2）他国参与联合国事务或联合国自身活动，中国虽未参与，但表示关注。如《南朝鲜决定派部队参加联合国维持和平活动》（1992年7月6日）、《联合国秘书长结束对苏联访问》（1983年3月31日）等。（3）对联合国性质、状况、作用进行分析、评价的文章。如《空前繁忙、作用增强——联合国一年回顾》（1992年12月31日）、《联合国作用不容忽视》（2002年7月5日）等。

通过对上述文献的梳理，本书发现：1946-1948年，《人民日报》就联合国发表的76篇文章全部集中在政治领域；1949-1971年，《人民日报》就联合国发表的政治类文章共2174篇，占联合国类文章总数的93.95%，经济类文章只有70

篇，占文章总数的3.03%，其他内容的文章（如环境、人权、文化、妇幼等事务）有70篇，也只占总数的3.03%；1972-1989年，《人民日报》就联合国发表的政治类文章数额下降到1570篇，占联合国类文章总数的48.67%，经济类文章迅速上升到904篇，占文章总数的28.02%，其他内容的文章数目也上升到752篇，占总数的23.31%；1990-2006年，《人民日报》发表的有关联合国政治内容的文章共1826篇，占联合国类文章总数的51.36%，经济类文章有849篇，占文章总数的23.88%，其他内容的文章有880篇，占总数的24.76%，见图5：

图5 《人民日报》有关联合国三类文章比重示意图（1946-2006年）

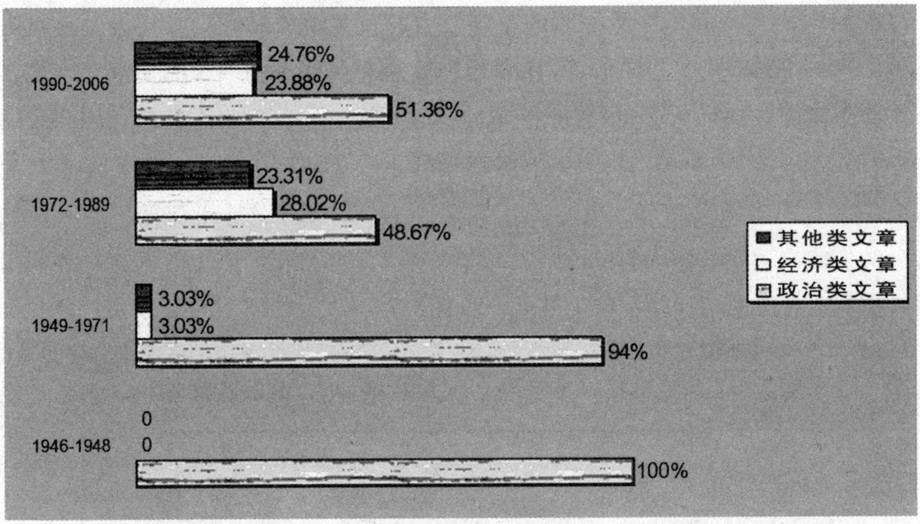

由图5可见，1949年以前中国共产党对联合国的关注全部集中在政治领域；1949-1971年，中国政府仍然主要关注联合国领域的政治事件，积极捍卫新生的主权利益；1972-1989年，中国政府逐渐关注经济领域范围内的联合国事件，将维护与发展国家经济利益作为制定对联合国外交政策的重要出发点；1990-2006年，中国政府更加综合、稳健地考虑对联合国政策，显著特点是政治、经济、其他重要事务三线共同关注、均衡发展。

据此，我们将建国后的中国对联合国外交行为分为三个时期：第一阶段是1949-1971年，捍卫政治利益是中国对联合国外交行为的主流；第二阶段是1972-1989年，中国与联合国的互动走上正常轨道，维护经济利益成为中国考虑对联合国外交政策的重要指标；第三阶段是1990-2006年，中国与联合国友好相处，中国政府以负责任的心态重视对联合国各方面事务的总体考量。

第二节　联合国在中国外交政策中的重要性

在具体分析不同时期中国对联合国的外交行为之前，有必要先宏观地把握联合国在中国整体外交政策中的重要性。客观地说，中国政府始终重视对联合国的外交政策。从1949年中华人民共和国成立到今天，甚至在新中国还未成立的很长一段时间内，联合国始终是中国外交词汇中的重要组成部分：以《人民日报》为例，1946-1948年，三年间《人民日报》发表有关联合国内容的文章共76篇，年均25.34篇；1949-1971年的二十三年间，《人民日报》发表有关联合国内容的文章2314篇，年均100.61篇；1972-1989年的十八年间，《人民日报》发表有关联合国内容的文章3226篇，年均179.23篇；1990-2006年的十七年间，《人民日报》共发表有关联合国内容的文章3555篇，年均209.12篇。以上数据充分表明中国政府对联合国的关注是持续上升的，见图6：

图6　《人民日报》涉及联合国文章数目（1946-2006年）

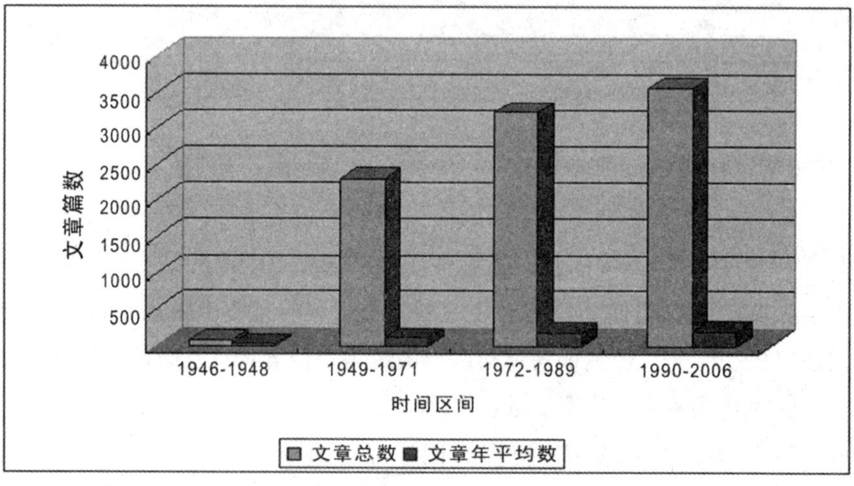

此外，在这四个时间区间内，《人民日报》发表有关联合国内容的文章与各

类文章总数的比重也始终保持稳定（3‰～8‰），这不仅说明对联合国事务的关注、评价、衡量是中国政府观察、处理、应对国内外事务的重要指标，同时表明对联合国的关注是中国外交政策的组成部分，见表2：

表2 《人民日报》联合国类文章所占文章总数比重（1946-2006年）

年份／篇数	1949－1971年	1972－1989年	1990－2006年	1946－1948年
联合国类文章总数	76	2314	3226	3555
各类文章总数	25413	402895	409381	633326
所占比重	2.99‰	5.74‰	7.88‰	5.61‰

上表从宏观层面表明，联合国在中国外交政策中的地位相对稳固，并始终占相当稳定的份额。但从微观层面分析，由于国际、国内等因素的影响，中国政府在特定年份里对联合国的关注程度差异很大，见图7：①

图7　《人民日报》联合国文章数年度变化图（1949-2006年）

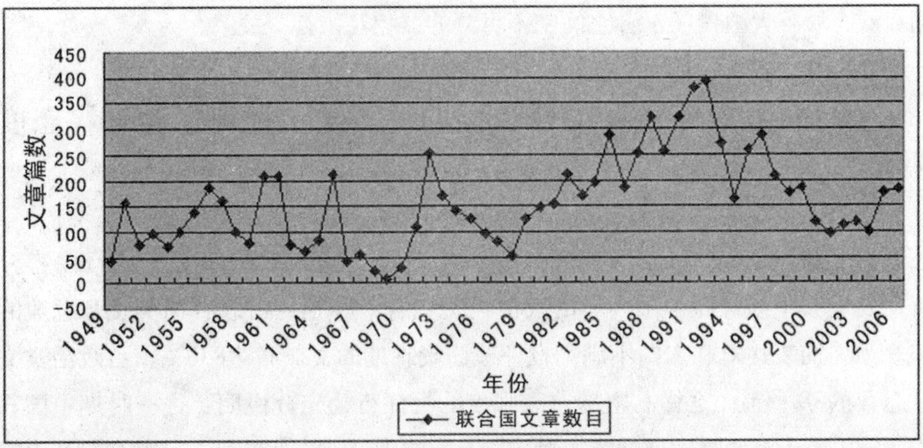

① 《人民日报》1946-2004年包含有关联合国文章的数目：1946年共40篇，1947年共28篇，1948年共8篇，1949年共43篇，1950年共158篇，1951年共73篇，1952年共98篇，1953年共70篇，1954年共101篇，1955年共138篇，1956年共186篇，1957年共161篇，1958年共99篇，1959年共76篇，1960年共209篇，1961年共209篇，1962年共73篇，1963年共60篇，1964年共83篇，1965年共211篇，1966年共41篇，1967年共54篇，1968年共24篇，1969年共8篇，1970年共30篇，1971年共109篇，1972年共252篇，1973年共171篇，1974年共141篇，1975年共126篇，1976年共98篇，1977年共79篇，1978年共53篇，1979年共124篇，1980年共146篇，1981年共153篇，1982年共211篇，1983年共169篇，1984年共194篇，1985年共288篇，1986年共186篇，1987年共254篇，1988年共324篇，1989年共257篇，1990年共324篇，1991年共381篇，1992年共394篇，1993年共273篇，1994年共162篇，1995年共258篇，1996年共286篇，1997年共207篇，1998年共177篇，1999年共186篇，2000年共118篇，2001年共98篇，2002年共114篇，2003年共120篇，2004年共101篇，2005年共175篇，2006年共181篇。

这些剧烈波动的点，从某个侧面反映出特定历史时期，中国对联合国关注度的曲折变化。其中，数值低点表明当年中国政府对联合国的关注程度较低；数值高点则表明中国政府对联合国“或爱或憎”的强烈情感流露。下文将对上述现象进行具体分析。

第三节　文本内容验证

通过对相关文献进行内容分析，本书发现1949-1971年，中国与联合国处于紧张状态，虽然中国有恢复联合国席位的强烈愿望，但由于后者被美国所控制，中国同时表达了晚恢复甚至不进入联合国的意愿。1972-1989年，联合国成为中国引进资金、技术和信息，促进现代化建设的重要渠道。与此同时，中国也在力所能及的范围内，通过联合国系统，向其他发展中国家提供技术和人员培训方面的援助。进入90年代，中国与联合国步入深层次互动阶段，双方在政治、经济、全球责任等领域密切合作。中国政府从大局出发，强调实现世界和平、维护联合国权威、履行大国责任三者之间密不可分的“相互依存”关系。

一、1949–1971年中国对联合国的“不满、批评、谴责”态度明显

本书将1949-1971年《人民日报》论述联合国的2314篇文章进行内容分析，发现其中涉及联合国内容的政治类文章有2174篇，占联合国类文章总数的93.95%，而表达对联合国不满、批评、谴责态度的文章高达830篇，占政治类文章总数的38.18%。这样高密度、高强度的批评行为充分说明：这一时期中国与联合国关系十分紧张，“冲突、对抗”是双边关系的主体特征，“挑战”是中国对联合国外交行为的主流，见图8：

图8　《人民日报》涉及对联合国不满、批评、谴责文章示意图（1949-1971年）

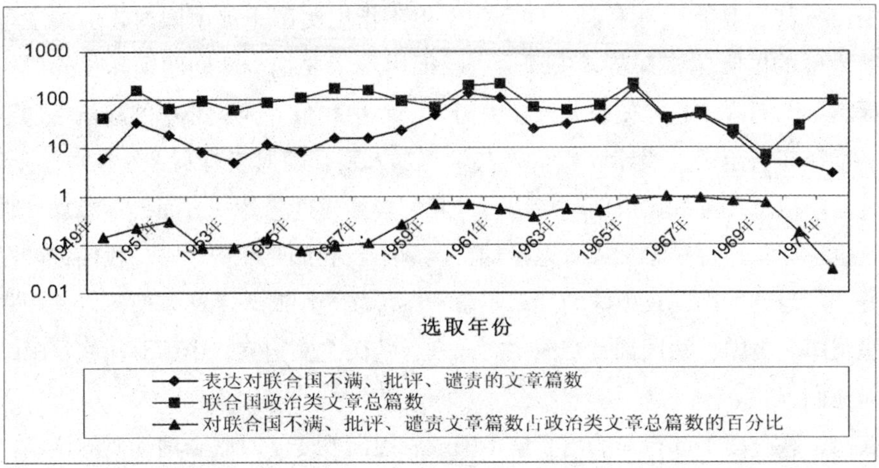

以上数值及图例表明，“不满、批评、谴责”是这一时期中国对联合国的主要行为特征。

其中一个有趣的现象是朝鲜战争期间，中国虽然与联合国兵戎相见，但中国政府对联合国的批评是克制的、有限度的，甚至低于战前水平。事后，中国政府依然克制、有限度地表达对联合国的不满情绪，这主要是因为当时中国政府无法确定联合国的身份类型，究竟“是敌是友”还是“非敌非友”？——这显现当时中国对联合国的态度是复杂微妙的：一方面，中国政府认为联合国是帝国主义侵略政策的帮凶，联合国大厦只剩下一块招牌①；另一方面，认为是美国在玷污联合国，联合国同样是美帝侵略政策的牺牲品；认为联合国是在美帝压迫下，非法通过的相关决议，中国政府依然希望联合国能够主持正义，惩治美国侵略者。②中国政府这种既依赖又厌弃的“爱恨交织”情绪在外交行为上的表现就是：在竭力为联合国开脱罪名的同时，又批判联合国对美国侵略者的纵容。③

① 《美帝继续玷污联合国！安理会又非法通过决议授权美国“统率”干涉军，赖伊恭顺地充当了美帝的帮凶》，《人民日报》，1950年7月11日，第4版；《联合国大厦只剩一块招牌，奥斯汀及其走狗当了主人，真理报斥赖伊充当美国帮凶》，《人民日报》，1950年7月21日，第4版。

② 《京市总工会等七人民团体致电联合国安理会，要求制裁美国侵略》，《人民日报》，1950年9月3日，第2版；《向联合国抗议美帝侵朝，国际群众组织函电纷飞》，《人民日报》，1950年9月4日，第4版；《北京人民继续抗议美机暴行，劳动模范代表电安理会，要求制裁美国侵略》，《人民日报》，1950年9月8日，第4版，等等。

③ 《蜂岩岛惨案是联合国非法决议的恶果》，《人民日报》，1952年12月23日，第1版。

在其后的几年里，中国政府对联合国的“希望”逐渐被后者的恶劣表现所侵蚀。首先，联合国在美国操纵下通过了一系列污蔑中国的提案。1955年中国解放浙江沿海一江山岛和大陈岛时，联合国不但不指出美国干涉中国内政引起了台湾海峡地区的国际紧张局势，安理会内反而出现了要把台湾问题国际化的“新西兰提案”，而这“只能使联合国在中国人民心中和世界人民心中的威信更加下降”。毛泽东甚至公开表示晚点加入甚至不加入联合国对我有利。他在1956年9月30日与印尼总统苏加诺谈话时指出，“我们曾经想过另外一方面，不参加（联合国）也不坏”，“早参加或者迟参加，这两条我们都要准备，……我们觉得慢一点好。”当苏加诺问及中国为什么不急于参加联合国时，毛泽东回答，“在联合国里英国、美国、法国都是帝国主义国家、殖民主义国家，中国要在联合国以外反对他们。”①

其次，联合国干涉行为的增多使中国政府逐渐改变了对联合国性质的认识，即联合国不是亚非拉国家伸张正义的场所。中国政府对联合国的批评越趋严厉、尖锐：1956年11月指出联合国干涉匈牙利选举是侵犯国家主权。②1957年9月，郭沫若答苏联共青团《真理报》记者问时明确表示，“中国人民反对联合国干涉匈内政。”同年9月，中国政府也强烈反对美国利用联合国侵略叙利亚的政策。随着双方关系的恶性互动，中国政府逐渐放弃了对联合国的期望——“爱恨交织”的情绪最终滑向鲜明的一元主义取向，即“冲突、对抗”。在中国政府看来，联合国越来越与美国“沆瀣一气”、“臭味相投”。

从1959年开始，中国政府将描述、讽刺美国的“贬抑”词汇全部丢到联合国身上，将“联合国军”定义为“侵略军”，抨击联合国“助纣为虐”、③“倒行逆施”，④并历数联合国的“累累罪行”⑤。从这一年开始，中华人民共和国对联合国的批评度迅速攀升，并一直保持到1969年；期间，1966年、1967年中国对联

① 《关于恢复中国在联合国的合法席位问题》，载《毛泽东外交文选》，中央文献出版社、世界知识出版社1994年版，第264-265页。

② 《尼赫鲁揭露英法以蓄意违反联合国决议，强调外国军队必须全部撤出埃及，指出由联合国干涉匈牙利选举是侵犯国家主权》，《人民日报》，1956年11月18日，第6版；《联合国无权派观察员到匈牙利去》，《人民日报》，1956年12月10日，第5版。

③ 《刚果政府不满联合国助纣为虐，卢蒙巴总理指出应拒绝联合国的“服务”，非洲国家纷纷表示将支援刚果保卫独立和统一》，《人民日报》，1960年8月8日，第5版。

④ 《杜尔指责联合国在刚果倒行逆施，联合国当局不迫使比利时军队撤走却破坏刚果主权》，《人民日报》，1960年8月22日，第6版。

⑤ 《“联合国军”在刚果（利）四年侵略罪行》，《人民日报》，1964年7月2日，第4版。

合国的批评度高达95.12%和92.45%（见图8）。

面对联合国在世界各地的表现，中国政府坚决反对其非法的干涉和侵略行为，并明确表示：联合国无权讨论老挝问题（1959年8月22日）、联合国无权干涉印度支那（1964年8月24日）、不许联合国干涉朝鲜（1966年12月24日）、不许联合国插手南也门（1967年3月30日），等等。同时，《人民日报》不断发表文章谴责联合国的“反动”本质，如《“联合国军”进一步露出打手本色，加紧勾结冲伯集团镇压加丹加人民》（1960年11月26日）、《“联合国当局”的又一罪行，竟阻挠卢蒙巴总理的自由活动》（1960年11月28日）、《“联合国军”继续挑衅活动，公然在斯坦利维尔耀武扬威》（1961年9月3日）、《“联合国军”在刚果（利）四年侵略罪行》（1964年7月2日）、《联合国在克什米尔问题上扮演不光彩角色》（1965年9月10日）、《联合国在亚非地区的罪恶记录》（1965年11月19日）、《联合国在柬埔寨干下多少坏事》（1966年1月6日）、《从中东事件看联合国反动本质》（1967年6月14日），等等。

此外，随着中苏关系的恶化及苏联在联合国的表现，联合国带给中国政府的负面印象更深了：“多年以来，联合国在美帝国主义的操纵下干了许多坏事。现在苏联新领导又同美帝国主义勾结起来，共同控制和加紧利用联合国，势必干出更多的坏事。……联合国干的坏事越多，它就破产得越快。”①

上述事件强化了中国政府的观念：对帝国主义所操纵的联合国绝不能抱有丝毫幻想。1965年1月25日，周恩来指出，“在美帝国主义操纵下的联合国决不是什么神圣不可侵犯的东西，联合国是可以反对的，联合国是可以退出的。而且，联合国是可以不进去的。”②此后，毛泽东在回答美国记者埃德加·斯诺（Edgar Snow）关于“能不能说中国不想进入联合国”的问题时，表示“不能”。毛泽东说：“如果联合国三分之二要我们进去，而我们不进去，不是要说我们是民族主义了吗？”，但是“联合国要撤销中国是侵略者的诬蔑，同时要指出美国是侵略者。”他还认为，“中国作为一个侵略国家怎么能进联合国？说美国是侵略者，它不会同意的。现在我们还不想进去，美国也不愿意我们进去。我们进去了，美国会感到碍手碍脚。在这点上，双方是有一定的共同之处的。现在还是让

① 《联合国是美苏政治交易所》，《人民日报》，1965年12月27日，第4版。

② 《周总理在欢迎苏班德里约第一副总理宴会上发表重要讲话，联合国必须改正错误彻底改组，也可以另立一个革命的联合国》，《人民日报》，1965年1月25日，第1版。

蒋委员长留在联合国里代表中国吧！”[①]这些情况都表明，由于美国对联合国的操纵，这一时期中国对联合国的失望已经达到了极点。直到1967年，中国领导人依然表示，“联合国必须纠正错误彻底改组和改造，亚非许多友好国家可以在联合国内斗争，中国则在联合国外进行斗争。如果这个目的不能达到，成立一个新的革命的联合国的可能性，就会日益增长。”[②]

但从1971年开始，中国对联合国的外交行为发生了质的变化，即由“冲突、对抗”转变为“参与、合作”。通过统计，发现1969年中国对联合国的批评度还高达71.43%，1970年这一指标迅速下降到17.24%，中国政府依然在中东、印度支那、朝鲜半岛等问题上表达对联合国的不满，但已不再是言辞激烈的谴责。1971年，中国政府对联合国的批评度下降到3.13%，达到二十三年的最低值（见图8）。

简而言之，20世纪50、60年代，中国对联合国的评价由积极逐渐转向消极，其主线是：“维护世界安全与和平的国际组织”[③]——“联合国没有履行职能”[④]——“超级大国镇压人民革命的工具”[⑤]。中国与联合国的关系以斗争为主。在暂时确定难以恢复联合国席位后，中国政府强调，“联合国如果继续容忍美国利用联合国旗帜来干涉中国内政，污蔑中国人民，那么，已经由于美国的一再玷污而声名扫地的联合国将更加为世界一切公正舆论所不齿”[⑥]；没有中华人民共和国的参与，“联合国将永远只能是为实现帝国主义、修正主义共同主宰世界阴谋的一个工具。”[⑦]

① 《同斯诺谈国际问题》，载《毛泽东外交文选》，中央文献出版社、世界知识出版社1994年版，第554页。

② 《周总理在非洲国家使节欢迎卡翁达总统的宴会上重申：联合国必须纠正错误彻底改组和改造。亚非许多友好国家可以在联合国内斗争，中国则在联合国外进行斗争。如果这个目的不能达到，成立一个新的革命的联合国的可能性，就会日益增长》，《人民日报》，1967年6月25日，第1版。

③ 1949年前后，中国政府认为，“联合国组织是第二次世界大战后，维护世界安全与和平的一个国际组织机构。”但同时强调，“苏联及人民民主国家是联合国的朋友；英美集团是联合国的敌人。”相关论述见《历届联合国会议上国民党代表奴才相》，《人民日报》，1949年9月30日，第3版；《真理报消息报著文，论联合国诞生四周年，苏联始终维护和平及各国平等原则，美英利用联合国作为煽动战争工具》，《人民日报》，1949年10月26日，第3版。

④ 1959年9月20日，《人民日报》第5版发表文章指出，“联合国可以而且应该在国际事务中起巨大作用。联合国如果能在巩固普遍和平和保障各国人民安全方面起主要作用，就能博得应有的尊敬，它的威望就会日益提高。但是，现在联合国在许多场合下并没有履行它的这种性质的职能。”

⑤ 1967年6月14日，《人民日报》第6版发表文章指出，“多年来，联合国一直被美帝国主义利用来推行它的侵略政策和战争政策。苏联修正主义加紧在联合国勾结美帝国主义，把联合国当作苏美合作的政治交易所。联合国是美帝苏修镇压人民革命的工具。”

⑥ 《美国在联合国的勾当》，《人民日报》，1959年9月28日，第7版。

⑦ 《阿〈团结报〉指出美帝操纵联合国剥夺中国代表权损害不了中国，中国在全世界的威望越来越高》，《人民日报》，1967年11月30日，第6版。

二、1972–1989年政治利益向经济利益转向，中国与联合国的经济合作日益活跃

1971年批评度的骤然下跌表明，中国政府改变对联合国外交行为的进程是突变式的，而不是渐进性的，突变性动因就是1971年联合国恢复中华人民共和国政府的合法席位。之所以称其为突变性动因，是因为当时的联合国主导国美国及当事国中国都没有预料到席位恢复如此之快、如此突然。由此，中国与联合国之间的经济合作从无到有、由小到大，逐渐发展起来。

（一）中国与联合国关系“正常化”提前到来

在1970年第二十五届联大上，支持驱逐国民党集团的有51票，而追随美国反对恢复中国合法席位的只有47票。半数以上的联合国会员国都要求驱逐国民党代表、恢复中华人民共和国合法席位，如果不是美国提出的“重要问题”提案的作用，中国在联合国的合法席位在1970年即可以得到恢复。①当电动积分牌上显示出51：47的表决结果时，会场响起热烈而持久的掌声。这个掌声代表着国际社会人心的向背，但由于“重要问题”原因，大家对中国是否能在一、两年内恢复联合国席位毫无把握。

此时，美国政府也意识到长期在中国联合国席位问题上坚持的政策将不可避免地遭到失败，但仍希望利用“重要问题”、“双重代表权”等手段力图使这一失败来得越晚越好，并派基辛格秘密访问北京，试探中国领导人就“双重代表权”问题的立场。对此，1971年7月，周恩来向基辛格明确表示，中国不在联合国里面已经很久，中国再等一段时间也没问题，但是中国决不会接受任何形式的“两个中国”的安排。毛泽东随后对周恩来指出，“我们绝不上‘两个中国’的‘贼船’！不进联合国，中国照样生存，照样发展。我们下定决心，不管是喜鹊叫还是乌鸦叫，今年不进联合国。”②当时，中国领导人对恢复席位的预期是几年之后，以基辛格为代表的美国高层也认为，联合国恢复中国席位“估计明年还差不多，待美国总统访华之后”。因此，对于1971年就成功地恢复了中国在联合

① 曲星：《中国外交五十年》，江苏人民出版社2000年版，第312页。

② 陈敦德：《胜利在1971——新中国重返联合国纪实》，解放军文艺出版社2004年版，第106页。

国的合法席位，美国政府出乎意外，中国政府也同样出乎意外。毛泽东就曾经对此坦言，“在联大的胜利，我都没有想到。”①

下文将进一步证明：1971年中国“顺利恢复”联合国席位完全属于“突发事件”（见表3）。

表3　历届联大讨论恢复中国在联合国合法席位的情况②

年份	支持中国的票数	追随美国的票数	弃权票数
1950	10	37	8
1951	11	36	4
1952	7	41	11
1953	10	43	2
1954	11	42	6
1955	12	41	6
1956	24	46	8
1957	27	47	6
1958	28	43	9
1959	29	43	9
1960	34	41	22
1961	37	47	19
1962	42	55	12
1963	42	56	12
1965	47	47	20
1966	46	56	17
1967	45	58	16
1968	44	57	23
1969	48	55	21
1970	51	47	25
1971	76	35	17

现在我们就“两类国家”（支持中国&追随美国）票数进行比较，如果支持中国的票数少于追随美国的票数，我们就将其数值差用“负数”表示。如果支

① 陈敦德：《胜利在1971——新中国重返联合国纪实》，解放军文艺出版社2004年版，第273页。

② 注：1．1964年的第十九届联大由于美苏两国对财政摊款问题发生严重对抗而导致大会无法正常工作，并约定不讨论任何需要表决的问题。因此，未能讨论任何关于中国代表权问题的提案。2．追随美国的票数，没有把非法窃据中国席位的“中华民国”的一票计算在内。

持中国的票数多于追随美国的票数，我们将其数值差用“正数”表示。假设：如果1971年中国顺利恢复联合国席位“毫无悬念”，且是国际社会早有“心理准备”的必然结果。那么在此之前，两类国家票数差应表现为：1．票数差应长期（至少一段时间）、连续呈现“正值”。2．由于中国席位问题属联合国“重要问题”（自1961年开始），需2/3以上会员国投赞同票，因此，“正值”额度很大，并且应呈现渐进上升趋势，而非“猛升”。

具体来看，1950年两类国家票数相差27票，支持中国的国家少，因此，数值为“-27”；1951年，数值为“-25”；1952年，数值为“-34”；1953年，数值为“-33”；1954年，数值为“-31”；1955年，数值为“-29”；1956年，数值为“-22”；1957年，数值为“-20”；1958年，数值为“-15”；1959年，数值为“-14”；1960年，数值为“-7”；1961年，数值为“-10”；1962年，数值为“-13”；1963年，数值为“-14”；1965年，数值为“0”；1966年，数值为“-10”；1967年，数值为“-13”；1968年，数值为“-13”；1969年，数值为“-7”；1970年，数值为“+4”；1971年，数值为“+41”。为直观表示，我们将其绘制成图（见图9）。[①]

图9　两类国家数值差变化图（1950-1971年）

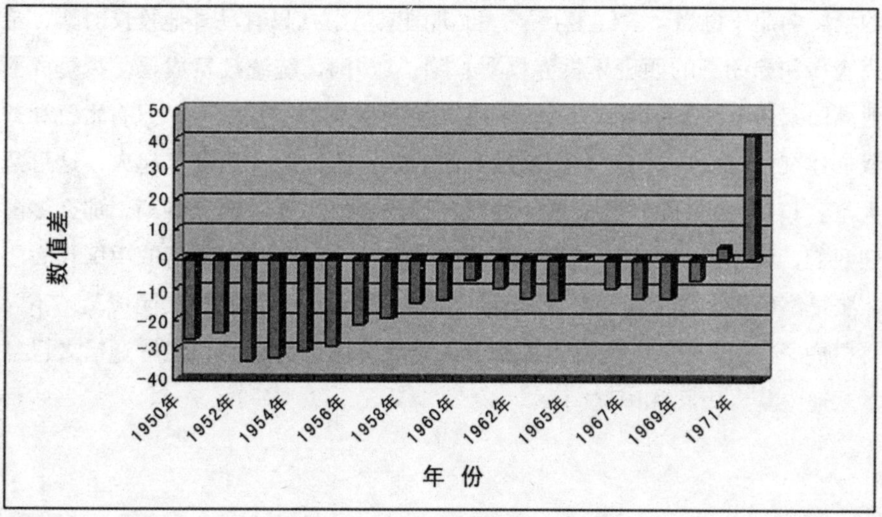

① 注：由于1964年的第十九届联大未就中国代表权问题进行表决，因此下图横坐标所显示的年份是不均匀的。

通过图9，我们发现：两类国家数值差长期为“负值”。1971年之前，仅出现过一次“正值”，即1970年的“+4”，按照先前的变化趋势，没有“惯例”表明1971年后继续出现“正值”。同时，1971年，两类国家数值差为“+41”，比1970年的“+4”，猛然增加“+37”。这一变化不符合“渐进上升趋势”。可见，历史现实与假使完全不符，我们就此得出结论：1971年中华人民共和国恢复联合国席位是不可能被中国领导人所提前预期的“突发事件”。

因此，当中国领导人获悉联大已通过恢复中国合法席位的消息时，国内没有任何思想和组织上的相应准备。面对这一“突发事件”，周恩来于次日在人民大会堂立即召集外交部有关方面人员讨论联大决议，中心议题是派不派代表团出席当年的联大。因为在此之前，毛泽东多次指示，今年不进联合国，更重要的原因是由于联合国长期坚持对中国的敌视态度曾极大地伤害过中国人民的感情，很多同志仍然坚持认为，“联合国是资产阶级政客的讲坛，是美苏两霸的御用工具”，是“喝咖啡、聊天、打嘴仗的官僚机构”，主张“观察一年，准备一下，明年再说”。问题反映到毛泽东那里，毛泽东的看法是：“要去。为什么不去？这是非洲黑人朋友把我们抬进去的，不去就脱离群众了。马上派代表团去联大。”当时，毛泽东拿起联大表决结果，一面看，一面说：“英国、法国、荷兰、比利时、加拿大、意大利，都当了‘红卫兵’，造美国的反，在联合国投我们的票。葡萄牙也当了‘红卫兵’。欧洲国家当中，只有马耳他投反对票，希腊、卢森堡和弗朗哥的西班牙投弃权票。除了这4国，统统投赞成票。投赞成票的，亚洲国家19个，非洲国家26个，拉丁美洲是美国的‘后院’，只有古巴和智利同我们建交，这次居然有7个国家投我们的票。美国的‘后院’起火，这可是一件大事。131个会员国，赞成票一共76，17票弃权，反对票只有35。那么多国家欢迎我们，再不派代表团，那就没有道理了。”①同时叮嘱临行的中国代表团成员，要提高警惕，要充分估计到对手不会善罢甘休，并激励代表团成员“不入虎穴焉得虎子”。②可见，当时中国领导人对联合国仍有提防，但毕竟后者已经开启了欢迎中华人民共和国之门。

① 熊向晖：《我的情报与外交生涯》，中共党史出版社1999年版，第347页。

② 翁明：《临行点将——“乔老爷”首次率团赴联大》，载符浩、李同成主编：《经天纬地——外交官在联合国》，中国华侨出版社1995年版，第8页。

（二）政治利益转向经济利益

在中国恢复联合国席位的最初几年里，中国政府仍具有上一时期十分注重政治利益的惯性，以1971-1976年中国代表在联合国大会一般性辩论中的发言为例，中国政府6年内无间断关注的都为政治领域事件，如“国际形势分析”、“朝鲜问题”、“中东问题”、“殖民主义及其表现形式”、“军备控制及裁军”、“反对超级大国霸权”，等等。

但这一时期，中国已经逐步意识到经济利益的重要性：从1971年开始，中国政府开始重视“发展问题”，并强调“发展中国家”、“第三世界国家”的身份定位，同时旗帜鲜明地提出了“对外援助的指导思想”。从1974年开始，建立“国际经济新秩序”成为中国政府关注的重要事务，这表明中国在联合国框架下对经济利益的追求从微观技术层面上升到宏观战略层面。由表4可以看出，中国在恢复联合国席位初期，所关心议题的转变进程。

表4 1971-1976年中国代表在联合国大会一般性辩论中的发言（内容分析）①

发言主题	1971年第26届联大	1972年第27届联大	1973年第28届联大	1974年第29届联大	1975年第30届联大	1976年第31届联大
“两个中国”问题	X					
国际形势分析	X	X	X	X	X	X
朝鲜问题	X	X	X	X	X	X
中东问题	X	X	X	X	X	X
殖民主义及其表现形式	X	X	X	X	X	X
中国是发展中国家	X	X				X
反对海洋霸权	X	X	X	X		
军备控制及裁军	X	X	X	X	X	X
对外援助的指导原则	X	X				
反对强权政治	X			X		
反对超级大国霸权	X	X	X	X	X	X
联合国及世界事务的平等、民主	X	X	X		X	
和平共处五项原则	X					

① Samuel S. Kim, *China, the United Nations, and World Order*, (Princeton: Princeton University Press, 1979), p. 118.

越南战争	X	X			X	
国际关系缓和的错觉		X	X	X		
和平解决国际争端		X				
孟加拉国问题		X	X			
暗杀与劫持		X				
欧洲安全问题		X	X			
发展问题	X	X				
限制战略武器谈判		X	X		X	
战争原因分析		X	X	X	X	X
非洲问题		X		X	X	X
联合国成就及效力		X	X			
审议联合国宪章		X			X	
中苏关系问题			X			
柬埔寨问题			X	X		
塞浦路斯问题				X		
无核区问题				X		X
国际经济新秩序				X	X	X
毛泽东遗产						X

当政治利益向经济利益转向时，中国的影响力强弱便成为决定国家利益实现与否的重要指标。一般来说，小国或中等类型的国家比大国更迫切需要拥有发挥其影响力的多样性因素。而希望扮演领导性角色的主观需求对大国来说却并非十分重要，因为，他们的影响力是客观存在的。20世纪70年代初，刚恢复联合国席位不久，中国已经开始在某些物质及精神领域发挥重要作用，如国土面积、人口数量、财政贡献、军事实力、代表的个人声誉及威望等。但显然在提案数目、承担领导性作用的主观愿望、自身经济实力等方面，中国能够展现的影响力相对薄弱（见表5）。

表5 中国在联合国大会的影响力资源①

影响力资源的类型	评估等级
承担领导性作用的主观需求及愿望	低

① 部分分析引自Samuel S. Kim, *China, the United Nations, and World Order*, (Princeton: Princeton University Press, 1979), p. 159.

国土面积、人口数量、财政贡献	高
军事实力	高
占有联合国有关机构的领导者数量	低
积极倡导决议草案	低
熟悉联合国政治及程序的专业知识水平	低
主要代表的自由决断能力	中等偏下
与其他国家代表的私人友谊	低
代表的个人声誉及威望（黄华）	高
代表团在联合国大会所具有的威望	高
与大会共识及主流价值的一致性	中等偏上
独立自主、不结盟的战术机动性	中等
不受意识形态影响的战术优势	低
代表团的规模及素质	高
国家经济实力	低

中国领导人逐渐认识到，为增强上述相对薄弱的国家影响力，关键还是依靠自身的发展。在此基础上，中国领导人在经济实力对比的基础上提出了“三个世界”理论。[①]1974年4月，邓小平在联合国第六届特别会议上详细阐述了毛泽东关于三个世界划分的战略思想。他指出，目前世界上各种政治力量经过长期的较量和斗争，发生了急剧的分化和改组。“从国际关系的变化来看，现在的世界实际上存在着互相联系又互相矛盾的三个方面，三个世界。美国、苏联是第一世界。亚非拉发展中国家和其他地区发展中国家是第三世界。处于这两者之间的发达国家是第二世界。”[②]邓小平还表示，中国是一个社会主义国家，也是一个发展中国家，中国属于第三世界。可见，这一时期，中国国家身份定位由强调政治利益的“革命的社会主义国家”转变为突显经济利益的“最大的发展中国家”。

随着经济合作的深入，联合国日益成为中国引进资金、技术和信息，促进现代化建设的重要渠道。与此同时，中国也在力所能及的范围内，通过联合国

① 1974年2月22日，毛泽东在会见赞比亚总统卡翁达时，首次提出了“三个世界”的战略思想。他说：“我看美国、苏联是第一世界。中间派，日本、欧洲、加拿大，是第二世界。咱们是第三世界。”“美国、苏联原子弹多，也比较富。第二世界，欧洲、日本、澳大利亚、加拿大，原子弹没有那么多，也没有那么富；但是比第三世界要富。”“亚洲除了日本，都是第三世界。整个非洲都是第三世界，拉丁美洲也是第三世界。”相关论述见《关于三个世界划分问题》，载《毛泽东外交文选》，中央文献出版社、世界知识出版社1994年版，第600-601页。

② 《邓小平团长在一般性辩论中的发言（1974年4月10日）》，载《我国代表团出席联合国有关会议文件集（1973.7-1974.7）》，人民出版社1974年版，第1-14页。

系统，向其他发展中国家提供技术和人员培训方面的援助。1975年4月，在联合国开发计划署和世界卫生组织协助下，中国卫生部举办的“外国医生针灸学习班”在北京开学，来自阿尔及利亚等11个国家的22名医生参加学习。1977年3月，中国为联合国开发计划署、粮农组织举办的“淡水鱼养殖培训班”在广州开班。1977年10月，水电部为世界气象组织和联合国开发计划署在南京举办了“区域间洪水预报讲习班”。1978年9月，联合国计划署在中国举办“沙漠考察讲习班”，参加讲习班的有阿根廷、埃及、印度、利比亚、尼日利亚、秘鲁、索马里、苏丹等8个国家的18名科学工作者。他们在兰州同中国沙漠科学研究人员进行了学术交流，并到毛乌索沙地、库布齐沙地、腾格里沙漠和古尔班通古特沙漠进行了实地考察。此次活动促进了发展中国家在治理沙漠方面的有效合作。11月，由中国第一机械工业部和联合国工业发展组织联合举办的“柴油机使用、维修培训班”在上海柴油机厂正式开班。1979年10月，联合国粮农组织在中国举办“收获后谷物处理技术讲习班”，参加讲习班的成员来自孟加拉、缅甸、印度、伊朗、马来西亚、菲律宾、斯里兰卡、泰国、肯尼亚、尼泊尔和巴基斯坦等11个国家。当月，由联合国协助中国举办的“土壤资源遥感训练班”在北京农业大学开学，训练班的资金、仪器设备、专家和教材都由联合国粮农组织提供。11月，联合国环境规划署、国务院环境保护领导小组办公室和农业部沼气办公室在成都联合举办的“沼气建设讲习班”圆满结业，来自五大洲20个国家的22位代表全面地了解了中国的沼气技术。他们一致认为，中国式的沼气池，因地制宜，就地取材，方法简单，成本较低，特别适合于在发展中国家推广。1980年4月，联合国再次委托中国在成都举办“沼气技术讲习班”。5月，中国林业部与联合国粮农组织在哈尔滨举办“林业遥感技术训练班”。6月，中国粮食部受联合国委托，在北京举办了“粮食贮藏技术讲习班”，等等。

上述活动，加强了中国与联合国的经济技术联系，增进了中国与世界的交流步伐。从和平利用外层空间到海底资源开发，从科技合作到体育交流，从儿童防疫到防治艾滋病，几乎在联合国的各个领域里都有中国的踪迹和贡献。袁隆平于1985年获联合国世界知识产权组织“杰出发明家”金质奖章，1987年又获联合国教科文组织科学家奖。1987年8月，李鹏荣获联合国环境计划署金质奖章。1988年10月28日，联合国向中国残疾人联合会主席邓朴方颁发特别奖。1989年10月，中国当选联合国海事组织A类理事国，①这标志着中国已成为当时世界上最大的8个海运国之一。②

面对中国所取得的显著成就，时任联合国秘书长的佩雷斯·德奎利亚尔指出，“我最近访问中国时，看到中国加速发展的情况，给我留下了深刻的印象。中国的发展，虽然得到了联合国的微小帮助，但它是根据本国的愿望和能力而取得的，主要反映了中国的模式。中国的发展经验，可供其他发展中国家借鉴，并可鼓励它们根据自己的国情加快发展步伐。”③

总之，这一时期，中国认为联合国在性质上已成为“世界上不同社会制度、不同经济发展水平、具有不同影响程度的国家的共同讲坛。在这个讲坛上，世界各国有机会聚在一起讨论许多迫切的问题，就维护世界和平和繁荣世界经济中的是非曲直发表意见。”④中国强调，作为联合国常任理事国中唯一的发展中国家，“中国被看做发展中国家在联合国的重要代言人。”⑤该身份定位得到了以联合国为主体的国际社会的广泛认同，他们普遍认为，“中国是第三世界国家在联合国的代表，中国的立场非常接近不结盟国家，并且在政治和经济问题上全力支持发展中国家。”⑥可见，20世纪70、80年代，中国从“最大的发展中国家”身份定位出发，站在“发展中国家”、“第三世界”一边，将联合国看做国家现代化建设所必需的经济工具，双方利益的汇合点为“发展、合作”。

三、进入20世纪90年代，中国与联合国步入深层次互动阶段，各项事务全面展开

进入20世纪90年代，中国与联合国步入深层次互动阶段，双方在政治、经

① 国际海事组织（International Maritime Organization，IMO）是联合国负责海上航行安全和防止船舶造成海洋污染的一个专门机构，总部设在伦敦。该组织最早成立于1959年1月6日。该组织宗旨为促进各国间的航运技术合作，鼓励各国在促进海上安全，提高船舶航行效率，防止和控制船舶对海洋污染方面采取统一的标准，处理有关的法律问题。国际海事组织理事会共有40名成员（截止2003年11月），分为A、B、C三类。其中10个A类理事为航运大国，10个B类理事为海上贸易量最大国家，20个C类理事为地区代表。

② 其他国家还有挪威、日本、希腊、美国、英国、苏联和意大利（截止1989年10月）。

③ 《联合国秘书长德奎利亚说，中国根据国情致力发展成就显著》，《人民日报》，1987年8月6日，第7版。

④ 《联合国的价值》，《人民日报》，1986年9月16日，第6版。

⑤ 《韩念龙团长在一般性辩论中的发言（1979年9月27日）》，载《我国代表团出席联合国有关会议文件集（1979.7-1979.12）》，世界知识出版社1980年版，第1-17页。

⑥ 《联合国秘书长对中国记者发表讲话》，《人民日报》，1985年9月21日，第6版。

济、全球责任等领域密切合作。[①]由表6可见，6年内中国在“和平与安全”、“新安全观”、“发展”、“经济全球化与国际经济新秩序”、“合作和多边主义”、“加强联合国作用与维护联合国权威”、“中国的大国作用”等7个领域的关注是持续不断的，而且这些问题都是涉及国际社会生存的战略问题，充分表现出中国政府从大局出发，强调实现世界和平、维护联合国权威、履行大国责任三者之间密不可分的“相互依存”关系。这时，中国政府已经将国际社会利益看做是自身国家利益的重要组织部分，即在关心“自助”的同时也注重“助他”，中国与联合国开始增进共识，积极建构“集体认同”。[②]

表6　1999-2004年中国代表在联合国大会一般性辩论中的发言（内容分析）[③]

发言主题	1999年第54届联大	2000年第55届联大	2001年第56届联大	2002年第57届联大	2003年第58届联大	2004年第59届联人
时代主题及国际形势分析	X		X		X	X
国际新秩序与国际关系民主化	X	X	X		X	
霸权主义、强权政治	X					
主权与人权	X	X				
和平与安全	X	X	X	X	X	X
和平解决国际争端	X					
新安全观	X	X	X	X	X	X
恐怖主义			X	X		X
军控、裁军、防扩散	X	X	X	X		X
伊拉克问题				X	X	X
中东问题		X	X	X	X	X

① 例如，在1977年，中国参加的各种类型的政府间组织的数量是美国的25%，印度的30%，是世界平均水平的70%，而到1996年这三项数字分别达到了70%、80%和180%。而且在以相应的经济水平作为衡量一个国家对国际机制需要程度的标准时，中国参与国际组织的数量远超过中国经济的发展水平。也就是说，中国融入国际体系的程度远远高于其经济上的需要。这从一个侧面说明，进入90年代以后，中国在以联合国为核心的国际组织进行交往时，除注重经济利益外，已经开始充分培育其他更高层次的利益需求——责任利益。相关论述见江忆恩：《中国参与国际体制的若干思考》，《世界经济与政治》，1999年第7期，第4-10页；王杰主编：《国际机制论》，新华出版社2002年版，第452页。

② “集体认同”是认同发展的一种高级阶段或高级形式。认同本身是一个认知过程，在这一过程中自我和他者的界限会逐渐变得模糊起来，并在交界处产生完全的超越，这意味着行为体把群体的幸福本身作为目的。温特认为，“完全的认同是很难产生的。但是，认同总是涉及扩展自我的边界使其包含他者。”相关论述见亚历山大·温特：《国际政治的社会理论》，秦亚青译，上海人民出版社2000年版，第287页、第423页。

③ 资料来源：1．中国联合国协会编：《中国代表团出席联合国有关会议发言汇编（1999-2001）》，世界知识出版社1999-2001年版。2．中华人民共和国外交部网站：http://www.fmprc.gov.cn/chn/. 3．中华人民共和国常驻联合国代表团网站：http://www.china-un.org/chn/.

印巴问题				X		
阿富汗战争			X	X		
朝鲜半岛问题		X			X	X
科索沃战争	X					
上海合作组织和东盟地区论坛		X		X		
防止冲突，加强文明间交流、合作				X		
“9·11”事件			X	X		
发展	X	X	X	X	X	X
南北差距	X	X		X	X	X
贸易体制、金融体制	X				X	X
发达国家义务和责任	X		X	X	X	X
南南合作及南北交流	X			X	X	X
经济全球化与国际经济新秩序	X	X	X	X	X	X
千年发展目标		X	X	X		X
可持续发展，经济和社会协调发展	X			X	X	
区域经济合作			X	X		
合作和多边主义	X	X	X	X	X	X
加强联合国作用，维护联合国权威	X	X	X	X	X	X
联合国改革		X			X	X
联合国维持和平行动		X				
“非典”疫情及全球公共卫生事业					X	
中共十六大				X	X	
中国是维护世界和平、促进共同发展、推动国际合作的坚定力量	X	X	X	X	X	X
台湾问题	X	X		X		X
和平共处五项原则	X					X

除《人民日报》内容外，我们还可以从中共中央政治报告所体现的外交战略思想看中国对联合国外交政策的变化。以表7为例，20世纪90年代以前，中共十二大、十三大，没有将联合国作为国际社会主要行为体；中国自我定位为“第三世界国家”、“以现代化建设贡献世界和平的国家”，即突出经济特性；没有

将联合国作为多边外交主体。

20世纪90年代以后，即中共十四大、十五大、十六大，明确将联合国作为国际社会主要行为体，而不仅仅是“国际论坛”或“融资工具”；自我定位逐渐向“大国”靠拢；中国旗帜鲜明地支持联合国及安理会在维护世界和平，促进全球发展，以及解决国际争端等方面发挥的不可替代的作用，同时声明中国政府要积极参与多边外交活动，要在联合国组织中发挥重要作用。

表7　中共中央政治报告体现的外交战略思想①

	十二大（1982年）	十三大（1987年）	十四大（1992年）	十五大（1997年）	十六大（2002年）
国际形势	两霸造成世界动荡，但反霸力量可维持世界和平	和平与发展、东西方缓和，国际环境有利于中国现代化建设	多极化、和平与发展，霸权主义仍在威胁世界和平	多极化、大国关系调整，和平与发展，霸权主义仍在威胁世界和平	和平与发展、不确定因素在增加，霸权主义和强权政治有新的表现
国际行为主体	两大霸权国家及其集团与第三世界国家及被压迫人民	美苏和其他爱好和平的国家与人民	霸权、强权国家、第三世界以及联合国、七十七国集团	霸权、强权国家、第三世界以及联合国、国际组织	霸权、强权国家、第三世界以及联合国、国际和区域性组织
自我定位	反帝、反霸、反殖、独立自主不结盟的第三世界国家	独立自主、以现代化建设贡献世界和平的国家	独立自主、不结盟、反霸、不称霸	独立自主、不结盟、反霸、不称霸的“大国”	独立自主、不结盟、反霸、不称霸的“大国”
国际理想	打破现存的不平等国际经济关系，建立国际经济新秩序	未提及	建立国际经济新秩序	建立国际政治经济新秩序	国际政治经济新秩序，维护世界多样性，提倡国际关系民主化和发展模式多样化

① 资料来源：李小华：《观念与国家安全：中国安全观的变化（1982-2002）》，中国社科院研究生院2003年博士论文，第168-170页。

国际义务	同第三世界国家一起为反对帝国主义、霸权主义、殖民主义而斗争	以社会主义现代化的成功为世界和平作贡献	未提及	同世界各国人民一道，为促进和平与发展的崇高事业，做出不懈努力	顺应历史潮流，维护全人类的共同利益
多边外交	未提及	未提及	支持联合国及安理会在维护世界和平，促进全球发展，以及解决国际争端等方面发挥积极的作用	积极参与多边外交活动，充分发挥我国在联合国以及其他国际组织中的作用	积极参与多边外交活动，在联合国以及其他国际及区域性组织中发挥作用

中国重视联合国事务的另一个突出表现就是，中国领导人积极出席联合国高级别会议，这在90年代以前是不多见的。[1]1992年1月，中国政府总理李鹏赴纽约联合国总部，出席安理会首脑会议。1992年6月，李鹏代表中国政府首次参加了里约热内卢地球峰会。1995年3月，李鹏参加了哥本哈根世界社会发展首脑会议。1995年10月，中国国家主席江泽民出席联合国成立五十周年特别纪念会议。一时间，联合国成为中国各类媒体的“宠儿”。中国政府积极评价，“联合国确已成为当今世界上最有广泛性和权威性的政府间国际组织。它对国际事务的独特影响，是任何其他国际组织所不能代替的。”[2]1996年11月，李鹏参加在罗马举行的世界粮食首脑会议。2000年9月，在“联合国千年首脑会议”上，江泽民发表了重要讲话，强调“联合国的积极作用只能加强而不能削弱，联合国的权威必须维护而不能损害”，“任何国家或国家集团在处理国际事务中，都不应对联合国采取需要时则利用之、不需要时则抛弃之的态度。”[3]2005年9月，胡锦涛出席联合国成立六十周年首脑会议，并发表了题为《努力建设持久和平、共同繁荣的和谐世界》的重要讲话，这体现了中国对联合国作用的重视和支持。

① 此前唯一的一次是：1974年4月，中国国务院副总理邓小平赴纽约参加联合国大会第六届特别会议。可见，无论是领导人级别和次数都无法和20世纪90年代后相比。

② 《迈向新的发展历程——第五十届联大展望》，《人民日报》，1995年9月19日，第6版。

③ 《江泽民在联合国千年首脑会议上的讲话》，《人民日报》，2000年9月7日，第1版。

此外，2003年10月15日，中国“神舟”5号飞船搭载两面联合国旗帜飞向太空，航天员杨利伟在环绕地球飞行第7圈时，在太空同时展示了搭载的联合国旗和同尺寸的中国国旗。此举有双重意义：第一，向世界展示中国的航天大国地位。这次航天飞行任务的顺利完成，使中国成为继苏联、美国之后第三个，也是发展中国家第一个能够独立开展载人航天的国家。第二，搭载并展示联合国旗帜，表明中国政府十分重视与联合国的合作，“中国虽然不是第一个实现载人航空的国家，但却是第一个把联合国旗帜带上太空的国家。”①

总之，这一时期，中国积极肯定联合国作用，认为“联合国作为最有影响的国际组织，在国际事务中的作用明显增强，受到广泛重视。”②而且，“在人类历史上，从未有任何一个机构像联合国这样具有如此广泛的规模，也没有任何组织能够通过国际合作对世界产生如此深远的影响。”在上述认知判断下，中国全面支持联合国的各项工作，不仅是联合国活动的受益者也是贡献者，并将自身定位为“负责任、讲和平的大国”。联合国也积极肯定中国的大国作用。双方互动实践不断证实：“联合国需要中国，中国需要联合国。”③

小　结

通过文本分析，将建国后中国对联合国的外交行为分为三个时期：第一阶段是1949-1971年，中国政府将政治利益作为对联合国外交政策的出发点；第二阶段是1972-1989年，中国与联合国的互动走上正常轨道，经济利益成为中国考虑对联合国外交政策的重要指标；第三阶段是1990-2006年，中国与联合国友好相处，中国政府重视对联合国各方面事务的总体考量，并逐渐关注作为大国所应承担的国际责任及其对国家形象的影响。

观念转换建构了不同时期的国家利益，由“维护国家主权”到“优先发展经济”再到“履行大国责任”。上述国家利益产出特定的外交行为，其变化主线是“挑战—合作—维护”。

① 陈健：《中国首位航天员杨利伟向安南递交联合国旗》，联合国网站新闻中心，2004年5月19日，http://www.un.org/chinese/News/fullstorynews.asp?newsID=1668.

② 《联合国的作用明显增强》，《人民日报》，1991年1月2日，第7版。

③ 《联合国需要中国，中国需要联合国》，《人民日报》，1999年12月17日，第7版。

第二章　20世纪50、60年代中国对联合国的外交行为

20世纪50、60年代是冷战最为激烈的时期，朝鲜战争、两次印度支那战争、[①]两次中东战争、[②]两次台海危机、[③]苏伊士运河危机、第二次柏林危机、[④]古巴导弹危机等军事冲突“此起彼伏”。在“战争与革命”的时代背景下，“团结朋友、打击敌人”自然成为中国领导人进行外交决策的首要任务。作为“革命的社会主义国家”，新中国一方面要同社会主义、民族主义国家保持团结；另一方面要与帝国主义进行坚决的斗争。当认定“联合国是美帝国主义反对中国的工具”时，中国领导人便果敢地采取了“挑战”联合国的外交政策。期间，中国与联合国的实质性互动起点始于朝鲜战争，中国与“联合国军”成为直接交战双方。此外，中国政府还在台湾、西藏等问题上与联合国干涉中国内政的行为针锋相对。然而，由于“革命者”形象对中国的消极影响，使一度支持中国的国家有所退缩，并在一定程度上迟缓了中国恢复联合国席位的步伐。

第一节　中国对联合国外交行为的背景分析——文化结构特点

建构主义强调国家性质——包括身份和利益是由文化结构建构的，这种文化结构不是物质结构，而是一种共有观念、共有知识的产物。冷战开始后，美苏之

① 即1946-1954年，越南、老挝、柬埔寨人民反对法国恢复殖民统治、争取和维护民族独立的解放战争，亦称第一次印度支那战争。1961-1975年美越战争，又称第二次印度支那战争，越南方面称抗美救国战争。

② 冷战期间共发生5次中东战争：第一次中东战争（1948-1949年），又称巴勒斯坦战争，以色列称“独立战争”；第二次中东战争（1956-1957年），又称苏伊士运河战争，以色列称“西奈战争”；第三次中东战争（1967年），又称“六五战争”，以色列称“六天战争”；第四次中东战争（1973年），又称“赎罪日战争”；第五次中东战争（1982年），又称黎巴嫩战争。

③ 新中国成立以来，围绕台湾问题进行了三次大的较量，也就是所谓的1954-1955年的台海危机、1958年的台海危机、1995-1996年的台海危机。

④ 1958-1962年的第二次柏林危机是20世纪60年代美苏冷战高潮的一个主要标志。第一次柏林危机发生于1948年。

间在全球和地区业已形成了一种相互敌对的冲突状态。从欧洲到亚洲，从美洲到非洲，整个世界分裂为彼此对立的两大阵营。中国“一边倒”向了以苏联为首的社会主义阵营，而联合国则被美国为首的西方大国所控制。这样，体系层次的霍布斯文化由于美国和苏联分别对联合国和中国的实际影响，建构了中国与联合国敌对的身份和相互冲突的利益。在文化结构内部，中国政府进行了一系列政治运动和斗争，以巩固新生政权。然而，自1957年开始，中国政局急剧“左”转，持续不断的政治运动打乱了国内经济建设布局，并使这一时期的中国内外政策体现出激烈的“革命性”、“斗争性”。体系及内部文化结构的严峻性最终导致了中国与联合国之间霍布斯文化状态的形成，造成中华人民共和国被排斥在联合国机制之外长达二十三年之久。

一、国际体系文化结构特点：冷战开始及美苏阵营激烈对峙

冷战是美国和苏联争夺全球霸权和世界影响的斗争，也是它们遏制与反遏制所形成的两国关系和整个战后国际关系的一种状态。[①]冷战一词最早是由美国政论家赫伯特·斯沃普(Herbert Swap)提出。1946年初，斯沃普为美国参议员伯纳德·巴鲁克(Bernard Baruch)起草的演说稿中写道，美国处于“冷战方酣之中”。1947年4月16日，巴鲁克在南卡罗来纳州哥伦比亚发表了这篇演说，“冷战”一词“粉墨登场”。同年9月，美国著名政论家沃尔特·李普曼(Walter Lippman)发表了以《冷战》为题的论著。[②]

冷战开始后，整个世界都在寻求意识形态的认同感，并形成一种“你死我活”的“冷战思维”模式。曾在美国中央情报局任高级官员的哈里·罗西兹克（Harry Rossizik）认为，在冷战期间“世界被一分为二：‘共产主义世界’

① 刘金质：《冷战史》上册，世界知识出版社2003年版，前言第9页。

② 关于冷战何时开始存在分歧。在苏联/俄罗斯有三种观点：1947年杜鲁门主义出笼，美国支持全世界反对共产主义的斗争；1917年十月革命；1945年8月美国向日本广岛和长崎投放原子弹，不仅取得了对日作战的胜利，而且还成功地向苏联炫耀实力，进而导致冷战的爆发。美国学者认为，冷战何时开始取决于个人对冷战实质的认识。因此，在美国有四种解释：第一，冷战是美苏关系的基本模式，开始于第二次世界大战之后。美苏根据战时协议，安排自己的政治势力范围。第二，冷战是意识形态的对立，1917-1920年是最佳选择。期间发生的主要事件有十月革命、苏俄退出战争、外国对苏俄的武装干涉、共产国际的成立。第三，冷战的关键是欧洲力量的均势。苏联在20世纪30年代初清晰地表达了国家安全利益，冷战始于两次世界大战之间。美国拒不承认苏联、苏联推行双轨外交、西方拒绝苏联加入国际联盟、慕尼黑协定和苏德条约。第四，美国在第二次世界大战中及以后正式介入欧洲的战略平衡，故冷战始于第二次世界大战。战争中，美苏结成脆弱的同盟，并未增加相互信任。中国学者一般认为，乔治·凯南(George Kennan)的遏制理论为美国提供了冷战理论基础，而1947年3月12日，“杜鲁门主义”的出台正式标志美苏冷战的开始。

和‘自由世界’。任何国家不是好的就是坏的。谁不参加某一方，谁就是坏的。”[①]冷战格局具体表现为两大军事集团的对峙、两种意识形态的对立、两种政治制度的对抗、两种经济体现乃至两大平行市场的竞争、两大势力范围的争夺。这种政治现实在人们的观念中形成了一种分清敌我的二元对立思维模式。所有的国家都要么自我选择自己在国际社会中的位置，要么被超级大国所选择、所争夺、所影响；同时一旦确定了自己的位置，那么就用这种二元思维模式去选择盟友、寻找敌人。整个国际社会形成了以美苏对立为主要特征的霍布斯政治文化。[②]

在这样“非此即彼”、“非敌即友”的霍布斯状态下，中华人民共和国选择倒向社会主义阵营一边。毛泽东在建国前夕用斩钉截铁、不容置疑的口吻向全世界阐释了“一边倒”的历史必然性：“一边倒，是孙中山的四十年经验和共产党的二十八年经验教给我们的，深知欲达到胜利和巩固胜利，必须一边倒。积四十年和二十八年的经验，中国人不是倒向帝国主义一边，就是倒向社会主义一边，绝无例外。骑墙是不行的，第三条道路是没有的。我们反对倒向帝国主义一边的蒋介石反动派，我们也反对第三条道路的幻想。”[③]这样，“一边倒”战略最终确定了中苏之间的“盟友”关系，也确定了中美之间的“敌人”身份。

“一边倒”与其说是中国共产党与苏联“天然意识形态亲近”的结果，还不说是美国的错误对华政策，使中国领导人感到了威胁与屈辱。[④]当美国完全站到蒋介石一边，帮助国民党打内战时，中国共产党国际战略的“一边倒”趋势便已基本确定。当新中国建国后，美国政府依然执行敌视、孤立和遏制中国的政策，[⑤]由此形成了两国间长达二十年的“冰封”状态。具体而言，美国政府设置了“三大障碍”以达到“摧毁”社会主义中国的意图。

障碍之一，是对中华人民共和国采取不承认态度，实行政治孤立、经济封锁和军事包围三管齐下的政策。

① [美]哈里·罗西兹克：《中央情报局的秘密活动》，奋然译，群众出版社1979年版，第12页。

② 方长平：《国家利益的建构主义分析》，当代世界出版社2002年版，第194页。

③ 《论人民民主专政》，载《毛泽东选集》第4卷，人民出版社1991年版，第1472-1473页。

④ 曲星：《中国外交五十年》，江苏人民出版社2000年版，第24页。

⑤ 1951年10月10日，美国国会通过《共同安全法》，取代《援外法案》。对外援助的重点从经援转向以军援为主，援助地区从欧洲向亚洲扩展。1954年，杜勒斯把韩国、台湾和印度划为“抵御中国共产党侵略”的三个重要保护地区，扶植日本成为对抗共产主义的战略基地和“反共经济堡垒”。从1951-1955年，美国组建以《美日安全条约》、《美菲条约》、《美、澳、新条约》、《美韩共同防御条约》、《东南亚集体防务条约》、《美台共同防御条约》为核心的亚太军事进攻体系，形成了对苏联和中国的战略包围态势。

障碍之二，是逐步明确了阻挠中国人民解放台湾，干涉中国内政，使台湾问题国际化的政策。

障碍之三，是采取阻挠中华人民共和国恢复在联合国合法席位的立场。

这三大障碍的核心，是通过恶化中国所处的国际环境，压缩中国的战略空间，使中国难以生存、难以发展，最后四分五裂。面对压力，毛泽东逐步在50年代形成了应对美国“三个障碍”的“三大决策”。

决策之一，提出了“一边倒”和不急于同美国发展关系的方针。毛泽东把外交政策上的一边倒，称为建立“同盟关系”，打破帝国主义的封锁之道。①

决策之二，在台湾问题上，对内提出实行第三次国共合作、和平统一台湾的方针，对外提出反对台湾问题国际化和“两个中国”或“一中一台”的方针。

决策之三，鉴于恢复在联合国的席位是一场长期斗争，毛泽东提出了积极做各方面工作，但不急于进联合国的方针，同时主张在联合国外与美国作斗争。②

在东西方冷战格局中，中国领导人很自然地产生一种为求生存而争时间、抢速度的危机感、紧迫感。在1954年6月召开的中央人民政府委员会第三十次会议上，毛泽东不无忧虑地说：“现在我们能造什么？能造桌子椅子，能造茶碗茶壶，能种粮食，还能磨成面粉，还能造纸，但是，一辆汽车、一架飞机、一辆坦克、一辆拖拉机都不能造。”③“中国经济落后，物质基础薄弱，使我们至今还处在一种被动状态，精神上感到还是受束缚，在这方面我们还没有得到解放。”④上述压力主要源于中国领导人担心在与帝国主义国家的对抗中会由于自身实力不足而处于“落后挨打”的地位。1955年3月21日，毛泽东在党的全国代表大会上讲话时指出，“帝国主义势力还是在包围着我们，我们必须应付突然事变。今后帝国主义如果发动战争很可能像第二次世界大战时期那样，进行突然袭击。因此，我们在精神上和物质上都要有所准备，当突然事变发生的时候，才不至于措手不及。”另一方面，“国内反革命残余势力的活动还很猖獗，我们必须有计划、有分析地、实事求是地再给他们几个打击，使暗藏的反革命力量更大

① 《缔结中苏条约和协定的重大意义》，载《毛泽东外交文选》，中央文献出版社、世界知识出版社1994年版，第132页。

② 相关论述见李捷：《国内政局与中美关系——物极必反：60年代的中国国内政治与中美关系》，载姜长斌、[美]罗伯特·罗斯主编：《从对峙走向缓和——冷战时期中美关系再探讨》，世界知识出版社2000年版，第492-494页。

③ 《关于中华人民共和国宪法草案》，载《毛泽东文集》第6卷，人民出版社1999版，第329页。

④ 《工作方法六十条（草案）》，载《建国以来毛泽东文稿》第7册，中央文献出版社1990年版，第51页。

地削弱下来，借以保证我国社会主义建设事业的安全。”①可见，毛泽东认为国际、国内形势都很严峻。

此外，除与美国冲突对峙外，国际局势的霍布斯状态同时导致中国周边地区战火频仍。尤其是从1959年夏季开始，中国周边局势全面恶化。毛泽东指出，“现在国际上反华浪潮来势汹汹，而且帝国主义、修正主义和反动派都参与其中。”②1959年8月25日，印度政府军派出武装部队越过非法的“麦克马洪线”企图侵占中国领土朗久，中印之间发生了第一次边界冲突。同年10月21日，印度巡逻队又在新疆西部空喀山口侵入中国境内并首先开火，被中国军人击溃。此后，印度开始以中国为假想敌进行军事训练，原本平静的中国西部边界开始出现危机。从1961年起，印度大力推行蚕食中国领土的“前进政策”。1962年7月，毛泽东指示：对印军的入侵，决不退让，避免流血；武装共处，犬牙交错。③10月2日，尼赫鲁在新德里回应，印度政府要“以军事力量对付中国”。14日，印度国防部长梅农叫嚣：要同中国打到最后一个人，最后一支枪。1962年10月20日，中印边境战争拉开了帷幕。

1960年夏季，苏联在中国新疆博孜艾格尔山口附近地区挑起第一次边界事件。1962年4-5月又在新疆伊犁、塔城地区策动6万余中国公民越境逃往苏联，从此中苏边境地区不再安宁。在如此紧迫的生存压力下，中国外交进入仍以对抗为主要特征的“两面应战”战略时期。这一时期，美国与中国依然处于敌对状态；中国与苏联则从盟友演变为敌人。从1962年下半年起，毛泽东认真考虑发生美苏两国同时进行大规模武装入侵的问题。他曾反复提出这样一种可能性，就是苏联从北、美国由南联手进攻中国。④自此，毛泽东对国家整体布局做了重要调整。1964年5月15日至6月17日，中共中央召开工作会议，开始有计划地进行“三线建设”。战备在国家内外政策上，居于压倒一切的地位。后来国际形势的发展也证明中国进行三线建设的战略决策是迫不得已。1964年8月5日，美国借口北部湾事件，开始对北越进行轰炸，将战火迫近中国南大门。而蒋介石认为时机已到，一心想通过越战实现其“反攻大陆”的美梦，台湾国民党军队多次与美国军队联合

① 《在中国共产党全国代表会议上的讲话》，载《毛泽东文集》第6卷，人民出版社1999年版，第392页。

② 吴冷西：《十年论战》上册，中央文献出版社1999年版，第234页。

③ 转引自中印边境自卫反击作战史编写组：《中印边境自卫反击作战史》，军事科学出版社1994年版，第143页。

④ 例如，1964年10月7日同朝鲜党政代表团的谈话，1965年3月19日同在华外国专家的谈话里，都提到这种可能性。转引自李捷：《国内政局与中美关系——物极必反：60年代的中国国内政治与中美关系》，载姜长斌、[美]罗伯特·罗斯主编：《从对峙走向缓和——冷战时期中美关系再探讨》，世界知识出版社2000年版，第501页。

进行以大陆为目标的军事演习。在强敌压境的情况下，中国的国家安全形势呈现前所未有的严峻和险恶。1965年9月，国家计委在拟订出的《关于第三个五年计划安排情况的汇报提纲》中规定，“三五”计划的基本方针、任务，要以从解决“吃穿用”为中心，转变为以备战为中心。从这一年起，我国开始把沿海一些工业企业向西部地区搬迁，当年新建项目则大多集中投放在西部地区。这样做的目的只有一个，即在较短的时间内，尽快在西部地区建立起一个敌人战略武器打不到的军事工业基地。

此时，中苏矛盾仍在不断激化。1964年7月，毛泽东在中央政治局会议上特别强调，“不要只注意东边，不注意北边；只注意帝国主义，不注意修正主义，要有两面作战的准备。”①从1964年10月至1969年3月，由苏方挑起的边境事件达4189起，比1960年至1964年期间增加了一倍半。②特别是，1968年8月20日，苏联以华沙条约组织的名义武装侵占了捷克斯洛伐克。1969年3月2日，苏联边防军悍然入侵中国黑龙江省虎林县境内的珍宝岛。据此，中国得出了两条极为重要的结论：其一，断定苏联已经堕落为“社会帝国主义”，已堕落成更富有侵略性的危险敌人。其二，一个反对美帝、苏修的历史新时期已经到来。

1969年4月，中共九大政治报告提出，“决不可以忽视美帝、苏修发动大规模侵略战争的危险性。我们要做好充分准备，准备他们大打，准备他们早打，准备他们打常规战争，也准备他们打核大战。……人不犯我，我不犯人，人若犯我，我必犯人。”③在获悉苏联准备对中国进行“核手术”打击的消息后，9月17日，中国政府在国庆二十周年口号中，向全世界表明了准备应付核战争的决心，“全世界人民团结起来，反对任何帝国主义、社会帝国主义发动的侵略战争，特别要反对以原子弹为武器的侵略战争！如果这种战争发生，全世界人民就应以革命战争消灭侵略战争，从现在起就要有所准备！”④与之相应，中国国防建设的指导思想是集中精力“深挖洞、广积粮”，“提高警惕、准备打仗”，并把这些口号变为全国军民的共识和行动。

可见，20世纪50、60年代中国所处的国际环境十分恶劣（当然也有中国领导

---

① 李丹慧：《20世纪60年代美中央情报局对中苏关系的评估——对美国情报委员会最新解密档案的分析》，《南开学报》（哲学社会科学版），2005年第3期，第17页。

② 《1969年5月24日中华人民共和国政府声明》，《人民日报》，1969年5月25日，第1版。

③ 《在中国共产党第九次全国代表大会上的报告》，《人民日报》，1969年4月28日，第1版。

④ 《为进一步巩固无产阶级专政而斗争——庆祝中华人民共和国成立二十周年》，《人民日报》，1969年10月1日，第2版。

人在60年代对战争爆发估计过于严重的一面），中国领导人急需处理的战略问题，首先是判断战争与和平的世界大势："非战即和"，绝对没有中间道路可以选择。其次，在战争威胁时刻存在的情况下，中国领导人很难集中精力发展良性的国际关系，国家安全战略只有"结盟"与"对抗"的"二元抉择"。最后，这一时期中国始终有明确的敌人：50年代的美国，60年代的美苏，而且这些敌人都是当时世界上实力最强的国家或国家集团。在中国领导人眼里，中国与敌人之间只存在"生存还是毁灭"的零和博弈。

二、中国与联合国间文化结构特点：互动起点充满敌意

中华人民共和国与联合国的实质性互动始于朝鲜战争。在美国的指挥下"联合国军"跨过"三八线"，进逼中国边境，"联合国军"的飞机轰炸中朝边界中方一侧目标的事件多次发生。中国在自己的主权遭到侵犯、安全受到威胁的情况下被迫出兵朝鲜，中国和"联合国军"成为交战双方。

（一）朝鲜战争期间，中国与"联合国军"展开军事较量

1950年6月25日清晨，朝鲜战争爆发。美国杜鲁门政府决定亲自干预朝鲜局势，同时将朝鲜问题提交安理会，以给美国的干涉披上一件合法的联合国外衣。当时，苏联代表为抗议国民党集团非法占据安理会的中国席位，于1950年1月13日宣布，在国民党代表被驱逐出安理会之前，苏联代表团将不参加安理会工作。这样，美国抓住时机在联合国"一手遮天"，在开战不到两周时间内，促使安理会一连通过3个损害联合国声誉、贯彻美国侵略意图的决议，使联合国完全沦为美国推行侵略政策的工具。

6月25日下午，安理会第473次会议通过第82号决议，宣布"北朝鲜部队向大韩民国施行的武装进攻构成了对和平的破坏，要求北朝鲜立即停止敌对行动，并将军队撤至北纬三十八度。"6月27日，美国总统杜鲁门声称："北韩战争爆发说明共产主义已不限于使用颠覆手段来征服独立国家，而且立即会使用武装进攻，这种情况下共产党军队占领台湾，势将直接威胁太平洋区域的安全，并威胁在该地履行合法的必要活动之美国部队。"因此，他"命令美国第七舰队阻止对台湾之任何攻击"，作为这一行动的应有结果，他也要求台湾停止对大陆的

一切海空攻击。与此同时，杜鲁门提出，“台湾未来地位的决定必须等待太平洋区域安全的恢复，对日和约的签订或经由联合国考虑。”[①]同日，安理会又通过了“紧急制裁案”，即安理会第83号决议，建议“联合国各会员国给予大韩民国以击退武装攻击及恢复该地区国际和平与安全所需之援助。”[②]7月6日，周恩来在致联合国秘书长赖伊的电报中强调，安理会决议是“支持美国武装侵略、干涉朝鲜内政和破坏世界和平的”，联合国安理会及秘书长对于美国政府的侵略行为不闻不问，“放弃自己维护世界和平的职责，并成为顺从美国政府政策的工具。”[③]

7月7日，安理会第476次会议通过第84号决议，要求全体会员国依照安理会的决议提供军事和其他援助，以供美国指挥下的统一司令部使用。决议要求美国任命联合国军总司令，“授权联合国军在朝鲜执行军事行动时使用联合国旗帜，同时也可使用参与国的旗帜。”[④]7月8日，美国总统杜鲁门任命美国远东驻军总司令道格拉斯·麦克阿瑟（Douglas Macarthur）为“联合国军”总司令。7月24日，麦克阿瑟宣布在东京设立联合国军总部。实际上，连美国都承认，麦克阿瑟是一名联合国不能指挥、也指挥不了的美国将军。后来，麦克阿瑟在参议院作证时曾公开说：“我与联合国的联系在很大程度上是形同虚设。”[⑤]

所谓“联合国军”，除美国之外，还有15个国家曾先后提供过数量不等的战斗部队。[⑥]麦克阿瑟曾对参谋长联席会议主席布莱德利（Omar Nelson Bradley）说，这些部队“从军事上说，毫无用处，他们也许从来没有打过仗。从政治上说，他们增添了一股联合国的香味。”[⑦]马修·李奇微（Matthew Bunker

① 《总统公共关系文件：哈里·杜鲁门，1950年》（*Public Papers of the Presidents: Harry S. Truman, 1950*），美国政府印务局1965年版，第492页。转引自徐友珍：《1950年英美向五届联大提交的台湾问题提案》，《世界历史》，2005年第4期，第40页。

② [荷兰]卡罗·C. 威伦：《联合国安理会决议及声明（1946-1989）——概要指南》（Karel C. Wellen , *Resolutions and Statements of the United Nations Security Council 1946-1989—A thematic Guide* (Boston: Martinus Nijhoff Publishers, 1990)），马提努斯·尼赫夫出版社1990年版，第253页。转引自王绳祖主编：《国际关系史（1949-1959）》第8卷，世界知识出版社1995年版，第60页。

③ 《外交部长周恩来斥责安全理事会对朝鲜问题的决议以及美国侵犯中国领土致联合国电》，1950年7月6日，载《中华人民共和国对外关系文件集（1949-1950）》第1集，世界知识出版社1957年版，第132页。

④ [荷兰]卡罗·C. 威伦：《联合国安理会决议及声明（1946-1989）——概要指南》（Karel C. Wellen , *Resolutions and Statements of the United Nations Security Council 1946-1989—A thematic Guide* (Boston: Martinus Nijhoff Publishers, 1990)），马提努斯·尼赫夫出版社1990年版，第253页。转引自王绳祖主编：《国际关系史（1949-1959）》第8卷，世界知识出版社1995年版，第60页。

⑤ [美]李奇微：《朝鲜战争》，孙利辉、周伯荣译，军事科学出版社1983年版，第149页。

⑥ 这15国是：澳大利亚、比利时、加拿大、哥伦比亚、埃塞俄比亚、法国、希腊、卢森堡、荷兰、新西兰、菲律宾、泰国、土耳其、南非联邦、联合王国。另有丹麦、印度、意大利、挪威和瑞典五国提供了医疗队。

⑦ 《战后世界历史长编1950-1951》第6册，上海人民出版社1985年版，第89页。

Ridgway）的评价更直截了当，“尽管联合国其他成员国实际提供的人力并不是很多，可以在联合国的旗帜下作战能使我们在朝鲜的行动带有道义上得到支持的色彩，而这在我们与自由世界其他国家打交道时具有无可估量的价值。”[①]杜鲁门甚至告诫驻朝美军，应“保证让全世界都注意这个事实，那就是美国在朝鲜正为联合国而战，并非为了美国。”[②]

1950年8月27日、30日，中国两次致电秘书长赖伊，控诉美军用飞机侵犯中国领空、轰炸中国领土并造成大量的人员伤亡。要求安理会谴责侵朝美军的这种侵略行为，采取措施从朝鲜撤出全部美军，以防止局势恶化。

9月，安理会开始讨论美军飞机轰炸中国案，围绕邀请中国代表参加问题，美苏展开激烈交锋。11日，安理会讨论苏联代表提出的邀请中国代表参加安理会会议的建议。苏联代表认为，根据宪章第三十二条的规定，[③]中国代表有权参加安理会讨论，但该提案最终被否决。

10月7日，联大以47票赞成、5票反对与7票弃权通过决议，要求联合国“应采取一切适当的措施，以确保整个朝鲜局势的稳定”，决定建立由7国代表组成的“联合国朝鲜统一复兴委员会”[④]（中国在相当长的时期内一直公开反对此委员会），并与联合国朝鲜委员会具有同样职能，它将在建立全朝鲜政府过程中代表联合国。当日，麦克阿瑟命令“联合国军”大规模越过“三八线”，向北全线进攻，战火很快燃烧到中朝边境，直接威胁中国自身主权和安全。正如10月10日中国外交部发言人指出，这项决议的实质就是授权美国再次盗用联合国之名“侵略和占领整个朝鲜，并进一步扩大侵朝战争”，“这一个血腥提案的通过违反全朝鲜和全世界绝大多数人民的意志。”[⑤]

10月19日，中国人民志愿军跨过鸭绿江，与朝鲜人民并肩战斗。周恩来指出，对于这样一场战争，“要下决心是不容易的。我们对付的是强大的美国，它打的又是联合国旗号。毛泽东认为，如果在这个关键时刻不下决心，不仅朝鲜被

① [美]李奇微：《朝鲜战争》，孙利辉、周伯荣译，军事科学出版社1983年版，第149页。

② [美]詹姆斯·F. 施纳贝尔：《朝鲜战争中的美国陆军》第2卷，王琪等译，国防大学出版社1990年版，第109页。

③ 《联合国宪章》第三十二条内容为：联合国会员国而非为安全理事会之理事国，或非联合国会员国之国家，如于安全理事会考虑中之争端为当事国者，应被邀参加关于该项争端之讨论，但无投票权。安全理事会应规定其所认为公平之条件，以便非联合国会员国之国家参加。

④ 7国为澳大利亚、智利、荷兰、巴基斯坦、菲律宾、土耳其、泰国。

⑤ 《外交部发言人反对联合国大会通过的扩大朝鲜战争的决议和反对美国扩大朝鲜战争的企图的声明》，1950年10月10日，载《中华人民共和国对外关系文件集（1949-1950）》第1集，世界知识出版社1957年版，第155页。

占领，就是我们自己的建设也将成为不可能。”[①]战斗中，中朝军队把战线稳定在“三八线”附近地区，迫使美方接受停战谈判。11月29日，美国国务卿艾奇逊（Dean Gooderham. Acheson）在华盛顿发表演说，辱骂中国出兵是“蓄谋已久的公开侵略行径”，并以凌驾于联合国之上自居，威胁中国“不要欺骗他人以反对联合国”。[②]

在中国政府的据理力争下，1950年11月27日，安理会同意中国代表参加“控诉武装侵犯台湾案”[③]和“控诉侵略大韩民国案”的审议。

28日下午，中华人民共和国代表伍修权在安理会第525次会议上发言指出，“从8月27日到11月10日，在朝鲜的美军飞机侵犯中国领空90次，轰炸城市、乡村，现在侵略军正在逼近中国东北边境。”伍修权强调，“没有中华人民共和国的合法代表参加，联合国就不可能成为名副其实的联合国。”[④]最后，他代表中国政府向安理会提出了三项建议：第一，谴责美国政府武装侵略中国领土台湾及武装干涉朝鲜的罪行。第二，要求美国政府自台湾完全撤出武装侵略力量。第三，要求美国及其他外国军队一律撤出朝鲜，朝鲜内政由南北朝鲜人民自己解决。[⑤]伍修权在联大的发言义正辞严、声音洪亮，把整个“会场都震动了”，“把中国人民憋了多年的气，一下子吐出来了”，被称为“伍修权大闹联合国”。[⑥]

然而，1951年2月1日，美国操纵联合国大会，竟然通过了一个诬蔑中国为“侵略者”的提案。次日，中国外长周恩来发表声明，指出联大“在没有中华人民共和国的合法代表参加、而且在侵越安全理事会权限的情况之下，竟通过美国污蔑我国的提案，显然是非法的、诽谤的、无效的，中国人民坚决表示反对。”[⑦]5月18日，联合国又通过对中国和朝鲜实行禁运的决议，要求各会员国对

① 1965年6月4日至8日，周恩来总理访问坦桑尼亚时同尼雷尔总统的谈话。转引自韩念龙主编：《当代中国外交》，中国社会科学出版社1987年版，第38页。

② 《美国对外关系1950年》第7卷，华盛顿特区1976年版，第1259页。转引自王绳祖主编：《国际关系史（1949-1959）》第8卷，世界知识出版社1995年版，第74页。

③ 1950年8月24日，周恩来致电赖伊，要求安理会谴责美国武装入侵中国领土台湾的罪恶行径。29日，苏联以安理会主席的身份裁定将之列入议程。

④ 《中华人民共和国特派代表伍修权在出席联合国安全理事会会议期间的发言和谈话》，1950年11月28日，载《中华人民共和国对外关系文件集（1949-1950）》第1集，世界知识出版社1957年版，第200页。

⑤ 《伍修权在安全理事会就“控诉武装侵略台湾案”提出的决议草案》，安全理事会文件S/1921，载谢益显主编：《中国外交史：中华人民共和国时期1949-1979》，河南人民出版社1988年版，第81页。

⑥ 王绳祖主编：《国际关系史（1949-1959）》第8卷，世界知识出版社1995年版，第52页。

⑦ 《外交部长周恩来关于联合国大会非法通过污蔑我国为侵略者的决议的声明》，1951年2月2日，载《中华人民共和国对外关系文件集（1951-1953）》第2集，世界知识出版社1958年版，第7页。

中朝两国实行禁运武器、弹药、战争用品、原子能材料、石油、具有战略价值的运输器材以及对制造武器、弹药和战争用品有用的物资。5月22日，中国外交部发言人指出，“中国人民坚决反对联合国的这个非法的和可耻的决议”，“自从联合国大会非法通过污蔑我国的决议之后，联合国即已断然自绝于中国人民；此次联合国大会又非法通过美国这一提案，只是再一次证明联合国已日益不可挽救地变成以美国为首的帝国主义集团扩大侵略战争的工具。”①

6月1日，联合国秘书长赖伊发表声明说，沿着接近“三八线”的地带停火就能达到联合国保卫南朝鲜的目的。从此，朝鲜战争进入了“边打边谈”的新阶段。1953年7月27日，朝鲜停战协定正式签字生效，历时37个月的朝鲜战争终告结束。朝鲜战争是继第二次世界大战后发生的一场时间较长、具有相当规模的国际性战争。这场战争参加国家很多，已远超出局部战争的范围。②战争结束前夕，周恩来就曾深刻指出，“朝鲜战争是二次世界大战以后国际上有特殊意义的事件。朝鲜战场是局部性的，但是朝鲜战争的意义是世界性的。”③中国与联合国的实质性互动起点由战争开始，以停战协定结束，双方之间的敌意很难在短时间内消除。事实上，联合国在朝鲜问题，特别是在朝鲜战争期间的所作所为是联合国历史上很不光彩的一页，它违反了《联合国宪章》的宗旨和原则，损害了联合国声誉，其中的教训是深刻的。④

（二）中国控诉“联合国军”在朝鲜战争中使用细菌武器

1951年5月8日，朝鲜外务相朴宪永致电联合国大会及安理会主席，抗议美军违反人道与国际法，在朝鲜使用细菌武器，⑤并要求逮捕和审判细菌战犯“联合国军”总司令麦克阿瑟、李奇微等。⑥1952年2月22日，朝鲜再次发表声明，抗议“联合国军”从1月28日开始进行的细菌战，要求追究使用细菌武器组织者的国

① 《外交部发言人斥责美国操纵联合国大会非法通过对中朝禁运案的谈话》，1951年5月22日，载《中华人民共和国对外关系文件集（1951-1953）》第2集，世界知识出版社1958年版，第27-28页。

② 李铁城：《联合国的历程》，北京语言学院出版社1993年版，第190页。

③ 中华人民共和国外交部、中共中央文献研究室编：《周恩来外交文选》，中央文献出版社1990年版，第58页。

④ 很多学者就联合国在朝鲜战争中的教训进行研究，北京语言文化大学李铁城教授对此问题见解全面透彻，相关论述见李铁城：《联合国的历程》，北京语言学院出版社1993年版，第190-196页。

⑤ 细菌武器，是一种不人道、极其可耻的杀人手段。早在1925年日内瓦会议，世界各国曾订立《禁止在战争中使用窒息性、毒性或其他气体和细菌作战方法的议定书》，明令禁止使用细菌武器。

⑥ 《必须严惩美国细菌战犯》，《人民日报》，1951年5月12日，第4版。

际责任。[①]

其实，美国操纵"联合国军"发动细菌战早有准备：1951年3月，美国卫生研究院公然宣称，"微生物的炮弹和微生物的炸弹"已成为立即可能实现的武器；美国在华盛顿附近地区，建立了由陆军军事化学部直接领导的细菌实验室；"联合国军司令部"还在日本东京附近山区成立了细菌战研究所，这个研究所由日本细菌战专家组成。[②]

为支持朝鲜人民的正义斗争，中国政府于1952年2月24日发表声明指出，"现在美帝国主义就使用这些试验过的细菌武器，来虐杀朝鲜的和平人民。如果全世界人民不坚决地加以制止，那么，今天落在朝鲜和平人民头上的灾难，明天就会落在世界和平人民的头上。"[③]为此，"中国人民将和世界人民一道，为制止美国政府这一疯狂罪行而坚决斗争到底。"[④]3月1日，中国政府再次强调，"美国侵略者在朝鲜战场上大规模进行细菌战、杀害中朝人民战士和朝鲜人民的滔天罪行，已经引起了中朝人民的一致愤怒声讨和全世界公正舆论的正义斥责。负责指挥在朝鲜进行细菌战的美方'联合国军司令部'，对中朝人民的愤怒声讨和他们自己所犯的灭绝人性的罪行，始终'没有发表任何评论'，美国侵略者的穷凶极恶的血腥罪行，只能更加促使我们加紧抗美援朝的伟大斗争。"[⑤]此外，中国政府以实际行动回击细菌战：早在2月23日，中华医学总会成立了"中华医学会细菌战防御专门委员会"，进行细菌研究工作[⑥]；2月29日，中国医药卫生科学界人士，组成了首批防疫检验队，赴朝鲜进行防疫工作。[⑦]

3月3日，由奥地利、意大利、英国、法国、中国、比利时、巴西、波兰等8国的法律工作者组成的"国际民主法律工作者协会调查团"到达朝鲜，开始调查

① 谢益显主编：《中国外交史：中华人民共和国时期1949-1979》，河南人民出版社1988年版，第98-99页。

② 其中包括石井四郎、若松次郎、北野政藏等日本法西斯战犯。

③ 《美帝国主义制造细菌战争的罪行》，《人民日报》，1952年2月27日，第4版。

④ 《外交部长周恩来关于支持朝鲜外务相抗议美国政府进行细菌战的声明》，1952年2月24日，载《中华人民共和国对外关系文件集（1951-1953）》第2集，世界知识出版社1958年版，第63页。

⑤ 1951年3月，中国政府就获知，"联合国军司令部"通过日本吉田政府总理府特别调达厅，向日本京都府南桑田郡定购了150万日元之培制细菌用的液脂，大规模从事细菌武器的制造，企图用此灭绝人性的手段，挽救"联合国军"的失败。相关论述见《美在日培制大批细菌图毒害朝鲜军民》，《人民日报》，1951年3月22日，第1版；《坚决扑灭美国侵略者细菌战的毒焰》，《人民日报》，1952年3月1日，第1版。

⑥ 《北京细菌学专家和医药卫生科学工作者集会，愤怒抗议美军撒布细菌的罪行》，《人民日报》，1952年2月23日，第3版。

⑦ 这支防疫检验队，由细菌学专家杨叔雅教授、方亮副教授、郭成周教授、谢知母教授，寄生虫学专家吴光教授，昆虫学专家柳支英教授，流行性病学专家俞焕文教授，病理学专家严家贵教授，及北京、上海、天津、杭州等地医科学校的讲师、助教及技术人员数十人组成。

有关细菌战的事实，至19日结束并发表调查报告，证实了“联合国军”在朝鲜和中国进行细菌战的罪行。①在此期间，许多国家纷纷致电联合国秘书处，要求联合国制止使用细菌武器，并结束朝鲜战争。②

3月4日，美国国务卿艾奇逊发表声明，对细菌战的罪行进行抵赖。他说：“‘联合国军’过去没有进行过、现在也没有进行过任何细菌战。”③同日，毛泽东在沈阳3日讯资料(十五)《抚顺市郊发现大批昆虫》上批示：周总理：请准备在辽东、辽西两省全体军民中注射防疫苗。冀东、冀中及京津也要做准备。是否有这样多的疫苗，望告。该资料说，在抚顺市以南70华里的北大沟发现大批苍蝇、蜘蛛、跳蚤等昆虫，当即派出检验人员赴现场采集标本。④

周恩来立即召集中国人民解放军代总参谋长聂荣臻和有关部门负责人开会，商议在东北和沿海地区全面进行防疫工作的措施，⑤同时指示聂荣臻向苏联专家介绍此情况，并同其商议聘请苏联防疫专家、订购疫苗和请苏联再增派一个全天候的喷气式驱逐机师来东北加强防空力量等问题。3月8日，中国政府发表声明指出，美国侵略军自1952年1月28日起至3月5日止，先后以军用飞机68批、448架次侵入我国东北领空，并在抚顺、新民、安东、宽甸、临江等地撒布大量传播细菌的昆虫，并对临江、长甸河口地区进行了轰炸扫射。⑥“铁的事实证明，所谓‘联合国军’不但过去进行了而且现在更大规模地进行着细菌战。”⑦同时，被中国俘虏的美国空军飞行员也供认了进行细菌战的事实。

6月，安理会在苏联的要求下，审议了呼吁各国参加1925年关于禁止使用细菌武器的《日内瓦议定书》的问题。6月20日，美国代表要求安理会注意苏联代表所提出的关于“联合国军”在朝鲜使用细菌武器的“错误指控”，并建议将

① 《“联合国军”具体采取了哪些战法》，解放军报网络版，http://www.pladaily.com.cn/item/kmyc50/100wd/kmyc072_kmyc.htm.

② 《全世界人民抗议美国进行细菌战，一致主张严厉惩罚美国细菌战犯》，《人民日报》，1952年3月14日，第4版。

③ 美国国务卿艾奇逊和“联合国军”总司令李奇微，曾长期重复“联合国军过去未进行现在也未进行任何细菌战”的论调。但美国空军飞行员如实供认了进行细菌战的真相。例如，美国战俘伊纳克承认，他在朝鲜曾执行过32次飞行及轰炸任务，于1952年1月6日及10日先后两次在朝鲜投掷细菌弹六枚。相关论述见《美国帝国主义如何发动细菌战争的真相》，《人民日报》，1952年5月6日，第4版。

④ 《中国人民志愿军抗美援朝战争大事记（1952年3月）》，中国网，http://www.china.com.cn/ch-America/Dashi/1952-3.htm.

⑤ 1952年3月6日以后，“联合国军”又进一步将细菌战从中国东北扩展到山东的青岛附近地区。青岛市立即成立细菌战防御专门委员会及市防疫队。

⑥ 《外交部长周恩来抗议美国政府连续侵犯中国领空并使用细菌武器屠杀中国人民的暴行的声明》，1952年3月8日，载《中华人民共和国对外关系文件集（1951-1953）》第2集，世界知识出版社1958年版，第63页。

⑦ 《严惩滥炸我东北和撒布细菌的美国凶手》，《人民日报》，1952年3月8日，第1版。

“关于要求调查所谓细菌战事实的问题”列入议程，同时提出了一个决议草案，要求红十字国际委员会迅速对这种指控进行调查并向安理会报告结果。

在6月23日的安理会会议上，作为安理会轮值主席的苏联代表指出，同意将该问题列入议程，但认为如果没有中国和朝鲜的代表参与讨论是非常荒谬的。为使安理会能够客观地讨论这个问题，必须知道中朝两国的观点。25日，“关于要求调查所谓细菌战事实的问题”列入安理会议程。苏联代表再次提出邀请中朝两国代表参加讨论，但是该建议在美国操纵下的安理会是无法得到通过的。苏联在投票结束后的发言中指出，“美国害怕中朝两国的代表会举出美国使用细菌武器的有力证据，因而阻止他们参加安理会会议。”苏联代表表示，既然已把另一方代表申诉的途径堵死，而没有他们的参加，就无法进行正确的讨论。因此，苏联将不参加该问题的审议，并且将对美国的决议草案投反对票。

在安理会的审议过程中，美国代表颠倒黑白，指出“联合国军”在朝鲜发动细菌战的这种“错误的和恶意的指控”最早是由中国和朝鲜的共产主义分子提出来的，苏联则推波助澜。细菌战的指控是败坏联合国声誉尤其是败坏美国声誉活动的一部分。7月3日，苏联代表否决了美国要求由红十字国际委员会就细菌战进行调查的提案。

苏联代表指出，安理会收到的来自中华人民共和国和朝鲜民主主义人民共和国政府的官方声明证明了“联合国军”在朝鲜和中国使用细菌武器。红十字国际委员会被拒绝是正当的，因为该机构并不具有“国际”意义，而仅仅是美国推行其政策的工具。此外，如果没有中国和朝鲜代表参加，安理会就无法公正地讨论此问题。①

然而，1952年10月21日，联合国第七届大会在美国政府代表强制下，将美国政府提出的所谓调查指控美国进行细菌战的提案列入议程，同时拒绝了苏联代表所提出的邀请当事国（中国、朝鲜）出席参加讨论的合理建议。27日，周恩来致电联大主席皮尔逊，抗议联合国偏袒美国、漠视正义的行为。②

---

① 苏联代表坚持认为，要求中朝代表参加讨论，得到《联合国宪章》第三十二条所支持，并在安理会议事规则第三十八条中有所反映，它规定安理会应当要求存在争议的双方参加讨论，而并非片面听取意见。

② 周恩来在电报中指出，“对于联合国未经邀请中华人民共和国的代表参加讨论，而片面决定将所谓调查指控美国进行细菌战的提案列入议程，并否决了苏联代表所提出的合理建议的行为，表示抗议，并向联合国大会提出如下要求：中国人民以美国干涉者进行细菌战的直接对象和直接受害者的资格，有权并有必要派遣代表出席本届联合国大会，参加关于所谓调查指控美国进行细菌战提案的讨论。”相关论述见《外交部长周恩来抗议片面将所谓调查指控美国进行细菌战提案列入议程并要求邀请我国代表出席报告美国进行细菌战的罪行致联合国第七届大会主席电》，1952年10月27日，载《中华人民共和国对外关系文件集（1951-1953）》第2集，世界知识出版社1958年版，第95页。

在联合国之外，中国政府展开了反对细菌战的坚决斗争。首先，自5月5日至11月22日，中国新华社陆续公布了25名被俘美国飞行员关于进行细菌战的供词，有力地揭露了"联合国军"进行细菌战的事实真相。[①]其次，自6月23日至8月6日，由瑞典、法国、英国、意大利、巴西、苏联、中国等7国科学家组成的"调查细菌战事实国际科学委员会"，实地调查"联合国军"在朝鲜和中国进行细菌战的罪行，并公布了调查报告。第三，在具体应对措施上：1．成立了中央防疫委员会[②]；前线部队成立了以邓华为主任委员的中国人民志愿军总防疫委员会。2．提供医疗支持。仅1952年3月中旬，周恩来指示有关部门，给志愿军赶运250万份五联疫菌；赶运500万份霍乱疫苗，供疫区和交通要道居民接种；赶运20万具防毒面具，供一线部队使用。3．划分防疫区，建立疫情报告制度。3月19日，中央防疫委员会发出《关于反细菌战的指示》，明确规定朝鲜为疫区，东北为紧急防疫区，华北、华东、中南沿海地区为防疫监视区，华北、华东、中南内地及西北、西南为防疫准备区。4．进行反细菌战的思想动员和防疫卫生知识教育，开展卫生运动。

经过不懈斗争，志愿军与朝鲜军民一起制止了疫病的流行，粉碎了"联合国军"的细菌战。期间，世界和平理事会主席约里奥·居里（Joliot Curie）发表声明指出，进行细菌战是穷凶极恶的罪行，号召全世界舆论起来斥责这一罪行。[③]此外，中国红十字总会、中国人民救济总会、中国保卫世界和平理事会、国际民主法律工作者协会、世界工联亚澳联络局等组织先后都发表了反对"联合国军"进行细菌战的声明，坚定地支持中朝人民的正义斗争。[④]以美国为首的"联合国军"实施细菌战，不仅没有达到其预期目的，反而在道义上遭到了严厉谴责。

三、行为体内部文化结构特点：政治运动成为国内政局主流

新中国成立伊始，中国人民面临严峻的国内形势。首先，国家经济濒临崩溃，百废待兴。其次，新政权刚建立，国家还没有完全解放，各种反动势力依然

① 谢益显主编：《中国当代外交史（1949-2001）》，中国青年出版社2002年版，第261页。

② 中央防疫委员会主任周恩来，副主任郭沫若、聂荣臻，办公室主任贺诚。

③ 《约里奥·居里发表声明，痛斥美国发动细菌战争，号召全世界舆论斥责美国侵略者罪行》，《人民日报》，1952年3月10日，第1版。

④ 《中国人民志愿军抗美援朝战争大事记（1952年3月）》，中国网，http://www.china.org.cn/ch-America/Dashi/1952-3.htm.

存在。为此，中国进行了一系列政治运动和斗争，以巩固新生政权：第一，追歼国民党残余军队和大规模剿匪运动。第二，实现西藏和平解放。第三，保家卫国，抗美援朝。在此期间，又在全国范围内进行了土地改革和镇压反革命运动。

根据七届三中全会的部署，从1950年冬到1953年春，在新解放区占全国人口一多半的农村，党领导农民完成了土地制度的改革。1950年3月，中共中央发布《关于严厉镇压反革命分子活动的指示》。1951年10月，全国规模的镇压反革命运动基本结束。镇反运动集中打击了土匪、恶霸、特务、反动党团骨干分子和反动会道门头子等5方面的反革命分子，基本上肃清了国民党在大陆的残留反革命势力，使社会秩序出现了安定的局面。紧接着，1951年底到1952年10月，全国又开展了“三反”、“五反”运动，在党政机关工作人员中开展“反贪污、反浪费、反官僚主义”，在私营工商业者中开展“反行贿、反偷税漏税、反盗骗国家财产、反偷工减料、反盗窃国家经济情报”。党中央特别强调，必须把“三反”、“五反”斗争看做像镇压反革命运动一样重要，要大张旗鼓地发动广大群众。①在毛泽东眼里，加速社会主义发展的可靠形式，就是大搞群众运动。“觉醒了的群众，可以干出前无古人的、过去谁也不敢想的奇迹来。”②

客观地说，经过一系列政治运动，人民民主政权得到了加强和巩固，中国的内外政策开始进入比较平稳的良性发展状态。至中共八大召开，伴随着探索中国社会主义发展道路的积极努力，中国领导人也为中国外交政策确定了方向，即“努力争取世界的持久和平”。③正是在这种形势下，毛泽东认为有可能争取十五到二十年甚至更长时间的国际和平环境，因而做出对内集中力量搞建设的决策。

但是，在惯性作用的驱使下，政治运动被看做是“包治百病”的良方，而此后的一系列政治运动打乱了国内经济建设布局，从“民主整风”、“大跃进”、“四清”到“文化大革命”，持续不断的政治运动构成50年代末及整个60年代中国国内政局主流，并最终使这一时期的中国内外政策体现出激烈的“革命性”、

① 1951年12月8日，中共中央发出《关于反贪污斗争必须大张旗鼓地去进行的指示》，并强调，“应把反贪污、反浪费、反官僚主义的斗争看做如同镇压反革命一样重要。”12月29日，全国政协亦发出相应的指示。从此，“三反”运动在全国展开，1952年初进入高潮。1952年1月，中共中央又发出《关于在城市中限期展开大规模的坚决彻底的“五反”斗争的指示》，于是一场以反对不法资本家的行贿、偷税漏税、盗骗国家财产、偷工减料和盗窃国家经济情报为内容的“五反”运动，在全国大规模地开展起来了。

② 《鼓起干劲，力争上游！》，《人民日报》，1958年2月3日，第1版。

③ 《中国共产党第八次全国代表大会关于政治报告的决议》，载《建国以来重要文献选编》第9册，中央文献出版社1994年版，第351-352页。

“斗争性”。中国领导人始终担心，落后就要挨打，“就要从地球上开除球籍。”[①]“手中没有一把米，叫鸡都不来，我们处在被轻视的地位。”[②]在这样的国际环境中，社会主义中国如何求生存，如何变被动为主动，自然成为毛泽东日夜思虑的问题。

50年代中后期，毛泽东逐渐形成了这样的战略思路：加快社会主义建设步伐，抢时间、争速度，力争在帝国主义发动新的战争之前把中国建设好，从而有雄厚的物质力量应付可能发生的战争。他在1957年11月18日的莫斯科会议上提出了十五年赶超英国的战略。毛泽东同时强调，“我们面前摆着强大的敌人。世界范围内的谁胜谁负的问题没有解决。还有严重的斗争，还有战争的危险。”[③]

1957年，中国政局急剧“左”转。特别是，从1957年春夏开始到1959年，中国发生了三件重大事件，促使国内政局发生根本性转向。其一是1957年4月27日，中共中央发出《关于整风运动的指示》，决定在全党进行一次以正确处理人民内部矛盾为主题，以反对官僚主义、宗派主义、主观主义为主要内容的群众运动，其目的是用“民主整风”的方法，要全党学会正确处理人民内部的矛盾，以便完满地完成发展社会主义建设、建设社会主义国家的伟大任务。其二是毛泽东对反冒进进行的猛烈批评。在1958年1月召开的南宁会议上，毛泽东对反冒进进行了严厉的批评，说“反冒进”使6亿人民泄了气，以后不要再提反冒进好不好，明确表示“我是反反冒进的”。在1958年3月召开的成都会议上，毛泽东对反冒进又一次作了批评，说冒进是马克思主义的，反冒进是反马克思主义的，反冒进距离右派只有50米远了。这一时期，毛泽东认为国内右派之所以发动进攻，是因为社会主义制度还没有巩固，因此必须进行政治运动以达到巩固新制度的目的。其三是1958年掀起的“大跃进”运动，其目的是通过大规模的群众运动，加速中国经济现代化建设步伐，争取在短时间内赶超西方大国，并争取早日在中国实现共产主义。

然而，不论是“民主整风”还是“大跃进”，都以失败告终。首先，“民主整风”导致了反右派斗争，加剧了社会矛盾。[④]中共中央和毛泽东改变了中共八

---

① 《增强党的团结，继承党的传统》，载《毛泽东文集》第7卷，人民出版社1999年版，第89页。

② 马齐彬、陈文斌主编：《中国共产党执政四十年》，中共党史出版社1989年版，第188页。

③ 《在莫斯科共产党和工人党代表会议上的发言》，载《建国以来毛泽东文稿》第6册，中央文献出版社1992年版，第625-628页。

④ 牛军：《1962：中国对外政策“左”转的前夜》，《历史研究》，2003年第3期，第26页。

大对国内主要矛盾的正确分析，提出中国社会的主要矛盾，是无产阶级同资产阶级、社会主义道路同资本主义道路的斗争。[①]其次，“大跃进”使高指标、瞎指挥、浮夸风、共产风为主要标志的“左”倾错误严重地泛滥开来，加上连年的自然灾害，导致了国民经济的极度困难，社会生活的极度混乱。最后，批评反冒进是党内民主生活由正常转向不正常的重要标志。这一运动是借助于强大的政治压力进行的。毛泽东在批评反冒进过程中，言词激烈，而被批评者几乎没有进行说明和申述的可能。周恩来、陈云、李先念、薄一波等都曾作了检讨。特别是庐山会议批判彭德怀以后，“宁左勿右”的政治倾向严重削弱了许多人的洞察力，也使各地区干部宁愿浮夸虚报，人为制造的上下一片凯歌飞扬，掩盖了形势的严峻程度。[②]庐山会议的负面影响还在于，此次会议强调了“共产党的哲学就是斗争哲学”，全党现在必须作战，从思想、政治、经济三个方面打败反党、反马克思主义的思潮。

上述运动最终导致一种错误的政治价值观，即“不计成果，只看立场”，只要是推动激进的社会变革，追求充满激情的革命目标，就是“政治正确”。此时的社会氛围是“左”比右好，“左”是方法问题，右是思想问题。1962年1月11日至2月7日，中共中央召开扩大的中央工作会议，即“七千人大会”。这次会议是在国家财政极端困难，人民生活极端困苦的情况下召开的。但是，毛泽东仍提醒与会者必须认识到阶级斗争的严重性，要考虑自己站在哪一边的“根本立场问题”。[③]他将党内出现的不同意见视为“两大对抗阶级的生死斗争的继续”。[④]这样，中国国内政治的良性“新陈代谢”被“冻结”了。

1962年8月6日，毛泽东在北戴河会议上作了主题为“阶级、形势、矛盾”的讲话，他强调，有没有阶级，这是个基本问题，并激烈谴责了前一阶段那些明确否定“大跃进”的观点。在9月24日召开的八届十中全会上，毛泽东把一定范围内存在的阶级斗争作了扩大化和绝对化的论述，指出阶级斗争必须年年讲、月月讲、天天讲，并对“大跃进”的否定概括为“三风”，即“黑暗风”、“单干风”、“翻案风”，同时指责刘少奇等人的所谓右倾就是“中国

① 毛泽东在中共八届三中全会上的讲话，1957年10月9日。转引自武斌：《百年政治风云》，中国经济出版社2000年版，第330页。

② 范荣康：《社论串起来的历史》，《百年潮》，2002年第8期，第38-39页。

③ 《在扩大的中央工作会议上的讲话》，载《中共党史教学参考资料》，人民出版社1979年版，第9-10页。

④ 《关于如何对待革命的群众运动》、《机关枪和迫击炮的来历及其他》，载《建国以来毛泽东文稿》第8册，中央文献出版社1993年版，第447-451页。

的修正主义”。毛泽东还针对“三和一少”提出了“三斗一多”，即对帝国主义要斗，对修正主义要斗，对各国反动派要斗。这个讲话标志着政治思想上“左”倾错误的严重发展。

此后，1963年至1966年，中共中央决定在全国城乡开展以“四清”为主要内容的社会主义教育运动。毛泽东认为，中国社会已经出现了严重的阶级斗争情况，资本主义势力和封建势力正在对党猖狂进攻，要求重新组织革命的阶级队伍，把反革命气焰压下去。如果不抓阶级斗争，少则几年、十几年，多则几十年，就不可避免地出现全国性的反革命复辟。四清运动的内容，一开始在农村中是“清工分、清账目、清仓库和清财物”；后期在城乡中表现为“清思想、清政治、清组织和清经济”。四清运动对于解决领导干部中存在的作风问题和经济问题起到一定的作用，但由于把多种性质的问题简单归结为阶级斗争，致使不少干部遭到错误的处理和打击。四清运动，实际上为“文革”的发动作了准备。

1966年，一场长达十年、给国家和人民造成严重灾难的“文化大革命”爆发了。毛泽东所预想的“文化大革命”，是通过自下而上地揭发各级领导层的“阴暗面”，清除所谓“党内走资本主义道路的当权派”，即“中国的赫鲁晓夫式的人物”，从而达到“反修、防修”的战略目标，通过“天下大乱”达到“天下大治”。[①]然而，“文化大革命”的实际进程，远远超出了毛泽东的设想，也大大超出了他的控制范围，逐步演变成为一场剧烈激荡的社会动乱。从1966年8月开始，在毛泽东的直接支持下，红卫兵运动和“大串联”迅速波及全国。随之而来的，是大批领导干部被揪斗，各级党政领导机关陷于瘫痪。“怀疑一切”、“否定一切”、“打倒一切”的极“左”思潮殃及全国。

中国国内政局的失控，使美国等西方世界欣喜若狂。1966年7月25日，美国中央情报局提交一份题为《中国危机》的文件指出，“虽然毛泽东仍然控制北平政权的政策，但中国长期的稳定性已经动摇。”3天后，总统安全助理罗斯托（Walt W. Rostow）将名为《毛泽东的反对力量》的电报送呈约翰逊总统，表示“自1949年共产党取得政权后，中共内部就一直存在反对派，特别是毛泽东实行

① 李捷：《国内政局与中美关系——物极必反：60年代的中国国内政治与中美关系》，载姜长斌、[美]罗伯特·罗斯主编：《从对峙走向缓和——冷战时期中美关系再探讨》，世界知识出版社2000年版，第515页。

'人民公社'和'大跃进'的计划失败后，全国批评四起。"[①]1967年3月6日，美国政府筹划了《中国下一个王朝与美国的外交政策》的文件。文件说："文化大革命作为一场意识形态改造运动已经失败了，它远远没有达到毛泽东所希望的目标，却为周恩来赢得了胜利。"该文件还预测了周恩来掌握局势后中国外交政策的可能走向。[②]

另一方面，国内局势的混乱必然影响到中国的联合国席位问题。当时很多国家要么"幸灾乐祸"，坐视中国"改朝换代"；要么持观望态度，对中国的支持票越来越少。如文革爆发前的1965年，支持中国的票数与追随美国的票数第一次出现持平，均为47票。然而文革爆发后，支持中国的票数逐年减少（1966年46票、1967年45票、1968年44票），直到1969年才有所恢复（48票）。

第二节　中国领导人对文化结构的认知及中国的身份定位

认知是感觉自我与世界的全过程，既包括知识的获得，也包括知识的再加工。在外交领域，文化结构是外交决策的客观存在，然而对于同样的物质世界，不同的人会有不同的理解，不同的理解会导致各异的外交政策，因而决策者对文化结构的认知是非常重要的。在认知基础上，决策者方能确认国家主体性特征——国家身份。可见，国家身份是外交决策者对文化结构主观加工后所确认的国家特性，国家据此在国际舞台发挥与自身相适应的角色作用。这一过程中，认知的作用是显而易见的。

然而，从认知层面探究国家身份问题一直是中国外交研究领域的薄弱环节。在认知过程中，国家对面临的内外压力的感受至关重要。相对于西方国家，"中

① Foreign Relations of the United States, 美国对外关系文件。FRUS 1964-1968. Washington. D. C.: U.S. Government Printing Office, 1998, Vol.30, pp. 361-364. 转引自唐小松：《美国对中国"文化大革命"的反应1966-1968》，《当代中国史研究》，2002年第4期，第102页。

② 该文件预测：新政府更加务实，注意国内问题，但带有一点"修正主义"的调子；外交政策不会太有野心，更注重现实和理智，同时"万隆精神"又将重现；继续反美，但不会很狂热，后越南时代中国有更大求和的可能性；很可能会弥合中苏分歧，但兄弟式的同盟不复存在，因为周恩来对俄国人从来没有好感，继续支持北越，但一旦河内要求停战，中共不再固执己见。转引自唐小松：《美国对中国"文化大革命"的反应1966-1968》，《当代中国史研究》，2002年第4期，第104页。

国外交具有更多的领导人个性的特点。”[①]因此，中国对世界的反应更多建立于领导人对世界的认知基础之上。建国后，四代领导人对时代主题的判断实现了从“战争与革命”到“和平与发展”的战略转变；对世界格局的认知经历了从“两大阵营”、“两个中间地带”、“三个世界”、“世界多极化”直至“一个相互依存的世界”的历史变迁；国家角色完成了由“革命的社会主义国家”、“最大的发展中国家”直至“负责任的大国”的身份蜕变；国际责任实现了由“支持一切被压迫人民和被压迫民族争取自由、解放的斗争”、“推动建立公正、合理的国际政治经济新秩序”直至“推动建设持久和平、共同繁荣的和谐世界”的时代跨越。

一、对时代主题的认知——“战争与革命”

每个历史时代，都有自己的主要矛盾，都有亟待解决的根本任务。这个主要矛盾和根本任务就是那个时代的主题。不同的时代具有不同的时代主题，不同的时代主题产生国家特定的战略任务。例如，如果决策者认为战争迫在眉睫，那么准备打仗就成为工作重心；如果不存在战争危险或只是潜在冲突，那么建设就成为第一要务。

毛泽东身处硝烟弥漫的战争年代，熊熊烽火锤炼出他昂扬的革命激情，而新中国也诞生在东西方冷战对峙，即社会主义阵营和帝国主义阵营尖锐对立的时候，故坚毅不屈自然成为新中国的禀赋。因此，“战争与革命”是中国人民的切身感受，也是毛泽东最为关心的大事。毛泽东曾经强调，“谁是我们的敌人？谁是我们的朋友？这个问题是革命的首要问题。中国过去一切革命斗争成效甚少，其基本原因就是因为不能团结真正的朋友，以攻击真正的敌人。”[②]1950年2月14日，《中苏友好同盟互助条约》的签署，标志着中国有了一个“可靠”的同盟国，明确新中国属于和帝国主义阵营对立的社会主义阵营。[③]这一外交行为深受时代主题的影响，当时的中国领导人认为，中国虽然取得了胜利，

① 张清敏：《中国的国家特性、国家角色和外交政策思考》，《太平洋学报》，2004年第2期，第50页。

② 《中国社会各阶级的分析》，载《毛泽东选集》第1卷，人民出版社1991年版，第3页。

③ 由于中苏结盟，美国没敢放手把朝鲜战争扩大到中国，并使新中国在西方敌对势力敌视的国际环境中迅速巩固了政权；中苏之间的经济技术合作，对新中国的经济恢复起了不容忽视的重要作用；在中国恢复联合国合法席位问题上，苏联也给予了积极支持。然而结盟政策，固然获得了在遭受侵略时得到苏联援助的权利，但因此也承担了在重大外交、军事问题上与苏联磋商的义务。而苏联表现出来的“大国主义”情绪，给中国领导人留下了极不愉快的记忆。

但国外还有帝国主义，国内也很困难，“在这种情况之下，我们需要有朋友，我们同苏联的关系，我们同苏联的友谊，应该在一种法律上，就是说在条约上，把它固定下来，用条约把中苏两国的友谊固定下来，建立同盟关系。帝国主义如果准备打我们的时候，我们就请好了一个帮手。”[①]可见，毛泽东是在备战的考虑下同苏联结盟的。

的确，“一边倒”的首要战略考虑就是“认清敌友”，即团结社会主义朋友，反对帝国主义敌人。“一边倒”战略也决定了新中国外交工作的重点：一面是联合，一面是斗争。中国领导人始终认为，“在国际战场上，有朋友，也有敌人”。[②]20世纪50、60年代，由于美国对联合国的实际控制，中国自然也将后者看做是斗争的对象。

国际结构的冲突状态必然影响到中国周边地区，而这些因素都加剧了中国领导人对战争威胁的紧张程度。特别是由于地缘环境之复杂，中国领导人对国家安全格外敏感：中国是世界上拥有邻国最多的国家，陆地边界长达2.28万公里，又有1.8万公里的大陆海岸线；全世界10个人口最多的国家有6个集中在中国周边；中国周边是世界大国利益交汇之处，冷战时期，“热点”不断涌现。尤其是20世纪50、60年代，中国周边国家都曾发生了大大小小的战争，有国际战争，也有国内战争，有些甚至还直接与中国发生武装冲突（见表8）。

表8　中国周边地区战争、冲突一览表（1950-1971年）[③]

交战时间	战争名称	交战双方		战争结局
1950.6—1953.7	朝鲜战争	韩国、联合国军	朝鲜、中国	1953年签订《朝鲜停战协定》
1954.7—1960.12	越南南方内战	政府军	反政府军	越南南方民族解放阵线成立
1954	印度那加族武装斗争	政府军	人民武装	遭到印当局镇压

① 《缔结中苏条约和协定的重大意义》，载《毛泽东外交文选》，中央文献出版社、世界知识出版社1994年版，第132页。

② 中华人民共和国外交部、中共中央文献研究室：《周恩来外交文选》，中央文献出版社1990年版，第2页。

③ 资料来源：笔者整理自军事科学院组织计划部对第二次世界大战后发生的局部战争和武装冲突的统计，全民国防教育网，http://www.gf81.com.cn/53/53_03_2.htm。本表以局部战争爆发时间先后顺序排列。

1956–1961	印尼镇压反政府军	政府军	反政府军	平定反政府武装
1959.1–1975.12	老挝人民抗美救国战争	右派军人、美国军事顾问团	老挝解放军、游击队	1975年12月，老挝人民共和国成立
1961.5–1975.5	越南人民抗美救国战争	美国、南越伪军	越南人民、中国有关部队	1975年5月，越南统一
1960.11–1973.3	泰国内战	政府军	反政府军	结束军人独裁统治
1961.2	印度收复果阿战争	葡萄牙	印度军队	印军收复果阿
1961–1962.8	印尼收复西伊里安的军事斗争	荷兰军队	印尼军队	荷兰于1962年8月与印尼达成协定，同意经联合国托管后将西伊里安行政权移交印尼
1962.9	中印边境战争	印度	中国	中国将边境印军西段的据点拔除
1962.12–1971.7	北加里曼丹争取独立战争	英国、马来西亚	北加里曼武装	北加里曼被镇压
1963	南越伪军入侵柬埔寨	柬埔寨	南越伪军	南越伪军在美国支持下，不断入侵柬埔寨
1965.9	印巴战争	印度	巴基斯坦	9月22日宣布停火
1967.3	印度农民武装斗争	印军	农民武装	曾在东部初步建立了游击区
1969.3	珍宝岛事件	中国	苏联	歼灭苏军250余人
1969.8	铁列克提事件	中国	苏联	歼灭苏军一部
1970.4–1975.4	柬埔寨人民抗美救国战争	柬右派军、南越伪军、美军	柬解放军、游击队	1975年柬共成立民族柬埔寨政府

1971.11	印巴战争	印度	巴基斯坦	印度肢解了巴基斯坦，成立孟加拉国

如表8所示，国际结构的霍布斯状态及中国周边地区的“战乱频仍”，使中国处于“四面受敌”的危险境地。在这种大环境下，毛泽东对“战争与革命”的估计日趋明确。他认为，世界局势是“大动荡、大分化、大改组”，并把中国对战争的立场确定为两条，一是反对，二是不怕。他说：“我们中国还没有建设好，我们希望和平。但是如果帝国主义硬要打仗，我们也只好横下一条心，打了仗再建设。每天怕打仗，战争来了你有什么办法呢？”①因此，这一时期中共中央在决策上把备战放在第一位，立足于“早打、大打、打核战争”，国防上处于临战状态，在国际上对和平与裁军持消极态度，并坚持“反帝、反修”的斗争政策。

在战争认知的基础上，自60年代中期开始，毛泽东关于“世界革命”的判断更加坚定。引起这种变化的原因主要有两个：一是国内政治向“左”倾斜，形成了所谓“无产阶级专政下继续革命的理论”。二是中国的国际环境依然恶劣，主要表现为中苏关系恶化，后来又发展为军事武装冲突。因此，毛泽东希望有一个新的世界革命的高潮来缓解对中国的战争压力和威胁。②1965年1月，斯诺见到毛泽东时，曾询问：“现在中国强调在青年中保持革命精神。重要的是否在于给类似国家树立榜样，促进其他国家革命，以使中国革命得到最后的安全。”③

在上述因素作用下，毛泽东不断强化“世界革命”观念：我们现在处于世界革命的一个新的伟大的时代。亚洲、非洲、拉丁美洲的革命风暴，定将给整个的旧世界以决定性的摧毁性的打击。④1969年4月，毛泽东明确指出，关于世界大战问题，无非有两种可能：一种是战争引起革命，一种是革命制止战争。

有些西方学者把这一阶段中国的外交形势说成是中国“以自我为中心的、内

① 《国际形势到了一个新的转折点》，载《毛泽东外交文选》，中央文献出版社、世界知识出版社1994年版，第297页。

② 叶自成：《新中国外交思想：从毛泽东到邓小平——毛泽东、周恩来、邓小平外交思想比较研究》，北京大学出版社2001年版，第84页。

③ 《同斯诺谈国际问题》，载《毛泽东外交文选》，中央文献出版社、世界知识出版社1994年版，第555页。

④ 《毛泽东同志的贺电，致阿尔巴尼亚劳动党第五次代表大会》，《人民日报》，1966年11月4日，第1版。

向型的思想传统的影响”，是“中国把自己推向双重的对抗之中。”[①]事实上，中国对时代主题的判断基于当时严峻的国际、国内文化结构。然而，随着受到更为强大的内外部压力以及当时国内“左”倾思潮的影响，中国在对国际形势的估计上也产生“左”的偏向，并在外交实践中做出了“过火”的反应，其结果反而恶化了自身的国际环境，并在一定程度上迟滞了中国恢复联合国席位的步伐。

二、对世界格局的认知——从“两大阵营”到“两个中间地带”

世界格局是指国际舞台上基本力量或力量中心在谋求各自利益进程中形成的一种相对稳定的战略关系结构或态势。客观认识世界存在哪些具有全球影响力的“极”，以及它们之间的战略布局，是一国制定外交政策的基本依据。一般而言，单极格局、两极格局、多极格局等都是世界格局的基本形态。

冷战期间的两极格局经历了两种态势：50年代社会主义和帝国主义两大阵营对峙（东方与西方较量）、60年代以后美苏两个超级大国直接争夺世界霸权。这一时期，以对抗为主导的两极格局的基本特征是：观念上，彼此视对方为敌人，为壮大自己力量，取得压倒对方的优势，分别拼凑以自己为中心的阵营；意识形态迥异，并表现为“和平演变”与反“和平演变”的斗争。正如哲学中二元对立的世界观一般，在“非此即彼”的两极格局中，新中国领导人对美国所操纵下的联合国抱有怨气，自然成为一种历史的必然。

事实上，在接受“两大阵营”格局之前，中国领导人是提倡“中间地带”理论的。1946年8月6日，毛泽东在接见安娜·路易斯·斯特朗时，采取了三分世界的方法，首次提出“中间地带”理论。美苏之间的“中间地带”包含了欧洲、亚洲、非洲的许多资本主义国家和一大批殖民地、半殖民地国家，中国也在其中。1947年9月底，日丹诺夫在欧洲共产党情报局成立大会上提出“两大阵营”之说后，中共才暂时放弃了“中间地带”理论，从基于“中间地带”理论的三分世界法过渡到了基于“两大阵营”理论的二分世界法。[②]

随着国际形势的发展，建国前，毛泽东对世界格局已经有了比较深入的认识。他认为，“两大集团的冲突，是根本的冲突，两大集团的斗争，是你死我活

① [德]施密特：《伟人与大国——施密特回忆录》，世界知识出版社1989年版，第300页。

② 石斌：《毛泽东关于世界多极化的思想及其战略意义》，《中共党史研究》，2003年第3期，第24页。

的斗争；一边是社会主义，另一边是帝国主义，当今之世，非扬即墨，不是倒向苏联一边，便是倒向美国一边，绝无例外。”①1949年6月30日，毛泽东指出，“我们在国际上是属于以苏联为首的反帝国主义战线一方面的，真正的友谊的援助只能向这一方面去找，而不能向帝国主义战线一方面去找。”②建国后，毛泽东完全认同了“两大阵营”格局，旗帜鲜明地表明了中国站在社会主义阵营的立场，从而否定了“中间道路”的存在。

从20世纪50年代中期开始，两极格局受到强有力的冲击，两大阵营均出现离心倾向，民族主义国家以团结的面貌登上了世界政治舞台，由此“第三种力量”逐渐进入中国领导人视野。1955年召开的万隆会议、1956年苏伊士运河事件的发生，使中国领导人认识到，世界上除了社会主义和帝国主义之间的矛盾之外，还存在着“两类矛盾，三种力量”。③1958年毛泽东提出，中间地带的许多前殖民地、半殖民地国家获得独立以后，既不属于帝国主义国家，也不属于社会主义国家，其性质是民族主义国家。这些国家既不站在帝国主义一边，也不站在社会主义一边，而是站在中立的立场。“第三种立场可以维持相当长的时间，维持到还有必要的时候。”④至此，毛泽东对世界格局的认识发生了重大变化：在社会主义、帝国主义、民族主义三大力量中，民族主义国家在反帝、反殖方面同社会主义国家具有一致性。毛泽东同时强调，民族主义国家同社会主义国家相互支持具有十分重要的战略意义。

正是在这种形势下，毛泽东进一步完善了“中间地带”理论，在1963年提出了“两个中间地带”的论断，对中间地带进行了更为精细的分析。1964年1月5日，毛泽东在同日本朋友的谈话中又一次指出，辽阔的“中间地带”包括两部分，一部分是亚洲、非洲和拉丁美洲已经独立和正在争取独立的广大经济落后国家，这是“第一中间地带”。另一部分是整个西欧、大洋洲、北美的加拿大和亚洲的日本等发达的资本主义国家，这是“第二中间地带”。毛泽东提出“两个中

① 余湛邦：《毛泽东与张治中的一次重要谈话》，载《中共党史研究资料》，中共党史出版社1992年版，第48期，第153页。

② 《联合世界上的平等待我的民族和各国人民》，载《毛泽东外交文选》，中央文献出版社、世界知识出版社1994年版，第96页。

③ 两类矛盾，一类是帝国主义跟帝国主义之间的矛盾，即美国跟英国、美国跟法国之间的矛盾。一类是帝国主义跟被压迫民族之间的矛盾。三种力量，第一种是最大的帝国主义美国，第二种是二等帝国主义英法，第三种就是被压迫民族。

④ 《同巴西记者马罗金和杜特列夫人的谈话》，载《建国以来毛泽东文稿》第7册，中央文献出版社1992年版，第371页。

间地带”，其实质就是要超越意识形态的分歧，在共同安全利益的基础上，结成最广泛的国际统一战线，反对霸权主义的侵略和战争政策，保卫世界和平。

“两个中间地带”理论是对世界格局的客观反应，并为“一条线”战略和“三个世界”理论的形成奠定了基础。由此，原先“社会主义阵营”、“帝国主义阵营”等概念不复存在，取而代之的是“霸权与反霸”等新型战略关系。然而，无论“中间地带”、“两大阵营”、“两个中间地带”，还是70年代的“三个世界”理论，都表明当时的中国领导人受冷战思维的影响只能割裂地看待世界。具体而言，“中间地带”理论主要是为了反对美国的扩张主义；“两个中间地带”理论的出发点是为了反对美苏称霸世界；“一条线”战略和“三个世界”理论客观反映了美苏争霸全球的战略布局，并将斗争的矛头对准当时更具有侵略威胁的苏联霸权主义。在“战争与革命”的时代背景下，“以斗争求生存”成为中国领导人的核心价值观，而安全则是国家命运的根本。

三、“革命的社会主义国家”身份定位与“四面受敌”的客观结果

冷战期间，中国的身份定位一直是学者的思维困惑：说中国是“东方国家”吧，中国更多的时间是在与以苏联为首的社会主义阵营进行斗争，而不是在捍卫这个阵营；说中国是“南方国家”吧，中国是联合国安理会常任理事国、核国家、重要的武器提供国，它从未停止向“北方”发达国家看齐；说中国是“大国”吧，中国的国民生产总值却连西班牙都不及、人均国民生产总值甚至还低于几内亚和多哥。[①]可见，准确定位国家身份对研究中国外交政策来说是非常必要的。

20世纪50、60年代，由于三个层次霍布斯文化结构的整体“严峻性”，决定了中国国家身份定位由“社会主义国家”最终转变为“革命的社会主义国家”。

“一边倒”战略既表明了中国加入“以伟大的苏联为首”的社会主义阵营，也“公示”了新中国作为社会主义阵营一员的国家身份。根据“社会主义国家”的身份定位，新中国的外交任务分两部分：一方面，是同苏联和人民民主国家建

① [法]弗朗索瓦·若由：《帝国的欲望：1949年以来的中国对外政策》，法国国家出版社1994年法文版，第9-10页。转引自曲星：《中国外交五十年》，江苏人民出版社2000年版，第1页。

立兄弟般的友谊，为持久和平、人民民主和社会主义的前途而奋斗；另一方面，是坚决反对帝国主义。“帝国主义是敌视我们的，我们同样也要敌视帝国主义，反对帝国主义。”①所以，当中国领导人认定“联合国是美帝国主义反对中国的工具”②时，便坚定地采取了“挑战”联合国的外交政策。

进入60年代，社会主义阵营的解体“使中国最终摆脱了由于中苏两党历史上的特殊关系而造成的羁绊”，③也使得中国暂时失去了归属感。但很快，中国便在“社会主义国家”身份的前面加上了“革命”二字，开始以一个“革命性国家”④的姿态出现在世界面前。

需要强调的是，“革命性”特征也与毛泽东性格有很大关系。他在谈到成长经历时说：“我爱看的是中国旧小说，特别是关于造反的故事。”而毛泽东的“多一点困难怕什么，封锁吧，封锁十年八年，中国的一切问题都解决了。中国人死都不怕，还怕困难么”，⑤更体现了毛泽东所具有的革命家“胆略”。意中经济文化交流协会主席维·科隆博曾指出，“正是毛给了曾遭剥削、饥饿和战争灾难的牺牲品的人民以勇气和尊严，开始了‘自力更生’而不是别人帮助的、重要的民族重建事业。”前西德基督教社会联盟主席施特劳斯在70年代访问中国后著文谈到毛泽东一生有三大功绩，“而他最大的功绩无疑是，他通过以他本人为象征的政策和学说，使8亿人民又获得了在独立自主思想基础上的对内对外的政治自信心。毛泽东曾是中国的心脏和发动机。这就使他享有我们对他在历史上的重要性的尊重。”⑥

加拿大学者卡列维·霍尔斯蒂（Kalevi J. Holsti）将当时的中国形容为“革命解放者的堡垒”、“解放的支持者”。⑦该身份是由中国所处的国内外文化结构塑造的，中国自诩为“世界矛盾的焦点，世界革命风暴的中心”。此外，“由

① 中华人民共和国外交部、中共中央文献研究室：《周恩来外交文选》，中央文献出版社1990年版，第1页。

② 《联合国的又一个可耻记录》，《人民日报》，1965年12月21日，第1版。

③ 章百家：《改变自己，影响世界——20世纪中国外交基本线索刍议》，《中国社会科学》，2002年第1期，第13页。

④ 兰德尔·施韦勒（Randell Schweller）指出，国家按照其利益可分为修正主义国家（Revisionist Power）和维持现状的国家（a Status Quo Power）。具体划分为5类：目标无限的修正主义国家（即革命性国家）、目标有限的修正主义国家、对维持现状漠不关心的国家、维持现状但愿意接受以和平方式进行有限变革的国家、不接受任何改变的维持现状国家。相关论述见Randell Schweller, *Bandwagoning for Profit: Bring The Revisionist State Back In*, in Michael Brown, eds., *The Perils of Anarchy; Contemporary Realism and International Security* (Cambridge: The MIT press, 1995), pp. 251-270.

⑤ 《别了，司徒雷登》，载《毛泽东外交文选》，中央文献出版社、世界知识出版社1994年版，第110页。

⑥ 仝华：《外国政要、学者及媒体论毛泽东和毛泽东思想》，《思想理论教育导刊》，2001年第12期，第52页。

⑦ 张清敏：《中国的国家特性、国家角色和外交政策思考》，《太平洋学报》，2004年第2期，第50页。

于决定奖惩的‘民意’主要由激进的第三世界国家和革命运动组成，中国对于外部批评是不屑一顾的。”[①]在外界看来，中国根据“革命性国家”的身份定位，“在一个想象的世界革命中，似乎重温了那种中国是‘世界中心’的旧梦。”[②]

然而，“革命者”的形象在使中国人民获得自信的同时，也使中国基本游离于世界体系之外，尤其与西方世界“格格不入”。60年代上半期，毛泽东多次说过：“对西方国家来说，中国这个国家好像不存在一样，但又好像存在。”[③]

这一时期，中国外交显现极强的“斗争性”，其结果使中国逐渐走向封闭隔绝，中国的国际影响力仅局限于一些第三世界国家，而且十分有限。在国际组织战略上，新中国虽然试图与各种国际组织建立联系，但毛泽东的主要考虑，是希望得到更多的国际承认，并没有把西方主导的国际组织，看做是能够进行国际合作的平台，甚至将这些国际组织看做是斗争、革命的对象。毛泽东在1960年1月提出，“在三年、五年、十年内，对一切国际组织，毫不在乎，要美就我，我不就美。最后一定要美国服从我们。”[④]在外界看来，中国有意与国际组织“划清界限”，其国家性格也成为国际社会难以琢磨的“难题”。1969年3月22日，毛泽东在同中央文革小组碰头会成员谈话中说：“我们现在孤立了，没有人理我们了。”[⑤]

在联合国席位问题上，由于“文化大革命”对中国形象的消极影响，使一度支持中国的国家有所退缩。而美国更获取了阻挠中国席位恢复的“正当性”理由。1968年，以迪安·腊斯克（Dean Rusk）为代表的鹰派思想最后成了美国对华政策的指导纲领。美国安全委员会《对中国问题的进一步思考》的文件指出，目前中国正不顾一切地试图重建昔日的霸主地位，自我孤立于世界之林。因此中国进入世界的时机还远未成熟。腊斯克指出，“只要北平的好战恶习不改，美国就必须阻止它进入联合国这一神圣殿堂。”[⑥]

---

① 江忆恩：《中国参与国际体制的若干思考》，《世界经济与政治》，1999年第7期，第9页。

② 章百家：《改变自己，影响世界——20世纪中国外交基本线索刍议》，《中国社会科学》，2002年第1期，第13页。

③ 《受压迫的人民总是要起来的》，载《毛泽东外交文选》，中央文献出版社、世界知识出版社1994年版，第498页。

④ 《在关于国际情况的一期简讯上的批语》，载《建国以来毛泽东文稿》第9册，中央文献出版社1996年版，第4页。

⑤ 毛泽东同中央文革碰头会成员等的谈话，1969年3月22日。转引自李捷：《国内政局与中美关系——物极必反：60年代的中国国内政治与中美关系》，载姜长斌、[美]罗伯特·罗斯主编：《从对峙走向缓和——冷战时期中美关系再探讨》，世界知识出版社2000年版，第520页。

⑥ FRUS 1964-1968. Washington. D. C.: U.S. Government Printing Office, 1998, Vol.30, p.648. 转引自唐小松：《美国对中国“文化大革命”的反应1966-1968》，《当代中国史研究》，2002年第4期，第106页。

这一时期，在中国政局大失控中，外交部门也未能幸免，并出现了前所未有的无政府状态。国务院副总理、外交部长陈毅遭到“造反派”的围攻。在北京，甚至出现了针对周恩来的标语和大字报。在驻外使馆，也发生上街游行、散发传单等违反外交惯例的做法。1967年8月，中国外事工作终究出现了严重失控局面。这时，外交部的“造反派”在“中央文革小组”的支持下，宣布夺取外交部大权，并公然向中国驻外使馆发号施令。1967年7-8月间，在外事工作失控的情况下，北京发生了砸印度、缅甸、印尼的驻华使馆和火烧英国驻华代办处的事件。①与此同时，康生等人提出“世界已进入毛泽东思想的新时代”，强调宣传毛泽东思想是外宣工作的中心任务。②外事工作一度突破了内外有别的原则，把宣传毛泽东思想作为外事活动的一项主要任务。《毛主席语录》在100多个国家和地区广泛发行，毛主席像章也被作为革命的标志输出国外。上述事件严重损害了中国的国际形象，使中国的国际环境急剧恶化。

可见，“革命的社会主义国家”的身份定位，最终导致中国“四面受敌”的客观结果。仅在1966年至1967年一年多时间里，中国同已建交和半建交的40多个国家中的近30个国家先后发生外交纠纷。非洲的布隆迪、尼日尔、象牙海岸、上沃尔特（布基纳法索）、马达加斯加、肯尼亚、埃及等国，都先后出现驱逐中国外交人员或指责中国对非洲的“渗透”。③为此，西方世界大肆宣扬“中国威胁”，称其为“中共对北美和欧洲这一‘世界城市’发起总攻的号角。”美国甚至把林彪的文章《人民战争胜利万岁》，④称作希特勒的《我的奋斗》，认为是“中国扩张野心堂而皇之的炫耀”。⑤当然，这种评价确有言过其辞之处，有煽动别国对中国的仇恨之意，但在一定程度上显现此时的中国外交极为孤立、被动。

① 谢益显主编：《中国当代外交史（1949-2001）》，中国青年出版社2002年版，第261页。

② 王绳祖主编：《国际关系史（1960-1969）》第9卷，世界知识出版社1995年版，第378页。

③ 郑惠等主编：《五十年国事纪要——外交卷》，湖南人民出版社1999年版，第437页。

④ 1965年9月3日，国防部长林彪在《人民日报》发表文章《人民战争胜利万岁——纪念中国人民抗日战争胜利二十周年》，提出以“世界农村”（亚、非、拉广大地区）包围“世界城市”（北美、西欧）的“世界革命”战略号召，强调“社会主义国家理应把支持亚洲、非洲、拉丁美洲的人民革命斗争当成自己的国际主义责任”。

⑤ 唐小松：《美国对中国“文化大革命”的反应1966-1968》，《当代中国史研究》，2002年第4期，第102页。

第三节　中国的国家利益及其对联合国的外交行为特点

20世纪50、60年代，“革命的社会主义国家”身份定位决定了政治利益是当时中国最突显的核心国家利益。一般而言，国家的政治利益由主权、独立、安全等基本要素组成。在帝国主义与社会主义相互敌意的特殊年代，新中国从一开始就必须首先捍卫国家主权与安全。主权是国家独立的重要标志，是一个国家不受外来干预、独立自主地处理国际、国内事务的最高权力。16世纪，法兰西律师博丹（Jean Bodin）首次提出了“主权”概念。在《论共和国》中，博丹详尽地阐述了主权学说，他认为主权就是超越于一切公民之上的不受任何限制的最高权力。可见，博丹的主权定义主要着眼于国内。此后，荷兰人格老秀斯（Hugo Grotius）在创立国际法的同时突出国家主权的对外性质，强调国家主权是一国不受外来控制的自由。1648年威斯特伐利亚体系建立了以民族国家为基础的国际秩序框架，主权在民族国家之间的关系中意味着独立，而独立是指国家可以按照自己的意志处理本国事务而不受其他国家或任何外来势力控制和干涉的权利。①

一、中国国家利益突显政治利益

任何国家一旦失去主权、独立，就根本谈不上捍卫国家利益。国家安全与国家主权有着相辅相成的密切关系。国家的一切活动都是建立在国家安全，即国家能够生存的基础上——“在重要关头，国家最终所关心的并不是权力，而是安全。”②如前文所述，由于这一时期险峻的文化结构状态，中国的安全观念主要表现为政治安全与军事安全并重，经济安全处于次要的地位。政治安全强调社会主义性质，军事安全则突出革命手段。由此，捍卫主权、维护安全是新中国最为核心的国家利益。

为维护国家政治利益，中国人民不惜与“联合国军”展开一战，以重大人

① 王铁崖：《国际法》，法律出版社1995年版，第107页。

② [美]肯尼思·沃尔兹：《国际政治理论》，胡少华、王红缨译，中国人民公安大学出版社1992年版，第2页。

力和物力牺牲为代价，进行了艰苦卓绝的抗美援朝战争，真正体现了毛泽东“国家安全”高于一切的豪迈精神。抗美援朝战争的胜利，保卫了朝鲜民主主义人民共和国和中国的安全，赢得了朝鲜半岛局势的相对稳定，巩固和增强了新中国的独立、安全和国防力量，显示和提高了新中国的国威、军威和世界声望。英国蒙哥马利元帅曾与毛泽东有过多次会见，他在1960年6月12日《星期日泰晤士报》上发表的《我同毛的会谈》一文中指出，“毛泽东是一个十分有吸引力的人，非常有才智，处理问题很讲实际，对西方世界情况的了解是惊人的，对一些政界领袖的评论非常准确；毛泽东的基本哲学非常简单，就是人民起决定作用；中国需要和平，从事长期而艰巨的建设，因此不会对外进行侵略；中国人民可能是世界上最勤劳的人民，大家团结在一起，为祖国的繁荣而努力，因此五十年后中国将成为一个强大的国家，‘西方世界最好与这个新中国交朋友’；毛泽东建立了一个统一的、人人献身和有目的感的国家，……若入侵中国‘要大倒其霉’。”①

具体而言，有四个比较突出的事例集中反映这一时期中国与美国主导的联合国之间的斗争关系：一是反对联合国斡旋美国间谍案；二是反对联合国干涉台湾问题；三是反对联合国干涉西藏问题；四是争取恢复联合国代表权的斗争。面对联合国干涉内政的强大压力，中国政府据理力争，捍卫了国家主权，提升了民族凝聚力，树立了“敢于斗争、不怕困难”的革命形象。

二、中国对联合国的外交行为特点：挑战

如第一章所述，朝鲜战争之后，联合国对中国内政的一系列干涉行为进一步把联合国推到了中国的对立面，中国领导人坚定地认为联合国已成为帝国主义集团扩大侵略战争的工具。于是，中国对联合国的外交政策从渴望及早恢复转变为拒绝参与，甚至挑战、对抗。套用当时广泛流传的电影《霓虹灯下的哨兵》中的台词，就是“联合国算得了什么，它认得我，我还不认得它呢！”②

① 《对蒙哥马利〈我同毛的会谈〉一文的批语》，载《建国以来毛泽东文稿》第9册，中央文献出版社1998年版，第219-220页。

② 王逸舟：《中国与国际组织关系研究》，载楚树龙、耿秦主编：《世界、美国和中国》，清华大学出版社2003年版，第394页。

（一）“美国间谍案”与联合国斡旋

20世纪50年代初期，联合国的许多事例只能让人得出这样的结论：美国在中国问题上想通过什么样的决议，联合国就能通过什么样的决议。[①]美国在峰岩和巨济岛战俘营血腥镇压手无寸铁的中朝战俘，造成了震惊世界的惨案，[②]联合国不闻不问，反而在1953年12月3日举行的八届联大第467次全体会议上通过了谴责所谓“北朝鲜及中国共产党军队对联合国韩战战俘之暴行问题”的804号决议。[③]对此，中国政府严厉谴责，“联合国机构已经被降低为美国政府的宣传机构和帮助美国战争贩子制造国际紧张局势的驯服工具了。”[④]

此外，联合国对众多中朝战俘被非法扣留熟视无睹，但当中国判处在中国境内捕获的美国间谍时，却公然支持美国，企图干涉属于中国内政事务的司法审判。[⑤]当时，美国希望利用联合国对中国政府施加压力。美国政府的计划是：通过联合国这个舞台，把“间谍案”炒作弄大，“把问题扩大到把被共产党中国监禁的一切美国人都包括在内。”炒作的方法是，把间谍案同朝鲜问题、战俘问题扯到一起，联络跟美国立场相同的国家，在联合国大吵大闹，提请联合国大会讨论。于是，美国国务院将其抗议照会的副本递交联合国秘书长哈马舍尔德，要求

① 曲星：《中国外交五十年》，江苏人民出版社2000年版，第308页。

② 1949年《关于战俘待遇之日内瓦公约》第118条规定：“实际战事停止后，战俘应即予释放并遣返，不得迟延。”然后，美国却拒不执行公约规定，在战俘问题上大做文章。甚至在战俘营中对中朝战俘进行惨绝人寰的大屠杀。例如，1952年2月18日，美军打死打伤巨济岛战俘373人；5月9日，又在该战俘营打死战俘31人，打伤139人；12月14日，美军打死峰岩岛战俘87人，打伤120人，等等。中国政府致电联大主席表示，战俘营大屠杀“不仅是美国军队一贯屠杀战俘政策的扩大和发展，而且是在联合国大会通过非法决议的直接鼓励之下造成的。”相关论述见《外交部长周恩来抗议美国在峰岩岛屠杀战俘的罪行致联合国第七届大会主席电》，1952年12月21日，载《中华人民共和国对外关系文件集（1951-1953）》第2集，世界知识出版社1958年版，第115页。

③ 联大第804号决议主要内容：1. 对于北朝鲜及中国共产党军队多番使用不人道手段虐待联合国统帅部英勇官兵及朝鲜平民之行为之报告与消息深表关切。2. 对于谋杀、残害及虐待被俘军人与平民或犯其他暴行之政府或当局一律予以谴责，因此种行为破坏国际法之原则，违反人类品德之基本标准，有损人权及人格尊严与价值。见A/RES/804（VIII）：北朝鲜及中国共产党军队对联合国韩战战俘的暴行问题，联合国文献中心，http://daccessdds.un.org/doc/RESOLUTION/GEN/NR0/085/75/IMG/NR008575.pdf?OpenElement.

④ 1953年12月3日，联合国大会根据美国政府所捏造的中朝军队对联合国军战俘和朝鲜平民施行“暴行”的报告，通过了一项由美国及其仆从国联合提出的“表示严重关注”并“谴责暴行”的决议案。中国政府指出，“这一决议是非法的、诽谤的、无效的，它又一次在联合国的历史上打下了一道可耻的烙印。……联合国机构日益在道义上声名扫地。”相关论述见《外交部长周恩来严厉谴责联合国大会非法通过污蔑朝中人民部队的决议的声明》，1953年12月6日，载《中华人民共和国对外关系文件集（1951-1953）》第2集，世界知识出版社1958年版，第171-174页。

⑤ 1951至1954年期间，美国及台湾当局先后派遣飞机偷越中国领空，在中国内地先后空投下大批武装间谍。中国人民解放军、公安机关先后活捉间谍李光远等124名，击毙陈详等106名。所俘获的美国飞行员包括美国派遣来中国东北领空进行间谍侦察活动的美国中央情报局间谍，美国“五八一空中补给与通讯联队”上校司令官约翰·诺克斯·阿诺德等11人，美国中央情报局驻日本的间谍机关派遣来东北领空接应空投任务的间谍约翰·托马斯·唐奈等2人。中国法院于1954年11月23日对美国间谍依法判刑。中华人民共和国公安部于1954年11月25日对此发布公报，驳斥美国政府对我宣判美国间谍的无理攻击。

他向其他会员国散发。[1]针对美国在联合国的企图，1954年12月2日，周恩来特别指示外交部："我判决美国间谍是我内政，有我们自己的法律尊严，与联合国何干？！"

1954年12月4日，美国伙同其他"联合国军"成员国正式提出议案，要求联合国"采取决定性行动使11名官兵和所有其他仍被拘留的'联合国军'被俘人员获得释放。"10日，九届联大第509次全体会议对美国提案进行了表决，以47票赞成、5票反对、7票弃权通过了"控诉违反朝鲜停战协定拘留和监察联合国军事人员"的第906号决议。[2]中国政府立即指出，"联合国在美国的叫嚣和操纵下，对于四万八千名朝中战俘人员的惨遭扣留和劫夺置若罔闻，反而对于中国判处十一名美国间谍案件横加污蔑，这不能不使中国人民感到极大的愤慨。"[3]

就在联合国大会通过第906号决议后一个多小时，即12月10日下午5点7分、5点12分、5点19分、联合国秘书长哈马舍尔德连发三封电报给周恩来，表示愿意来华斡旋。

看了联合国秘书长的电报后，周恩来口述了一份指示给乔冠华，要他起草一封回电，阐明中国在美国间谍案问题上的立场：

美国间谍案是中国的内政问题，我们奇怪联合国为什么不谴责美国违反《联合国宪章》派遣特务间谍去颠覆中国人民自己选择的政权，反而帮助美国索回它的间谍？！联合国这样做使联合国的权威地位更加丧失殆尽。

12月16日下午，周恩来再次指示乔冠华在前一封电报基础上，另加一电报，主要从正面阐述中国立场，表明中国政府的配合态度：

1. 收到了你要来中国的电报，我们为了和平，为了缓和国际紧张局势，我们准备在我们的首都接待你，和你谈有关中国的和平问题；

2. 关于你来电所提的美国间谍案，我们的立场已详见另电；

3. 你何时来中国？我们表示欢迎。

1955年1月5日下午，哈马舍尔德抵达北京。至1月10日，双方一共举行了四

① 徐京利：《解密中国外交档案》，中国档案出版社2005年版，第303页。

② 联大第906号决议主要内容：1. 扣留及监禁联合国军司令部所辖美国空军人员十一人一举以及扣留其他任何愿意遣返之联合国军官兵之行为系属违反朝鲜停战协定。2. 请秘书长以联合国名义设法使上述联合国军官兵十一人及所有其他仍在扣留中之联合国军被俘官兵依朝鲜停战协定之规定获得释放。相关论述见A/RES/906（IX）：控诉违反朝鲜停战协定扣留及监禁联合国军人，联合国文献中心，http://daccessdds.un.org/doc/RESOLUTION/GEN/NR0/095/40/IMG/NR009540.pdf?OpenElement.

③ 《外交部长周恩来就联合国大会在美国操纵下对美国间谍案通过荒谬决议事致联合国秘书长电》，1954年12月17日，载《中华人民共和国对外关系文件集（1954-1955）》第3集，世界知识出版社1958年版，第220页。

次会谈。会谈中，周恩来重申了中国在处理美国间谍案问题上的立场，强调中国政府对此案的处理完全属于中国内政，联合国关于这个问题的所谓决议案，中国是决不能接受的。周恩来同时谈到台湾问题，揭露了美国制造台湾海峡紧张局势的图谋，指出联合国在朝鲜问题和中国代表权问题上的态度是不公正的。哈马舍尔德一边为美国人辩解，一边打着《联合国宪章》的招牌，拐弯抹角地想把美国间谍同联合国扯到一起。双方围绕各自的立场你来我往，意见分歧很大，以至于周恩来在一次会谈中说："我认为遗憾的是，我们共同的见解竟如此少，不同的见解却比较多。"①

在双方最后一次会谈中，周恩来表示，可以允许美国犯罪分子的家属来华探望，并答应通过瑞典驻华使馆把美国间谍的生活照片转交哈马舍尔德。1月11日，哈马舍尔德乘飞机回国。4月26日，瑞典驻华大使转来哈马舍尔德致周恩来的一封信，仍是希望中国政府能够释放在押美国间谍。随信还附有12封美国在华罪犯家属给周恩来的信，以期对中国政府施加压力。

当时中国政府出于人道主义考虑，同时也希望借此揭穿所谓中国政府虐待美国囚犯的谎言，所以同意家属来华探视。此后，为了争取在中美大使级会谈的主动权，1955年7月30日，外交部电告驻波兰大使王炳南，中央决定在会谈开始之前，以服刑期间表现较好为由，由最高人民法院宣布提前释放阿诺德等11名美国间谍。中国政府的举动，获得了国际社会的普遍好评，并在与联合国的政治较量中处于有利的地位，而美国则陷于被动。

（二）台湾问题与"新西兰提案"

为实现祖国统一，1954年7月23日，中共中央召开政治局会议，毛泽东做出了"一定要解放台湾"的决定。毛泽东指出，"在朝鲜战争结束之后我们没有及时（约迟了半年）地向全国人民提出这个任务，没有及时地根据这个任务在军事方面、外交方面和宣传方面采取必要措施和进行有效的工作，这是不妥当的，如果我们现在还不提出这个任务，还不进行工作，那我们将犯一个严重的政治错误。"②8月，中央军委成立了以张爱萍为司令员兼政治委员的浙东前线指挥部，并成立了海空军指挥所和登陆指挥所。

① 徐京利：《解密中国外交档案》，中国档案出版社2005年版，第305页。

② 裴坚章主编：《中华人民共和国外交史1949-1956》第1卷，世界知识出版社1994年版，第337页。

1955年1月17日，中共中央军委正式批准了浙东前线指挥部关于攻占一江山岛和大陈岛的计划。次日，中国人民解放军陆海空三军密切配合，在不到两个小时的时间内，一举解放了一江山岛。随即，美国总统艾森豪威尔发表谈话，鼓吹“通过联合国的斡旋”来“停止中国沿海的战斗”。[①]美国认为此乃“万全之策”，即把沿海岛屿问题提交联合国安理会解决，由安理会做出一项维持台湾地区政治和领土现状、实现停火的决议，这样既可以避免美国与中国发生全面战争，又能够保住沿海岛屿，并认为无论共产党否决或同意这一计划，“美国总有所得”。[②]1月28日，新西兰向联合国安理会提交议案，声称“中国的行动可能危及国际和平与安全的维持”，要求安理会出面干预台湾海峡问题。[③]

解放台湾及沿海岛屿完全是中国的内政，是中国人民解放战争的继续，在解放战争战火最激烈的年代，也从来没有危及“国际和平与安全”，而现在台湾海峡之所以引起全世界的关注，原因不在于中国军事行动本身，而在于美国为首的西方阵营及其操纵的联合国对中国内政的干涉。“新西兰提案”回避了问题的这一实质，却要求安理会在台湾海峡两岸“斡旋停火”。依照国际法，“斡旋”是指在争端当事国之间不能通过直接谈判或协商的方法解决争端时，第三方根据自己的好意主动进行有助于促成争端当事国直接谈判，协助争端当事国解决争端的方法。“斡旋停火”主要指有助于促使发生武装冲突的交战国停止敌对行为进行谈判的行动。显而易见，“斡旋停火”只能是发生在国际性武装冲突的场合，将“斡旋停火”适用于中国的内战，实际上是将中国的国内冲突演化为“国际冲突”或“国际争端”，为外部势力的介入和干涉制造借口。可见，这一提案包含了极其阴险的政治图谋，如果真由联合国来斡旋停火，便可将台湾问题“国际化”，干涉中国内政也从此有了可资援引的国际文件，而“台湾独立”也有了“法理依据”。

1955年1月30日，苏联向安理会提出“美国在中国的台湾和其他岛屿地区对中华人民共和国的侵略行为”的提案。中国认为苏联提案是完全正当、非常适时的，并且指出，如果联合国负起它在宪章上所规定的维护和平的责任，它早就应

① 谢益显主编：《中国当代外交史（1949-2001）》，中国青年出版社2002年版，第82页。

② 赵学功：《核武器与美国对第一次台湾海峡危机的政策》，《美国研究》，2004年第2期，第104页。

③ 早在1954年10月12日，美国、英国和新西兰三国政府就代号为“神谕”（Oracle）的提案达成协议，决定由新西兰为提案国，要求联合国出面斡旋“在中国大陆某些沿海岛屿的敌对行动”，美国和英国将对该提案予以支持。因此“新西兰提案”又称作“神谕提案”。

该采取行动，制止美国对中国的侵略和干涉。[①]

1月31日，安理会第690次会议决定将“新西兰提案”（S/3354）和苏联提案（S/3355）列入议程，并决定在讨论“新西兰提案”之后，再审议苏联提案。安理会还决定在讨论“新西兰提案”期间邀请中华人民共和国政府代表出席会议。期间，美国代表诬蔑中国“夺取”一江山岛是“侵略”行为。面对国际干涉，中国政府坚决地展开军事与外交斗争：

首先，中国军队很好地遵守和执行了相关战争法则，赢得了国际支持。[②]一是严格区分军事目标与非军事目标，保护作战地区平民的生命和财产安全。我陆海空三军在确定攻击目标时，均把敌占岛屿的碉堡、阵地、坑道、仓库等军事设施以及敌方军舰、飞机等军事目标与渔船、民房等民用目标作了严格区分，注意保护作战地域的平民及民用物体，作战中打击的均是“预定攻击的军事目标”。二是严格遵守关于战俘待遇的《日内瓦公约》，战俘享有充分的人道待遇。早在1955年1月1日，国防部长彭德怀就向全军发布了切实执行对投诚或自动放下武器的蒋军官兵的五条保证命令。[③]三是依法维护解放地区的社会治安，尽快恢复居民的正常生活秩序。我军进驻大陈岛后，浙江省人民政府和浙江省军区即联合发布“约法八章”，对社会治安秩序进行严格管理，对遭到战争破坏的物资财产进行造册登记，对无人管理的私产予以封存，对遭受战争灾难的居民及时给以慰问和救济。

其次，运用国际法武器，与国际敌对势力进行法律斗争。1月24日，中国政府向全世界庄严宣告，“台湾是中国领土不可分割的一部分，解放台湾是中国的主权和内政，决不容许他人干涉。”声明援引了《联合国宪章》第二条第7款的规定指出，[④]“联合国或任何外国都无权干涉中国人民解放台湾。”[⑤]中国政府组织国际法学家对《联合国宪章》进行了深入研究。中国著名国际法学家陈体强撰文指出，“任何一国内政不容干涉的原则是国际法的基本原则，是《联合国宪

① 潘国平、王新建：《针锋相对：第一次台海危机中的法律战》，《军事历史》，2005年第3期，第19页。

② 一江山岛和大陆沿海其他岛屿的作战，是中国内战的延续，属于非国际性武装冲突，适用于国际性武装冲突的战争法并不完全适用于国内冲突。但中国军队严格遵守国际法及战争法规则，有利于争取政治上的主动，赢得国际支持。

③ 命令要求“凡持有本部安全通行证的投诚或在战场上自动放下武器的蒋军官兵，我军应本宽待政策，妥为接待，护送至最近地区的人民解放军司令部，并切实执行下列五条保证：一、保证生命安全；二、不打、不骂、不侮辱；三、不没收私人财物；四、伤病者给以治疗；五、愿回家者发给路费。”

④ 《联合国宪章》第二条第7款内容为：“本宪章不得认为授权联合国干涉在本质上属于任何国家国内管辖之事件，且并不要求成员国将该事件依本宪章提请解决。”

⑤ 谢益显主编：《中国外交史：中华人民共和国时期1949-1979》，河南人民出版社1988年版，第139页。

章》第一章‘宗旨及原则’中的明文规定。根据这一原则，中国人民解放本国领土台湾的内政问题，就是任何外国和联合国都无权进行干涉的。”陈体强还引用美国等外国国际法学家的观点加强对不干涉原则的论证——“内战显然是一个内政问题。一个外国或外国集团为要影响斗争的过程而进行的任何干预，都构成对该国独立的侵犯。按照《联合国宪章》第二条第7款规定，联合国组织无权干涉任何这种内部斗争。联合国所应该予以制止的正是外国的干涉，而不能指向局势的纯国内方面。”①

1955年2月3日，联合国秘书长哈马舍尔德通过瑞典驻华大使向周恩来转达口信，以他个人的名义对“新西兰提案”进行说明和解释，极力劝说中国政府派代表出席联合国安理会。同日，周恩来电复联合国秘书长，拒绝参加讨论所谓“新西兰提案”，并指出，由联合国安理会审议中华人民共和国和蒋介石集团“在中国大陆沿岸某些岛屿地区的敌对行动”的建议，显然是干涉中国内政。电文显示，“自从1950年美国侵占台湾以来，中华人民共和国曾一再向联合国提出控诉，要求联合国制止美国对中国的侵略行为。但是，联合国不但始终没有对中华人民共和国的正义控诉采取任何行动，反而一再对中华人民共和国进行污蔑。”②

1955年2月5日，周恩来请瑞典驻华大使向联合国秘书长转达中国政府对“新西兰提案”的抗议，明确反对联合国干涉中国内政。周恩来代表中国政府严正指出：

国际上一切为和缓并消除远东紧张局势，包括台湾地区的紧张局势在内的真正努力，中华人民共和国总是给予支持的。现在的问题是，新西兰的提案不能达到这个目的，而是要达到一个相反的目的。这就是要联合国来干涉中国的内政。这是中国人民绝对不能同意而且坚决反对的。这样的活动包含一个阴谋，那就是把属于中国内政的事情，把任何外国或联合国都无权干涉的中国内政的事情，放在国际舞台上。这是要造成“两个中国”，要割裂中国的领土。

由于这个原因，我们不能参加关于“新西兰提案”的讨论，而且联合国也无权过问。同时，在安理会里有蒋介石集团的代表，这就使中华人民共和国的代表

① 潘国平、王新建：《针锋相对：第一次台海危机中的法律战》，《军事历史》，2005年第3期，第17-18页。

② 《周恩来总理兼外交部长为反对干涉中国内政的新西兰建议致联合国秘书长的复电》，1955年2月3日，载《中华人民共和国对外关系文件集（1951-1953）》第2集，世界知识出版社1958，第230页。

无法出席参加讨论。因此，我们不能应联合国的邀请，派代表参加这个议程的讨论。这是理所当然的。

至于要和缓并消除远东的紧张局势，包括台湾地区的紧张局势，我们必须找出紧张局势的根源。根源就在美国。台湾地区的紧张局势是美国造成的，是美国侵占了台湾，侵入了台湾海峡，是美国用强大的海空军来威胁中国大陆，对中国进行战争威胁和战争挑衅。如果世界各国要和缓这个地区的紧张局势，就应该去劝美国。①

中国的坚定立场，使安理会不得不决定无限期搁置对“新西兰提案”的讨论。美国借联合国旗帜来干涉中国内政，并用“停火”的幌子企图诱骗中华人民共和国落入“两个中国”的阴谋被彻底粉碎。

（三）“西藏问题”与联合国提案

西藏自元代以来，即是中国领土不可分割的一部分，藏族是中华民族大家庭中的重要一员。20世纪50年代初期，大札摄政下台，十四世达赖喇嘛亲政。1951年2月，达赖喇嘛委派阿沛·阿旺晋美为首席代表，土登列门、桑颇·登增顿珠为代表直接由昌都来北京。同时，从亚东派出凯墨·索安旺堆、土丹旦达为代表经印度去北京。达赖喇嘛给每个代表颁发了一份盖有印章的证书，由上述五位代表全权处理与中央人民政府的谈判事宜。

西藏地方政府和谈代表齐聚北京后，中央人民政府当即指派李维汉为首席代表，张经武、张国华、孙志远为全权代表，于4月29日与西藏地方政府的全权代表在友好的基础上，开始进行谈判。双方经过多次洽商就有关和平解放西藏的所有问题达成协议。1951年5月23日，《中央人民政府和西藏地方政府关于和平解放西藏办法的协议》，即《十七条协议》正式签订。协议明确规定：“西藏地方政府积极协助人民解放军进入西藏，巩固国防。”达赖喇嘛亦于同年10月24日致电中央政府表示拥护和执行协议。1954年9月27日，达赖喇嘛在第一届全国人民代表大会第一次会议上，当选为全国人大常务委员会副委员长；班禅喇嘛在12月25日全国政协二届一次会议上，当选为全国政协副主席。

然而，在帝国主义和西藏分裂势力的阴谋策划下，1959年3月10日，达赖集

① 中华人民共和国外交部、中共中央文献研究室：《周恩来外交文选》，中央文献出版社1990年版，第106页。

团撕毁了《十七条协议》，在拉萨悍然发动全面武装叛乱，走上背叛祖国的道路。3月17日夜晚，达赖集团武装叛乱失败，仓皇离开拉萨出逃。达赖在逃往印度后不久，即公开鼓吹“西藏是独立国家”。达赖利用当时复杂的国际形势，其中包括联合国剥夺中华人民共和国政府的合法席位，煽动所谓“西藏问题”。

西藏的武装叛乱，从开始就得到国外反华势力的支持。1949年1月8日，美驻印度大使韩德森(L. Henderson)致电美国国务院，要求改变以前承认中国对西藏拥有主权的立场，积极考虑支持“西藏独立”，以适应美国在东南亚遏制中国共产党的需要。新中国建立前夕，美国人劳尔・托玛斯(Lowell Thomas)以“无线电评论员”的名义，在西藏探索“华盛顿给西藏以可能的援助”，并在美报刊上报道：“美国已准备承认西藏为独立自由的国家”。1950年上半年，一批美国枪支弹药经由加尔各答运入西藏，用以对抗中国解放军进藏。同年11月1日，美国国务卿艾奇逊公开诬蔑中国解放本国领土西藏的行动是“侵略”。[①]同月，美国指使他国在联合国提出干涉中国西藏的提案。由于中国政府的严正立场和一些国家的反对，这个阴谋没有得逞。

此后，1955年12月28日，美国国家安全委员会讨论决定按照国家安全委员会第5412号文件，由总统、国务院和国防部指定代表组成代表团，也称“5412小组”，任何重大的秘密行动都必须向该小组汇报。对“5412小组”作关于西藏秘密行动的报告成为中央情报局官员的日常工作，对西藏的秘密行动计划都由这个小组决定实施。1956年达赖喇嘛的大哥土登诺布（Thubten Norbu）带着中情局的计划来到印度，目的是在西藏内部建立秘密行动网。随即，6名康巴人被送到美国在太平洋上的秘密军事基地塞班岛上接受特务培训，学习英文、学习如何使用无线电和如何识别地图以及如何组织游击队。不到一年的时间6人分别通过陆路与空中被遣返回藏，成为联系达赖、美方及藏南游击队的中间人，并在1959年达赖的外逃中起到了重要作用。[②]此外，美国防部还开辟出与西藏地形相似的科罗拉多海尔营训练藏人游击队员。当达赖外逃后，华盛顿欣喜若狂，认为这将有利于以“宗教情结”联合信奉达赖的亚洲佛教徒，从而反对“共产党的扩张”。

西藏是中国领土不可分割的一部分。为维护主权，中国政府在“西藏问题”

① 李峻：《美国干涉与所谓“西藏问题”》，《南京社会科学》，2001年第8期，第56-57页。

② Tsering Shakya, *The Dragon in the Land of Snows-A History of Modcrn Tibet Since 1947*(New York: Colimbia University Press 1999), p. 172.

上毫不妥协，与国际干涉势力进行坚决斗争。1959年3月，达赖集团叛乱失败后，美国中央情报局资助的国际法学家委员会立刻对“西藏问题”进行专门调查，并且提出报告说：“西藏完全是一个主权国家”，中国政府在西藏实行“种族灭绝”，等等。该委员会还将其所谓的调查报告提交联合国审议。[①]为使“西藏问题”国际化，以达到遏制和分裂中国的目的，联合国在美国的操控下成为美国意志的表决机器，通过了3次关于“西藏问题”的决议。这样，原本属于中国主权范围之内的西藏事务，被“堂而皇之”地引入国际舞台。其结果是，联合国在“西藏问题”上所扮演的不光彩角色，加剧了中国人民对联合国的反感和不信任，而这些联合国决议也成为国际反华势力和西藏分裂分子可资利用的“尚方宝剑”。直到今天，这些联合国决议的恶劣影响依旧存在。

美国政府考虑，为激活“西藏问题”，以西藏人权遭受迫害更容易赢得国际社会的同情和联合国的支持。为了使亚洲支持西藏提案，美国国务院给所有其驻亚洲佛教国家（卡拉奇、马尼拉、雅加达、安卡拉、吉隆坡等）发去电报，以此寻求支持将西藏呼吁书提交联合国大会讨论。美国政府还向联合国施压，认为联合国不应把西藏人作为军事压迫的牺牲品而无视他们的呼吁请求；达赖本人出席联合国大会将是有意义的；应该给予西藏人一个向联合国反映其不平的机会，联合国不应只重视欧洲的人权而忽视亚洲。[②]

1959年10月召开的第十四届联合国大会上，马来亚联邦和爱尔兰政府致信联合国秘书长哈马舍尔德，要求把“西藏问题”列入联大日程。10月21日，联大对提案进行表决，结果以45票赞成、9票反对、26票弃权通过了关于“西藏问题”的决议，即1353号决议。该决议强调：

按照《联合国宪章》和《世界人权宣言》等相关人权与自由原则，西藏人民应同世界所有其他人民一样，享有基本人权与自由，包括全体人民所应享有的公民及宗教自由权利。

考虑到西藏人民所特有的文化与宗教遗产及其传统上享有的自治地位，根据各方报导包括达赖向联合国提供的正式声明，对西藏人民的基本人权与自由已被

① FRUS 1958-1960. Vol. XIX, the Question of Tibet and the Rule of Law, Geneva: International Commission of Jurists, 1959, p. 776. 转引自郭永虎：《20世纪中叶联合国关于“西藏问题”的无效外交尝试——美国操纵联合国干涉西藏探析》，《西藏研究》，2002年第4期，第43页。

② [美]J·卡诺斯：《冷战的孤儿》，公共事务出版社，第198页。转引自郭永虎：《20世纪中叶联合国关于“西藏问题”的无效外交尝试——美国操纵联合国关涉西藏探析》，《西藏研究》，2002年第4期，第44页。

强行剥夺，甚感焦虑；

在负责领袖人物一本诚意积极努力缓和紧张局势及改造国际关系之际，竟发生上述事件以致增加紧张并使人民间之关系趋于恶化，深感遗憾；

呼吁尊重西藏人民的基本人权及其特殊的文化和宗教生活，等等。①

1353号决议，完全混淆视听、颠倒黑白，用假象和谎言让国际社会难辨是非，将达赖说成是“负责任的领袖人物”，将中国政府平定叛乱污蔑为恶化国际形势的不义之举。

进入20世纪60年代，美国等反华势力和西藏分裂分子继续利用联合国舞台谋求西藏独立的活动。1960年9月13日，达赖写信给美国国务卿赫脱（Christian Herter），请求美国帮助西藏使联合国重新考虑“西藏问题”。美国立即回复，美国会采取一切适当措施继续全力地对世界舆论施压，以反对中共在西藏的行动；美国希望联大进一步采取行动“帮助西藏人民减轻苦难”。1961年12月20日，在第十六届联合国大会上，通过了爱尔兰、马来西亚、泰国、萨尔瓦多联合提出的决议草案。联大以50票赞成、11票反对、29票弃权，再次通过有关“西藏问题”的决议，即1723号决议。其主要内容为：

履按其1959年10月21日关于“西藏问题”之决议案一三五三（十四）。

严重关怀西藏事态之继续，包括西藏人民基本人权之遭破坏及其传统享有之独特文化与宗教生活之遭受压迫。

察悉有大批西藏难民出逃邻邦，足见此等事态已使西藏人民感受极大痛苦，深感焦虑。

鉴于此等事态破坏《联合国宪章》及《世界人权宣言》中所规定之基本人权与自由，包括民族自决原则，且有增加国际紧张局面与加深民族仇恨之不良影响。

1. 重申信念认为对《联合国宪章》及《世界人权宣言》原则之尊重乃发展以法治为基础之和平世界秩序之所必须；

2. 再度郑重呼吁应停止剥夺西藏人民之基本人权与自由及其自决权利之行为；

① 资料来源：联合国大会第十四届会议第834次全体会议通过的1353号决议，1959年10月21日，联合国官方网站，http://daccessdds.un.org/doc/RESOLUTION/GEN/NR0/140/53/IMG/NR014053.pdf?OpenElement.

3. 希望各成员国以一切适当之努力实现本决议案之的目的。[①]

相比较1959年决议，1961年决议在程度上更进一步。它除了对“西藏基本人权与自由被侵犯”继续表示关注外，还把“西藏问题”列入民族自决权范围。也就是说，联合国不仅要帮助西藏流亡集团解决所谓“人权问题”，而且要帮助其实现“民族自决”，鼓吹“西藏人民有权决定自己的政治命运”，从而达到分裂中国领土的目的。

在1965年第二十届联合国大会上，萨尔瓦多、马来亚、尼加拉瓜、菲律宾和泰国再次提交了关于“西藏问题”的决议草案，并将这一提案列入联合国大会日程。大会最终以43票赞成、26票反对、22票弃权第三次通过联合国关于“西藏问题”的2079号决议。其主要内容为：

重申关于“西藏问题”之1959年10月21日决议案一三五三（十四）及1961年12月20日决议案一七二三（十六）。

怵于西藏人民之基本权利与自由不断遭受侵害，其特殊文化生活与宗教生活不断遭受压制，大批难民逃入毗邻诸国可为佐证。

1. 痛惜西藏人民之基本权利与自由不断遭受侵害；

2. 重申尊重《联合国宪章》与《世界人权宣言》之原则为根据法治、形成和平世界秩序所必需；

3. 深信西藏人权及基本自由之侵害及其人民特殊文化生活与宗教生活之压制足使国际紧张局面加剧，民族与民族之间之关系恶劣；

4. 郑重重申以前之呼吁即停止实行一切剥夺西藏人民一向享有之人权及基本自由之惯行常用办法；

5. 故请所有国家悉力以赴，以谋达成本决议案之宗旨。[②]

2079号决议基本上重申了1959年和1961年决议的主要内容。但是，在中国政府的不懈努力下，国际社会逐渐认同中国政府对主权维护的正义立场，具体表现在投票反对有关“西藏问题”提案的国家数量越来越多，由1959年的9国到1961年的11国，1965年则有26个国家投反对票。此外，从决议内容上看，中国政府也获得了巨大成功，因为2079号决议没有强调“民族自决权”原则。美国政府曾经

① 资料来源：联合国大会第十六届会议第1085次全体会议通过的1723号决议，1961年12月20日，联合国官方网站，http://daccessdds.un.org/doc/RESOLUTION/GEN/NR0/166/53/IMG/NR016653.pdf?OpenElement.

② 同上。

认为，不含有“民族自决”条款的决议均被视为国际社会对“西藏问题”关注下降的表现，也将意味着承认中国中央政府对西藏的管辖。可见，美国图谋凭借联合国以实现西藏独立、分裂中国领土的野心没能实现。

可以说，20世纪50、60年代，在中国人民对国家主权与独立十分敏感的历史时期，联合国在“西藏问题”上的举措，完全违背《联合国宪章》本身有关不干涉主权国家内部事务的规定，无疑加重了中国人民对联合国的不满态度，并一度加剧了双方的敌对情绪。当时联合国还没有恢复中华人民共和国的合法席位。因此，有关“西藏问题”的决议是对中国政府“无理的缺席审判”。在中国政府的坚决反对下，进入70年代，联合国逐渐放弃在“西藏问题”上侵犯中国主权的计划。但这三个决议对后来“西藏问题”的发展产生了极其恶劣的影响。西藏分裂势力以及国外反华势力经常援引这些决议来攻击中国在西藏侵犯人权，鼓噪西藏“民族自决”，图谋达到西藏独立的目的。这些决议阻挠了中国政府在联合国合法席位的早日恢复，破坏了中国的国家形象，这是对中国合法权利的无端加害。总之，“西藏问题”的决议不仅无助于联合国威信的提高，联合国的公正性也在当时受到严重损害。

（四）中华人民共和国为恢复在联合国合法权利的斗争

新中国成立后，中国政府迫切地希望联合国成为自己的朋友，成为主持正义的舞台，并积极恢复在联合国的合法权利。[①]1949年11月15日，周恩来外长分别致电联合国秘书长赖伊和第四届联大主席罗慕洛（Carlos P. Romulo），正式要求联合国“立即取消‘中国国民政府代表团’继续代表中国人民参加联合国的一切权利。”[②]然而，赖伊收到电报后，在美国的指使下，以电报有误，需要核实为借口，拖延时间以策划阻挠办法。3天后，赖伊表示，中国人民政府的电报“并非来自联合国会员国”，不能在会员中散发电文副本。[③]1950年1月8日，周恩来

① 除致电联合国秘书长、联大主席、安理会外，中国政府自1950年1月始，分别致电国际红十字协会、联合国粮食及农业组织、联合国教育科学及文化组织、世界卫生组织、世界气象组织、国际民用航空组织、国际劳工组织、联合国国际法委员会、联合国国际儿童紧急救济基金执行局、国际货币基金、国际复兴开发银行等组织要求驱逐国民党代表以恢复中华人民共和国权利，并先后任命张闻天为中国出席联合国首席代表、冀朝鼎为中国出席经济及社会理事会代表、李强为中国参加国际电信联盟首席代表、苏幼农为中国出席万国邮政联盟执行及联络委员会代表、孟用潜为中国出席联合国托管理事会代表等。上述外交举措表明中国政府要求尽早恢复联合国权利的迫切心情。

② 《外交部长周恩来要求取消所谓“中国国民政府代表团”参加联合国的一切权利致联合国秘书长电》、《外交部长周恩来否认所谓“中国国民政府代表团”在联合国大会的合法地位致联合国大会主席电》，1949年11月15日，载《中华人民共和国对外关系文件集（1949-1950）》第1集，世界知识出版社1957年版，第85-87页。

③ 张树德：《中国重返联合国纪实》，黑龙江人民出版社1999年版，第111页。

再次致电联合国秘书长和联大主席，要求联合国立即将国民党当局代表开除出联合国及其附属机构。[①]中国政府认为，“联合国是何等庄严的组织，竟容许一个没有资格代表中国的‘代表团’胡乱活动，这不仅是侮辱了中国人民，实在也侮辱了联合国本身。”[②]

1950年1月10日，苏联驻安理会代表马立克提出一项支持中国1月8日电文的提案，要求安理会作出开除国民党集团的决议。1月13日，安理会表决苏联提案，美国、古巴、厄瓜多尔、埃及、法国和国民党代表反对，苏联提案未获通过。苏联代表宣布，在“国民党代表”被赶走之前，苏联将不参加安理会的工作。[③]苏联的行为无疑是对新中国的有力支持，使各国更加关注中国代表权问题。当时安理会内形势对新中国颇为有利，苏联、英国、挪威、印度和南斯拉夫均已承认新中国，法国、埃及等国也并不坚持反对新中国进入安理会。

苏联退出安理会一事，马上引起国际社会的极大关注。秘书长赖伊首先认识到问题的严重性，他担心苏联此举会使联合国分裂。1950年3月8日，赖伊提出一项关于“联合国代表权问题的法律方面的备忘录”，[④]并建议召开由各成员国政府首脑或外长出席的安理会特别会议来讨论和解决中国代表权问题。国民党驻美大使顾维钧认为，赖伊的积极表示，“无异在事实上公然主张接纳中共代表团取代中华民国代表团。”[⑤]赖伊从4月22日到5月中旬先后访问了华盛顿、伦敦、巴黎、海牙、日内瓦和莫斯科，以对中国代表权问题进行调停斡旋。5月18日，赖伊在莫斯科还与中国驻苏联大使王稼祥进行会谈。[⑥]

当时，美国政府在中国代表权问题上的立场并不坚决。美国驻联合国代表格罗斯（Ernest A. Gross）曾发表声明指出，中国代表权是个程序问题，并认定

---

① 1950年1月7日，苏联外长维辛斯基向正在苏联访问的毛泽东提出建议：中国外交部应给联合国安理会发去一个声明，否认前国民政府代表蒋廷黻继续为安理会中国代表的合法地位，如其还留在安理会为中国代表，苏联则拒绝出席安理会。毛泽东当即表示，“中国外交部可以发表这样的声明”，并于当日致电周恩来，希望“接电后迅为办理”。声明电于8日以周恩来外长名义发至联合国秘书长及安理会，并以电报通知苏、英、美、法等国外交部。相关论述见《同意发表否认前国民党政府代表在安理会合法地位的声明》，载《毛泽东外交文选》，中央文献出版社、世界知识出版社1994年版，第123-124。

② 《科学工作者协会发表宣言，拥护周外长照会，指责联合国容许匪帮代表团是侮辱中国人民，也侮辱了联合国本身》，《人民日报》，1950年1月30日，第1版。

③ 在此期间，苏联和其他社会主义国家，如波兰、捷克斯洛伐克、乌克兰和白俄罗斯先后从安理会及其4个附属机构、经社理事会及其22个附属机构和托管理事会等联合国机构中退出。

④ 该备忘录的实质是，应把联合国代表权问题同任何一国政府是否承认新中国问题区别开来。其中说“中国问题在联合国的历史上是独特的，这并非因为牵涉一个政府的革命变递，而是因为第一次有两个敌对的政府并存着”。“当前争执的问题应该是，究竟这两个政府中哪一个在事实上具有使用国家资源及指导人民以履行会员国义务的地位。”

⑤ 《顾维钧回忆录》第7册，中华书局1988年版，第697页。

⑥ 李铁城：《联合国的历程》，北京语言学院出版社1993年版，第201页。

对此不能实行否决权。为此，台湾当局认为，美国与国民党的关系已如“同床异梦”，美国已决心把国民党“一笔勾销”。顾维钧、蒋廷黻等国民党高官向蒋介石献策：苏联、英国和赖伊都想以中华民国已不复存在为理由，把我们排斥于联合国之外。所以，我们与其为了害怕最终肯定被驱逐而自动退出，不如顶住驱逐的浪潮并对其提出抗议。①

然而，朝鲜战争的爆发最终促使美国对中国代表权问题采取坚决反对的立场。1950年12月4日至8日，美国总统杜鲁门、英国首相艾德礼（Clement Attlee）在华盛顿举行会谈。艾德礼就中国在联合国的代表权问题向杜鲁门提出了忠告。艾德礼说，英国没有人同情蒋介石，也没有人同情所谓福摩萨（台湾）问题，并奉劝美国应正视现实，台湾终究要归中国人，并认为解决中国军队介入朝鲜问题的最好办法是让中国进入联合国。如果中国是联合国的一员，问题反而有解决的可能。杜鲁门明确反对上述建议。最后，美英会谈公报承认在中国代表权问题上“两国政策存在着分歧”，“美国现在反对并将继续反对中共代表在联合国的席位。”②在1951年11月举行的第六届联大上，美国以所谓“中国侵略朝鲜”为借口，操作大会通过决议，“延期讨论”中国代表权问题，并将这一决议延续达十年之久。

中国对联合国决议表示强烈反对，周恩来郑重声明，“联合国应当成为保障世界和平及国际安全的组织，而不应当成为美国进行侵略的工具。”③1954年日内瓦会议上，周恩来揭示中国代表权问题的实质在于：“不是中华人民共和国要求加入联合国，而是中华人民共和国参加联合国的应有权利遭受剥夺。因此，中华人民共和国的合法地位应予以恢复。”④

随着在国际事务中所起作用的不断增强，中国对恢复联合国席位充满信心。1957年11月，周恩来在对驻华使节的一次谈话中指出，“我们很感兴趣的是，每次表决印度提案时，支持印度梅农先生提案的国家越来越多，有社会主义国家以及其他友好国家。当然，在一个短时期，我们可以预料，像印度这样正义、友好的主张是不会在联合国通过的。……但是，每年表决一次印度式的提案，是值得

① 《顾维钧回忆录》第7册，中华书局1988年版，第746页、第697页。

② 王绳祖主编：《国际关系史（1949-1959）》第8卷，世界知识出版社1995年版，第73-81页。

③ 《外交部长周恩来赞同苏联关于召开五大国外长会议的建议的声明》，1953年10月8日，载《中华人民共和国对外关系文件集（1951-1953）》第2集，世界知识出版社1958年版，第154页。

④ 《在日内瓦会议5月20日会议上周恩来外长关于朝鲜问题的发言》，《人民日报》，1954年5月24日，第1版。

做的正义事情。为什么呢？因为每次表决，赞成的国家越来越多，总有一天会有少数变成多数。世界上真理总是这样由少数变成多数的。事物发展规律就是这样，正义的东西总会取得多数的支持。这真叫做不懈的、不疲倦的斗争。”

1960年第十五届联大上，表决美国“延期讨论”提案时，42票赞成、34票反对、22票弃权，仅以8票微弱多数勉强通过。美国眼看“故伎难施”，于是绞尽脑汁在中国代表权问题上重新设置障碍。1961年第十六届联大上，美国又伙同日本、澳大利亚、哥伦比亚和意大利向大会提出所谓“重要问题”的五国提案。该提案以61票赞成、37票反对、7票弃权，被通过为联大第1668号决议案。决议规定，“依照《联合国宪章》第十八条之规定，[①]任何改变中国代表权之提案为一重要问题”，需要大会以2/3的多数通过。

对于美国挟持联合国采取的这一行动，中国政府表示严厉的谴责和强烈的抗议。周恩来一针见血地指出，“美国政府这样做的目的，仍然是为了继续阻挠恢复新中国在联合国的合法权利，继续把蒋介石集团的代表保留在联合国内，为它制造‘两个中国’和长期霸占中国的领土台湾准备条件。”因此，“中国代表权问题，实质上就是恢复中国在联合国的合法权利，把窃取中国席位的蒋帮分子驱逐出去的问题，根本不是《联合国宪章》第十八条第2款所指的重要问题。”[②]

必须强调的是，在代表权问题上，中国政府坚决避免在国际组织中出现“两个中国”的局面。1964年2月3日，在出访索马里期间，周恩来在谈到中国进入联合国问题时明确表态，“如果出现‘两个中国’，我们宁可不进联合国。”否则“等于我们承认台湾被割出去，承认美国占领台湾”，“我们就变成民族罪人，出卖领土。”[③]1965年1月1日，周恩来在接见港澳地区人大代表和政协委员时再次指出，“我们必须按原则办事，绝不允许有‘两个中国’，我们不能为进入联合国放弃原则。”[④]

此外，由于当时中国外交所具有的“革命性”特征，毛泽东用“不卑不亢”

① 《联合国宪章》第十八条内容为：1．大会之每一会员国，应有一个投票权。2．大会对于重要问题之决议应以到会及投票之会员国三分之二多数决定之。此项问题应包括：关于维持国际和平及安全之建议，安全理事会非常任理事国之选举，经济暨社会理事会理事国之选举，依第八十六条第一项（寅）款所规定托管理事会理事国之选举，对于新会员国加入联合国之准许，会员国权利及特权之停止，会员国之除名，关于施行托管制度之问题，以及预算问题。3．关于其他问题之决议，包括另有何种事项应以三分之二多数决定之问题，应以到会及投票之会员国过半数决定之。

② 《周恩来总理在饯别英国蒙哥马利元帅宴会上的讲话》，1961年9月22日，载《中华人民共和国对外关系文件集（1961）》第8集，世界知识出版社1962年版，第254页。

③ 《周恩来年谱（1949-1976）》中卷，中央文献出版社1997年版，第618页。

④ 余科杰：《反对侵略，捍卫主权——周恩来在台湾问题上与美国的斗争》，《当代中国史研究》，1998年第2期，第54-64页。

的斗争意识来思考中国席位问题，他甚至表示中国迟加入甚至不参加联合国，其原因主要在于：首先，中国采取“不急”方针，是为了尽量剥夺美国的政治资本。因为美国拖的时间越长，欠中国的账就越多，美国必将在其国内和在国际舆论上越孤立。[①]第二，毛泽东认为新中国进入联合国，既要守规矩，又无太多实惠。1960年毛泽东指出，中国人过去“打过游击，野惯了”。进入联合国，势必要守规矩，“那么多规矩，令人难受”，不进联合国，没有什么损失；进联合国有一些好处，但说有很多好处就不见得。当然，“不管我们进不进联合国，世界和平的责任我们是要担负的。我们不会因为不进联合国就无法无天，像孙悟空大闹天宫那样。我们要维持世界和平。”[②]第三，毛泽东认为在帝国主义眼里，什么联合国，“统统都是手掌里的工具。对于这些工具，它用得着就用，用不着的时候就一脚踢开。用也好，踢开也好，都是以有利于它的侵略目的为转移。”而中国“也算个联合国”，[③]因此不到美国那个联合国也可以。

小　结

20世纪50、60年代，整个国际社会形成了以东西方对立为主要特征的霍布斯文化结构。在中国社会内部，新政府的核心任务是巩固政权，通过政治运动清除威胁新生人民政权的破坏力量。在波澜壮阔、跌宕起伏的政治运动中，束缚了手脚的中国领导人很难集中精力拓展国际空间。

国际的霍布斯状态与国内的洛克状态建构了中国与联合国互动实践的大背景，并决定了社会主义中国在当时特定历史时期的核心国家利益是维护国家主权与安全，而中国对联合国外交政策的突出特点就是要“挑战”由美国掌控的联合国体制。

按照演进模型的计算，最后的数值总和为“-10”，即中国与联合国关系的发展趋势应始终处于问题严重的霍布斯状态，但事实上是从1971年底开始，中国对联合国的外交政策发生了质变，即由“冲突、对抗”转变为“参与、合作”。

① 《中美关系和中苏关系》，载《毛泽东外交文选》，中央文献出版社、世界知识出版社1994年版，第281页。

② 《同斯诺谈台湾问题及其他》，载《毛泽东外交文选》，中央文献出版社、世界知识出版社1994年版，第451-453页。

③ 《帝国主义怕第三世界》，载《毛泽东外交文选》，中央文献出版社、世界知识出版社1994年版，第587页。

其原因完全属于双方意志不可控的“突发事件”，但毕竟中国与联合国步入了“正常化”发展轨道。上述结论如图10所示：

图10　20世纪50、60年代文化结构特点与中国对联合国的外交行为

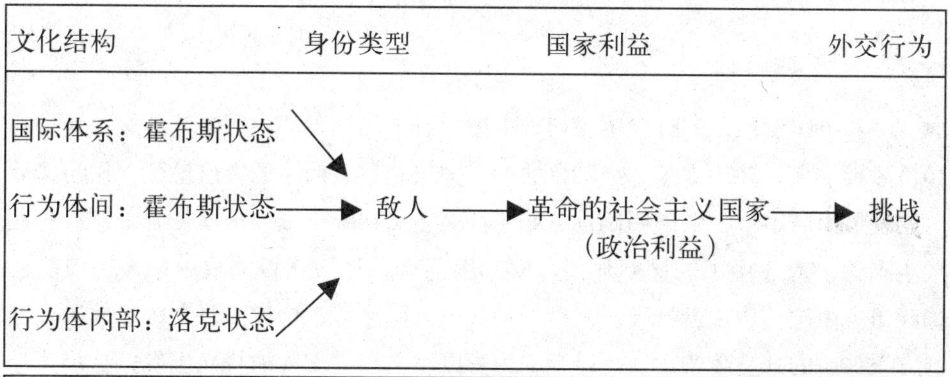

各层次文化结构特点		分值	加值	分值总和及发展趋向	
国际	冷战开始及美苏两极激烈对峙	−3	0	−10	始终处于问题严重的霍布斯状态
双边	充满敌意	−3	−2		
国内	政治斗争为国内政局主流	−1	−1		

第三章 20世纪70、80年代中国对联合国的外交行为

“和平与发展”的时代主题指导中国政府把工作重心由“备荒备战”转移到经济建设上来，并确立了“经济发展”在国家利益层面中的突出地位。作为“最大的发展中国家”，中国明确自身处于社会主义初级阶段，根本任务是解放和发展生产力。对于中国的国际作用，邓小平强调，经济建设的成就越大，中国在国际事务中起的作用就越大。为创造良好的国际环境，中国对联合国采取了“参与、合作”的外交政策。这一时期，中国以“实用主义”的视角出发，更加关心联合国能为中国做些什么，关注如何最大效用地使用联合国工具以扩展自身经济利益。此外，中国在联合国舞台积极推动建立国际政治经济新秩序，并21次行使否决权，中国的正义之举赢得了国际社会，尤其是第三世界、发展中国家的信赖和支持，中国成为名副其实的“多极世界中的重要一极”。

第一节 中国对联合国外交行为的背景分析——文化结构特点

20世纪70、80年代，冷战对峙开始让位于缓和共处。缓和既是在冷战框架内美苏相互推行的一种和解政策，同时又是这种政策所形成的一种国际关系结构状态。其主要表现是：第一，美苏国家高层领导人政治接触频繁。以20世纪70年代为例，美苏共进行了5次最高级会晤，签署了一百多个条约和协定。第二，国际力量对比发生变化。美国和苏联控制和主宰世界的能力“此消彼涨”，战略均衡状态被打破；冷战前期的同盟体系开始瓦解；第三世界发展壮大，要求在国际事务中发挥更大的作用。[①]就联合国而言，越来越多的新独立国家进入联合国，促

① 刘金质：《冷战史》中册，世界知识出版社2003年版，第584-585页。

使联合国的性质发生根本变化，美苏两个超级大国要把自己的意志强加给国际社会、操纵联合国的做法，已经越来越没有市场。联合国的性质由最初超级大国所代表的侵略、霸权性质逐渐转变为由广大发展中国家、第三世界所代表的发展、和平性质。在中国社会内部，随着“文化大革命”的结束，政局稳定逐步得以实现，而经济问题日益突出。中国政府开始注重利用联合国渠道为中国的经济建设创造必要的物质条件，以实现快速发展。

一、国际体系文化结构特点：美苏关系开始缓和

古巴导弹危机是美苏两国冷战时期进行的第一次最严重的直接对抗，“在那紧张的几天里，世界徘徊在战争的边缘。”此后，国际体系中的冷战对峙开始让位于缓和。美苏在军备控制、经贸往来和危机处理等方面都在试探双方都能接受的“游戏规则”，走上了缓和紧张关系之路。1969年，尼克松提出了国际关系的新构想，即在冷战的整体结构中实现美苏关系的全面缓和，从而带来国际关系的缓和。

这一时期，中美关系也走向缓和。美国实力由顶峰走向衰落，迫使其采取收缩政策，中美之间发生直接军事对抗的可能性在减少。苏联则相反，趁美国深陷越战的机会，呈现进攻态势。美国尼克松政府终于从中苏分歧中看到了自身利益之所在，认识到中国作为一支独立力量不可忽视，希望通过中美和解帮助美国体面地从越南撤退，同时利用中苏分歧获得战略上的有利地位。早在1967年10月23日，尼克松在《外交季刊》上发表《越南战争以后的亚洲》一文提出，“美国对亚洲的任何一项政策都要一开始就面对中国的现实”，“从长远来看，我们简直不能永远让中国留在国际大家庭之外”，“不能容许7亿可能是最有才能的人民在愤怒的孤立状态中生活。”①这些立场主张已经流露出美国将采取行动有条件地支持中国在联合国合法席位的恢复。

同美国改善关系，也是中国自身安全的需要。毛泽东直截了当地指出，“不是美国无求于中国，也不是中国无求于美国。否则，我们坐在一起干什么？”②

① 钱江：《“乒乓外交”幕后》，东方出版社1997年版，第78页。

② 毛泽东会见美国国务卿基辛格的谈话，1975年10月21日。转引自李捷：《国内政局与中美关系——物极必反：60年代的中国国内政治与中美关系》，载姜长斌、[美]罗伯特·罗斯主编：《从对峙走向缓和——冷战时期中美关系再探讨》，世界知识出版社2000年版，第501页。

这一时期，中国急于摆脱“四面受敌”的不利状况。1969年6月至10月，陈毅、叶剑英、徐向前、聂荣臻四位元帅进行了近20次战略务虚讨论，向中央提交了《从世界看一棵珍宝树》、《对目前形势的看法》等书面报告。报告总结中苏矛盾大于中美矛盾，美苏矛盾大于中苏矛盾，并提出“东联孙吴、北拒曹操”，可以打美国牌的战略构想。①进入70年代，以中国恢复联合国席位、中美关系正常化为契机，全面推动了中国外交政策的转向，同时将国内经济建设提上日程。

1971年7月9日至11日，美国总统国家安全事务助理基辛格秘密访华。1972年2月21日至28日，美国总统尼克松访华。由此，中美两国在共同战略利益的基础上实现了“解冻”。基辛格在《大外交》中写道，“中美已经心照不宣地结盟阻止苏联在亚洲的扩张主义。在中美两国实现和解仅仅一年半的时间内，中美关系就由尖锐对立进展到实质结盟对抗苏联。”②

邓小平在1979年11月总结这段历史时说：“我们建国以来长期处于同世界隔绝的状态。这在相当长一个时期不是我们自己的原因，国际上反对中国的势力，反对中国社会主义的势力，迫使我们处于隔绝、孤立状态。60年代我们有了同国际上加强交往合作的条件，但是我们自己孤立自己。现在我们算是学会利用这个国际条件了。”③国际社会一时间形成了同中国建交，到中国访问的热潮。这同50、60年代中国门庭冷落的情况形成了鲜明的对照。中国走向国际社会、参与国际事务，已成为不可抗拒的历史潮流。

二、中国与联合国间文化结构特点：互动起点始于关系“正常化”

20世纪70年代，当国际文化结构由激烈对峙开始让位于缓和共处时，中国与联合国也由“隔绝、冲突”转向“参与、合作”，而双方这一关系的互动起点始于1971年10月25日中国在联合国席位问题的顺利解决。当然，这一进程不是一帆风顺的。1971年，美国仍希望利用“双重代表权”阻挠中国合法权利的恢复。因此，美国并没有估计到1971年中国就能顺利恢复联合国席位，尼克松在备忘录中

① 熊向晖：《历史的脚注——回忆毛泽东、周恩来及四位老帅》，中共中央出版社1995年版，第184-200页。
② [美]亨利·基辛格：《大外交》，顾淑馨等译，海南出版社1997年版，第673-674页。
③ 《社会主义也可以搞市场经济》，载《邓小平文选》第2卷，人民出版社1994年版，第232页。

承认，“我们没有足够的票数去阻挡，接纳的时刻比我们预料的要来得快。”[①]

虽然，70年代初期，中美关系已经出现转暖的势头，但美国仍想利用台湾问题阻挠中国合法权利的恢复。1970年11月22日，尼克松指派基辛格，研究美国在“在联合国接纳赤色中国的问题上将采取什么方针”。半年后，美国企图在联合国内搞“双重代表权”的政策出笼了。1971年8月2日，美国国务卿罗杰斯（William P. Rogers）发表了《关于中国在联合国代表权问题的声明》，该声明宣称，“美国将在今秋的联合国大会中，支持要求中华人民共和国入会的行动；同时，美国将反对任何排除中华民国、剥夺中华民国在联合国代表权的行动。”[②]此声明标志美国“双重代表权”政策的公开化。8月11日，美国驻联合国首席代表乔治·布什，根据罗杰斯声明的精神，向联合国秘书长吴丹递交了一份解释性备忘录，正式要求把“中国在联合国的代表权问题”列入第二十六届联大议程。此后不久，尼克松政府又伙同日本佐藤政府向第二十六届联大抛出所谓的“双重代表权”提案，即接纳中华人民共和国的代表进入联合国，但也不剥夺中华民国的代表权。按照美国政府所打的如意算盘，尼克松相信“双重代表权”提案是北京政府所不能接受的，这样就可以体面地保全国民党集团在联合国的席位。

8月20日，中国外交部发表声明严正指出，中国人民和中国政府坚决反对“两个中国”、“一中一台”或类似的荒唐主张，坚决反对“台湾独立”的阴谋。只要在联合国里出现“两个中国”、“一中一台”、“台湾地位未定”或其他类似情况，中华人民共和国政府就坚决不同联合国发生任何关系。[③]

1971年9月21日，第二十六届联大在纽约开会，提交大会讨论并要付诸表决的关于中国代表权问题的提案共计3个，分别是：1．由阿尔巴尼亚、阿尔及利亚提出的恢复中华人民共和国在联合国的一切合法权利，并立即把国民党集团的代表驱逐出去的“23国提案”[④]；2．由美国、日本等22国提出的所谓“重要问题”提案；3．由美国、日本等19国提出的所谓“双重代表权”提案。

美日企图在联合国制造“两个中国”的图谋，首先在程序安排上便遭到了失

① [美]理查德·尼克松：《尼克松回忆录》中册，裘克安等译，商务印书馆1979年中译本，第231页。

② 沈剑虹：《使美八年纪要——沈剑虹回忆录》，世界知识出版社1982年版，第53-54页。

③ 中华人民共和国外交部声明，1971年8月20日，载《历史潮流不可抗拒——关于恢复我国在联合国合法权利的斗争》，人民出版社1971年版，第37-39页。

④ 这23国是：阿尔巴尼亚、阿尔及利亚、缅甸、斯里兰卡、古巴、赤道几内亚、几内亚、伊拉克、马里、毛里塔尼亚、尼泊尔、巴基斯坦、也门民主共和国、刚果人民共和国、罗马尼亚、塞拉勒窝内（塞拉利昂）、索马里、苏丹、叙利亚、坦桑尼亚联合共和国、阿拉伯也门共和国、南斯拉夫、赞比亚。

败。联大总务委员会9月22日通过的会议议程，把“23国提案”放在“双重代表权”提案之前表决。事后基辛格承认，“由于我们只是把驱逐台北问题作为一个‘重要问题’，那就几乎可以肯定，在我们的‘双重代表权’提案还来不及交付表决之前，北京就会被接纳加入联合国了。”①大会从10月18日开始辩论和审议中国代表权问题，到25日结束，约80国代表在会上发言，许多国家代表在发言中纷纷反对在联合国内制造“两个中国”的政策。

10月25日，二十六届联大第1976次全体会议先表决了所谓“重要问题”提案，结果以59票反对、55票赞同、15票弃权，被否决。随后，大会以76票赞成、②35票反对、17票弃权的压倒多数通过了“23国提案”，这就是著名的联合国2758号决议。

被赶出联合国，对国民党集团来说是继“尼克松震撼”后又一次沉重的打击。其严重性还不在于联合国本身，而是由此产生的骨牌效应。几乎在一夜之间，有20多个国家与台湾“断交”，转而承认中华人民共和国。到1973年，世界上仅有39个国家和台湾保持着所谓“外交关系”。

面对失败，美国承认“这是联合国历史上的转折点，反西方集团（包括共产党国家）在美国威信动摇时第一次击败了美国。”③惨败的结局使美国一些政要难以正视现实，因而有人把失败归罪于基辛格的第二次访华。基辛格回应说：“问题的实质在于，友好国家改变了立场。它们当中很多国家长期以来感到苦恼，一方面它们不愿同我们对立；另一方面讨好强大的中国又对它们有利。当美国对北京采取敌对态度的时候，他们害怕投票赞成接纳中华人民共和国会受到我们的某种惩罚。现在我们戏剧化地要跟中国和解，他们就不再怕这种惩罚了。”④

① [美]亨利·基辛格：《白宫岁月——基辛格回忆录》第3册，陈瑶华等译，世界知识出版社1980年中译本，第56页。

② 投赞成票的76国是：阿富汗、阿尔巴尼亚、阿尔及利亚、奥地利、比利时、不丹、博茨瓦纳、保加利亚、缅甸、布隆迪、白俄罗斯、喀麦隆、加拿大、锡兰、智利、古巴、捷克斯洛伐克、丹麦、厄瓜多尔、阿拉伯埃及共和国、赤道几内亚、埃塞俄比亚、芬兰、法国、加纳、几内亚、圭亚那、匈牙利、冰岛、印度、伊朗、伊拉克、爱尔兰、以色列、意大利、肯尼亚、科威特、老挝、利比亚、马来西亚、马里、毛里塔尼亚、墨西哥、蒙古、摩洛哥、尼泊尔、荷兰、尼日利亚、挪威、巴基斯坦、也门民主人民共和国、刚果人民共和国、秘鲁、波兰、葡萄牙、罗马尼亚、卢旺达、塞内加尔、塞拉勒窝内（塞拉利昂）、新加坡、索马里、苏丹、瑞典、叙利亚、多哥、特立尼达和多巴哥、突尼斯、土耳其、乌干达、乌克兰、苏联、英国、坦桑尼亚联合共和国、阿拉伯也门共和国、南斯拉夫、赞比亚。

③ [美]乔治·布什、维克托·戈尔德：《乔治·布什自传——注视未来》，刘绪贻等译，湖北人民出版社1988年版，第101页。

④ [美]亨利·基辛格：《白宫岁月——基辛格回忆录》第3册，陈瑶华等译，世界知识出版社1980年中译本，第69页。

1971年10月29日，中华人民共和国政府就联大第2758号决议发表声明。声明指出，“这次联合国大会投票的结果，反映了世界各国人民要求同中国人民友好的大势”，这是“全世界人民和一切主持正义的国家的胜利。”①

11月15日，以乔冠华为团长、黄华为副团长的中华人民共和国代表首次出席了联合国大会第二十六届全体会议，受到了极其热烈的欢迎。科威特代表亚洲国家发言，“10月25日的夜晚发生了在联合国和国际大家庭的史册上具有历史意义的事件。联合国大会终于决定纠正了对中国人民所犯下的错误。”荷兰代表西欧国家说，现在联合国进入了一个新时期，中国代表的到来，“无疑将使联合国在处理我们所面临的重大国际问题时能有更大的权威。”哥斯达黎加代表整个拉丁美洲国家发言，中华人民共和国参加联合国工作，有利于“实现我们的基本目标，这就是在世界上建立公正的和持久的和平。”②

中国代表团团长乔冠华发言后，与众多国家热烈情绪形成鲜明对比的是，美国和苏联代表脸色阴沉。苏联代表攻击说：“许多国家曾希望中华人民共和国积极参加联合国的活动。不幸，这些希望都落空了，中华人民共和国对加强国际安全不感兴趣，对中东问题持消极态度。”美国代表对乔冠华的发言表示遗憾，认为“北京决定以‘华而不实地放空炮’作为加入这个世界性组织的起步。”③可见，虽然恢复了在联合国的合法席位，但与两个超级大国的政治斗争仍在继续，毛泽东引用孙中山先生的话鼓励大家，“革命尚未成功，同志仍须努力”。但就中国的国家利益而言，联合国日后对中国的广泛经济技术援助是中国领导人事先没有预料的“意外收获”，中国开始以相同的“经济热情”与联合国进行交流、合作。

三、行为体内部文化结构特点：政治问题逐步解决，经济问题日益突出

1969年4月1日，中共九大召开，大会通过的党章，竟然把林彪作为“毛泽东

① 祝彦：《中国恢复联合国合法席位纪实》，《党史博采》，2003年第8期，第19-23页。

② 各国代表致辞的引文皆引自：《历史潮流不可抗拒——关于恢复我国在联合国合法权利的斗争》，人民出版社1971年版，第81-124页。

③ [美]亨利·基辛格：《白宫岁月——基辛格回忆录》第3册，陈瑶华等译，世界知识出版社1980年中译本，第71页。

同志的亲密战友和接班人”写入总纲。古语云：盛极而衰。1971年“九·一三”事件以后，以林彪为代表的极“左”势力由盛而衰。在清算林彪集团的同时，毛泽东对“文革”当中“打倒一切”的做法有所悔悟，一大批老干部得到解放，国内局势有所缓和。

恢复联合国席位后，毛泽东全力支持周恩来，这使得“文化大革命”中急剧膨胀的极“左”势力暂时受到抑制，国内务实力量进一步增强。1971年11月8日，毛泽东在周恩来的陪同下，接见了出席第二十六届联合国大会的中国代表团成员。当介绍到外交部办公厅主任、代表团秘书长符浩的时候，周恩来特意告诉毛泽东，他是“九十一人大字报”[①]的签名者之一。毛泽东当众宣布，“我赞成‘九十一’。”这个表态使得在“文化大革命”中因为保护陈毅副总理而遭受迫害的外交部一批工作人员得到平反，外交工作逐渐恢复正常运转。

1973年8月中共十大以后，虽然江青集团的骨干分子更多地进入新的中央委员会，但一批众望所归的老同志的入选，毕竟反映了党内健康力量的增强。此后，邓小平开始全面参与党政军的重大决策，并主持日常工作，为国内政局的稳定注入了新的动力。但此时江青集团的权力欲望急剧膨胀，他们仍极力干预国家的内外政策。例如，江青曾全力阻挠邓小平出席联大特别会议。1974年3月20日，毛泽东提议邓小平担任出席联合国大会第六届特别会议的中国代表团团长，在中央政治局讨论时，遭到江青等人的公开反对。3月27日，毛泽东得知此情后，致信江青，“邓小平同志出国是我的意见，你不要反对为好。”在这种压力下，江青才被迫表态同意。[②]

可见，70年代初期，中国政治局势还不可能完全摆脱极“左”势力的干扰。周恩来、邓小平等人一方面得到毛泽东的支持，同时也受到极“左”分子的牵制。从1975年底开始，“批邓，反击右倾翻案风”席卷全国，邓小平受到毛泽东的严厉批评，国内政治局势急转直下。1976年1月和9月，周恩来、毛泽东相继去世。同年10月粉碎江青集团以后，极“左”势力被彻底清除，“文化大革命”宣告结束。文革的结束在一定程度上标志着中国国内动荡的政治局势彻底平静。

1977年7月21日，中共中央十届三中全会决定，恢复邓小平中共中央委员、

① 1968年春，在外交部受到极“左”势力严重冲击、陈毅副总理遭受迫害的情况下，外交部一批工作人员联合签名写了一张保护陈毅的大字报。当时被称为“九十一人大字报”。

② 李捷：《从解冻到建交：中国政治变动与中美关系》，载宫力、[美]威廉·C. 柯比、罗伯特·S. 罗斯主编：《从解冻走向建交：中美关系正常化进程再探讨》，中央文献出版社2004年版，第277页。

中央政治局委员、常委、中共中央副主席，中共中央军委副主席，国务院副总理，中国人民解放军总参谋长的职务。此时，中央重新确立以国内经济建设为全国的工作重点。而迅速扩大对外开放、缩短同世界发达国家差距的“民意诉求”也越来越强烈。从1978年起，中国改变了“文化大革命”后党政领导人很少出访的状况。这一年，副总理、副委员长以上的领导人21次率团出访，共到达51个国家。1978年也是邓小平出访最多的一年，他先后4次出访了7个国家。[①]这些出访不但改善了我国的对外形象，而且还使领导人对国际形势有了直接和全面的了解。其中感受最为强烈的，就是中国在经济和科学技术上同世界先进水平的巨大差距。

1978年5月17日，国务院成立了引进新技术领导小组。随即，国务院高级官员先后赴西方发达国家进行考察。其中最重要的是1978年5月2日至6月11日，国务院副总理谷牧率领的中国政府经济考察团，访问了法国、瑞士、比利时、丹麦、联邦德国。出访西欧前夕，邓小平曾专门要求他们，“详细地做一番调查研究，看看人家的现代工业发展到什么水平了，也看看他们的经济工作是怎么管的，资本主义的先进经验，我们应当把它学回来。”[②]

1978年7月6日至9月9日，国务院召开务虚会，研究加快中国四个现代化的建设速度问题。会议强调，要放手利用国外资金，大量引进国外先进技术设备。期间，谷牧等出访回来的领导人介绍了国际形势和国外发展经济的经验。国务院副总理姚依林引用了列宁讲过的“在狼群中要学会狼叫”的名言，以此来说明和资本主义国家打交道，就要懂得他们那一套。[③]

同年9月5日至10月22日，国务院召开全国计划会议，安排1979年、1980年的经济计划。会议确定，经济战线必须实行三个转变。其中第三个转变，就是从那种不同资本主义国家进行经济技术交流的闭关自守或半闭关自守状态，转到积极地引进国外先进技术，利用国外资金，大胆地进入国际市场的开放政策上来。[④]

① 1978年是邓小平出访最多的一年，他先后4次出访7个国家：1月至2月，访问缅甸、尼泊尔；9月，访问朝鲜；10月，访问日本；11月，访问泰国、马来西亚和新加坡。

② 《大型电视文献纪录片〈邓小平〉解说词》，中央文献出版社1997年版，第191页。

③ 《于光远访谈录》，载陈敬主编：《经济理论20年——著名经济学家访谈录》，湖南人民出版社1999年版，第12页。

④ 国务院召开的全国计划会议提出，经济工作必须实行三个转变：一是把注意力转到生产斗争和技术革命上来；二是把管理制度和管理方法转到按照经济规律办事的科学管理轨道上来；三是从闭关自守或半闭关自守状态转到积极引进国外先进技术，利用国外资金，大胆进入国际市场的开放政策上来。相关论述见房维中：《中华人民共和国经济大事记（1949-1980）》，中国社会科学出版社1984年版，第605-606页。

转变的实质，就是要使中国在融入国际社会的进程中取得更大的经济成就。

正是在这种对内改革、对外开放的潮流推动下，1978年12月18日至22日，党的十一届三中全会在北京召开。全会作出了把全党工作的重点转移到社会主义现代化建设上来的战略决策。此后，在国内政局稳定的基础之上，中国的经济建设也大刀阔斧地向前挺进。

第二节　中国领导人对文化结构的认知及中国的身份定位

进入20世纪70年代，中国领导人对时代主题的认知发生了根本变化，对国家身份有了更加务实的判断，同时主动对外交政策进行重大调整。其中，深化以联合国为核心的国际组织战略就是这一调整的重要内容。这些转变，不仅为国内的经济建设创造了一个良好的国际环境，而且客观上提升了中国的国际地位。

一、对时代主题的认知——“和平与发展”

经过20世纪70年代的观察与酝酿，进入80年代，邓小平敏锐地洞见时代主题的变化，最终形成了“和平与发展”的新论断。从此，中国外交从以斗争为核心的决策观念转变为以合作为核心的决策观念。战争的可避免性、对手的可合作性、国际组织的可利用性都是中国战略文化变革的重要表现。1984年5月29日，邓小平在会见巴西总统若昂·菲格雷多时，首次提出，“现在世界上问题很多，有两个比较突出。一是和平问题，二是南北问题。”①10月31日，邓小平在会见缅甸总统吴山友时说：“国际上有两大问题非常突出，一个是和平问题，一个是南北问题。还有其他许多问题，但都不像这两个问题关系全局，带有全球性、战略性的意义。”②1985年3月4日，邓小平在会见日本商工会议所访华团时，从政治和经济角度对和平问题和南北问题作了进一步说明。他指出，“现在世界上真正的大问题，带全球性的战略问题，一个是和平问题，一个是经济问题或者说发

① 《维护世界和平，搞好国内建设》，载《邓小平文选》第3卷，人民出版社1993年版，第56页。
② 《和平共处原则具有强大生命力》，载《邓小平文选》第3卷，人民出版社1993年版，第96页。

展问题。和平问题是东西问题，发展问题是南北问题。概括起来，就是东西南北四个字。南北问题是核心问题。”①可见，到20世纪80年代中期，邓小平对时代主题的判断已基本成型。新时代主题要求中国集中精力做好两件事情：一是维护世界和平，二是建设国家，而后者处于更为重要的地位。

具体而言，“和平与发展”的时代主题有三层含义：第一，对战争形势的基本判断是世界大战打不起来。1977年12月28日，邓小平在中央军委全体会议上首次提出了“战争可能延缓”的论断。他指出，“国内形势确实是好的。……国际形势也是好的。我们有可能争取多一点时间不打仗。”②以此判断为基础，1980年3月12日，邓小平在中央军委常委扩大会议上提出，要尽可能地减少军费开支来加强国家建设。1985年6月4日，邓小平在中央军委扩大会议上系统地阐述了对世界战争与和平问题的新认识。他说：“世界和平力量的增长将超过战争力量的增长。……在较长时间内不发生大规模的世界战争是有可能的，维护世界和平是有希望的。”[3]此日，中国宣布裁军100万，约占当时中国军队人数的四分之一，11个大军区减为7个。百万大裁军标志着中国国防和军队建设从此步入了和平建设时期的新轨道。

第二，反对霸权主义是维护世界和平的核心问题。邓小平继承了毛泽东的观点，认为霸权主义是世界战争的根源。只要霸权主义存在，世界战争的危险就依然存在，所以反对霸权主义就是维护世界和平。④1982年8月21日，邓小平在会见联合国秘书长德奎利亚尔时指出，“中国是联合国安理会的常任理事国，中国理解自己的责任。有两条大家是信得过的，一条是坚持原则，一条是讲话算数。我们不搞政治游戏，不搞语言游戏。”中国在政治上不爱好打牌，“中国的对外政策是一贯的，有三句话，第一句话是反对霸权主义，第二句话是维护世界和平，第三句话是加强同第三世界的团结和合作。”⑤邓小平强调，中国将“坚持独立自主的和平外交政策，不参加任何集团。同谁都来往，同谁都交朋友，谁搞霸权主义我们就反对谁，谁侵略别人我们就反对谁。我们讲公道话，办公道事。”⑥

① 《和平和发展是当代世界的两大问题》，载《邓小平文选》第3卷，人民出版社1993年版，第105页。

② 《在中央军委全体会议上的讲话》，载《邓小平文选》第2卷，人民出版社1994年版，第77页。

③ 《在军委扩大会议上的讲话》，载《邓小平文选》第3卷，人民出版社1993年版，第126-127页。

④ 叶自成：《新中国外交思想：从毛泽东到邓小平——毛泽东、周恩来、邓小平外交思想比较研究》，北京大学出版社2001年版，第99-105页。

⑤ 《中国的对外政策》，载《邓小平文选》第2卷，人民出版社1994年版，第415页。

⑥ 《争取整个中华民族的大团结》，载《邓小平文选》第3卷，人民出版社1993年版，第162页。

"作为一个社会主义国家，中国永远属于第三世界，永远不能称霸。"①

第三，对发展问题进行了系统表述。邓小平对发展问题的集中表述是在1974年4月召开的第六届特别联大会议上。他指出，"原料和发展问题的实质，就是发展中国家维护国家主权，发展民族经济，反对帝国主义、特别是超级大国的掠夺和控制的问题。"邓小平的发展观念包括：首先，第三世界的国家要发展自己的经济，首要的前提是维护政治独立。其次，发展中国家之间的经济合作具有特别重要的意义。最后，发展中国家在独立发展经济方面拥有巨大的潜力，要根据自己的特点和条件，独立自主、自力更生。邓小平特别强调，"自力更生决不是'闭关自守'，拒绝外援。各国应在尊重国家主权、平等互利、互通有无的条件下，开展经济技术交流，取长补短，对于发展民族经济，是有利的和必要的。"这一理念为中国广泛吸纳联合国等国际组织的经济技术援助提供了政治基础。②

可见，"和平与发展"的时代主题论是邓小平以深邃的世界眼光做出的战略判断。这一时代主题指导中国政府把工作重心从"备荒备战"转移到经济建设上来，并确立了"经济发展"在国家利益层面中的突出地位。此时，国家的现实利益主要是经济利益，经济利益决定国家前途。为此，邓小平强调要充分调动人民群众的积极性，来服务于经济建设这个大局。

二、对世界格局的认知——"世界多极化"

"世界格局"的英文释译为"Configuration of world power"。其中，"world power"指具有世界影响力的力量或力量中心，"Configuration"指上述力量进行配置后所形成的稳定战略结构。自20世纪70年代开始，除美苏两极外，世界又出现了新的力量中心。日本和西欧的复兴，中国以及其他第三世界国家实力的增长使美苏两国无法像战后初期那样"随心所欲"地控制世界。1971年7月6日，尼克松在堪萨斯城的讲话中承认，世界上发生了"非常重大的变化"，出现了美国、西欧、日本、苏联和中国"五大力量中心"。

由此，世界步入多极化发展轨道。邓小平对世界格局做出了"未来世界是

① 《实现四化，永不称霸》，载《邓小平文选》第2卷，人民出版社1994年版，第112页。

② 《邓小平团长在一般性辩论中的发言（1974年4月10日）》，载《我国代表团出席联合国有关会议文件集（1973.7-1974.7）》，人民出版社1974年版，第1-14页。

多极的世界”的科学论断，并且认为“所谓多极，中国算一极。中国不要贬低自己，怎么样也算一极。”[①]邓小平有关“世界多极化”的判断是一个系统的理论体系，即“一、二、三、五体制”。“一”：从综合国力来看，美国是唯一的超级大国；“二”：从军事力量来看，美国和俄罗斯是军事上的两极；“三”：从经济力量来看，美国、西欧、日本是经济上的三极；“五”：从政治实力上看，美国、西欧、日本、中国和俄罗斯是政治上的五极。

两极格局中，世界各国主要以意识形态确定自己的战略取舍，甚至会牺牲经济利益以维护国家政治利益。然而，在世界多极化进程中，经济因素在国际关系中的地位不断上升，各国间意识形态的界限逐渐模糊甚至淡化，经济利益在国家战略决策中的主导地位日益突出。正如上文指出的，世界的和平与发展，既取决于“多极”实力的相互平衡和制约，但更为基本的，还是取决于世界和平力量自身实力的增长。因此，中国领导人特别强调，建立国际经济新秩序与建立国际政治新秩序一样，是同等重要的战略问题，因为各国经济的普遍发展是世界多极化的物质驱动力。这一时期，中国积极推动建立公平、合理、互利、合作的国际经济新秩序。早在1974年4月，在联合国大会第六届特别会议上，中国代表团团长邓小平在发言中坚决支持发展中国家关于国际贸易应在平等互利、互通有无、国家不分大小、贫富一律平等的原则基础上，由世界各国共同管理的要求。在中国和广大发展中国家的共同努力下，这次联大特别会议最终通过了《关于建立新的国际经济秩序的宣言》和《行动纲领》，这是发展中国家以国际组织平台谋求经济独立的重大举措，由此改变了发展中国家“一吨钨矿砂只能换一两件连衣裙，一桶石油只能换几瓶可口可乐”的经济不平等状况。

1988年10月5日，邓小平会见肯尼亚总统莫伊时指出，建立国际经济新秩序“不仅是发展中国家的要求，也应该是发达国家的要求”，因为“从长远讲，发达国家的发展不能建立在发展中国家继续落后的基础上。”[②]12月21日，邓小平在会见印度总理拉吉夫·甘地时进一步强调，“世界上现在有两件事情要同时做，一个是建立国际政治新秩序，一个是建立国际经济新秩序。”[③]三天后，中共中央政治局第十四次会议在讨论当前国际形势和我国对外工作时指出，我们要

① 《国际形势和经济问题》，载《邓小平文选》第3卷，人民出版社1993年版，第353页。

② 《邓小平会见莫伊时说建立国际经济新秩序符合各国利益》，《人民日报》，1988年10月6日，第1版。

③ 《以和平共处五项原则为准则建立国际新秩序》，载《邓小平文选》第3卷，人民出版社1993年版，第282页。

积极推动国际形势朝着长期缓和的方向发展，积极倡导在和平共处五项原则的基础上建立国际政治新秩序和在平等互利的基础上建立国际经济新秩序。

世界格局多极化将是一个充满矛盾与曲折的过程。但无论怎样，多极化趋势不可阻挡。此外，中国也逐渐认识到“联合国是国际政治风云的一个大晴雨表。当今世界多极化趋势，也毫无例外地会在这个晴雨表上显示出来。”

首先，联合国的作用，特别是安理会内五个常任理事国作为一个集体的作用显著增强。随着多极化趋势的发展，许多全球性的政治、经济和社会问题已非一两个超级大国所能解决，必须也只有通过联合国以多边方式寻求解决途径。苏联接受联合国对阿富汗问题的调解以及美国在1987年调解两伊冲突的过程中表现的迫切心情和主动性，均表明它们虽然各自都想摆脱和解决这些问题的困扰，却又感到力不从心，因此不得不借助联合国的力量，特别是联合国内其他大国的力量。从调解两伊冲突开始，五大国逐渐形成了一种新型的磋商机制，即对一些重大问题先在这五国内部进行磋商，酝酿出一致的意见，然后在充分征求非常任理事国的意见并考虑到广大联合国成员国意愿的基础上，提交安理会讨论并形成决议；在实施决议遇到问题和困难时，五大国基本上能保持团结一致的立场，从而大大加强了安理会的地位和权威性。这种情况，在美国操纵联合国或美苏在联合国内采取“你赞成，我必反对”的对抗时代，很难延续。

其次，美苏各自的盟国独立自主的倾向进一步发展。在美苏尖锐对峙的年代里，东西方两大集团基本上都各自保持用一个声音说话，形成两军对垒的局面。可是，从第四十二、四十三两届联合国大会开始，这种情况已有了显著改变。欧洲共同体在诸如中美洲、中东等问题上表现出与美国明显不同的立场，对和平解决这些地区冲突问题采取了较为积极的支持态度。1987年，苏联提出建立全面安全体系的提案，有些东欧国家虽然投了赞成票，但既不表态也不很热情。

第三，在维护本地区利益基础上形成的地区集团更趋活跃。拉美集团、非洲集团和东南亚联盟在审议中美洲问题、南部非洲问题和柬埔寨问题上各自发挥着极为重要的作用。1987年10月，在美洲国家组织开会前夕，拉美国家担心美国在会上对8月7日签署的中美洲和平协议提出不利条件，于是便要求联大召开紧急会议，提前审议中美洲局势。在联大讨论中东问题和巴勒斯坦问题时，阿拉伯国家内部也加强了协调，增强了团结，步调一致。[①]

“世界多极化”格局观改变了中国领导人以往两分或者三分世界的方法。此外，中国外交的“敌友观念”被“是非曲直观念”所取代。对于一切国际事务，都从中国人民和世界人民的根本利益出发，根据事情本身的是非曲直，决定自己的立场和政策，不屈从于任何外来压力。中国不同任何大国或国家集团结盟，不搞军事集团，不参加军备竞赛，不进行军事扩张。中国在外交上不再有明确的对手或敌人，而是广交天下朋友，由以前侧重与社会主义、第三世界国家发展关系，转变为与不同发展水平、不同意识形态的国家、国际组织普遍建立并发展互利合作关系。中国国家身份定位也完成了由“革命的社会主义国家”向“最大的发展中国家”的转变进程。

三、“最大的发展中国家”的身份定位与“重要一极”的客观结果

进入20世纪70年代，中国领导人以“现代化”目标替代“革命”取向，中国的国际组织战略是融入而非挑战现存国际秩序，同时准确定位自身为“最大的发展中国家”。这一身份定位包含三层含义：第一，明确中国将长期处于社会主义初级阶段，这是中国最基本的国情、最大的实际。因此，这一阶段的根本任务就是发展生产力。第二，客观认识中国现阶段的发展程度。邓小平指出，“中国是个大国，又是个小国。所谓大国就是人多，土地面积大。所谓小国就是中国还是发展中国家，还比较穷。”[②]因此，中国在国际社会中既不能妄自尊大，又不必妄自菲薄。第三，准确评估中国的国际作用，邓小平说：“我们在国际事务中起的作用的大小，要看我们自己经济建设成就的大小。如果我们国家发展了，更加兴旺发达了，我们在国际事务中起的作用就会大。现在我们在国际事务中起的作用并不小。但是，如果我们的物质基础、物质力量强大起来，起的作用就会更大。”[③]可见，上述三点内容的逻辑链条就是中国的发展水平、经济实力。由此，中国领导人开始以经济视角审视自身作用与角色。

① 《从联合国看多极化趋势》，《人民日报》，1989年6月7日，第3版。
② 《革命和建设都要走自己的路》，载《邓小平文选》第3卷，人民出版社1993年版，第94页。
③ 《目前的形势和任务》，载《邓小平文选》第2卷，人民出版社1994年版，第240页。

“最大的发展中国家”的身份定位使中国以更加务实的精神参加以联合国为主体的国际秩序建设。虽然这一时期中国的外交行为表现出更强的自主性特征，但由于实施真正的不结盟政策，使中国在中美苏大三角中处于一个极为有利的地位，成为美苏竞相拉拢的“宠儿”。在美苏大国眼中，中国是不可忽视的战略力量。

与此同时，中国领导人强调中国在国际社会中不仅代表第三世界国家利益，也代表广大发展中国家的利益。中国大力支持并推动建立国际政治经济新秩序，赢得了国际社会的信赖和支持。所以，中国成为名副其实的“多极世界中的重要一极”。

中国的良好声誉使天下朋友“近者悦，远者来”。事实上，中华人民共和国恢复联合国席位后不久，便迎来了“第三次建交高潮”。①1965年至1970年的六年时间里，与中国建交的国家只有7个，而1971年与中国建交的国家就有15个，1972年更是达到18个，在此后的若干年中，中国以平均每年3-4个新建交国家的速度稳定地发展对外关系。在70年代与中国建交的国家总数达71个。②

中国与其他各“极”的关系也得到了不同程度的调整与改善。1972年2月21日，美国总统尼克松访问中国，28日在上海发表《中美联合公报》，两国走上关系正常化道路。1978年12月16日，中美两国发表了《中美建交公报》，美国接受了中国提出的建交三原则：美国与台湾当局“断交”、废除《共同防御条约》、从台湾撤军。1979年1月1日，两国正式建立大使级外交关系。1979年1月28日，正值中国农历的大年初一，时任国务院副总理的邓小平应邀出访美国，成为三十年来第一位访问美国的中国领导人。

1972年9月25日，日本田中角荣首相访华，29日，两国政府发表《中日联合声明》，中日实现邦交正常化。1978年8月12日，中日两国又签署了《中日和平友好条约》。10月22日至29日，邓小平为出席在日本东京举行的《中日和平友好条约》批准书互换仪式对日本进行了正式友好访问。1979年12月5日，大平正芳首相访华，承诺向中国提供第一批政府贷款，中日关系得到了进一步的发展。

---

① 建国初期，新中国外交确立的“另起炉灶”、“打扫干净屋子再请客”、“一边倒”三大方针，并迎来了“第一次建交高潮”。1949年至1955年间中国与26国建立外交关系，这些国家主要是苏联为首的社会主义国家及新生民族独立国家。从50年代后期至60年代末，中国大力支持亚非拉人民争取和维护民族独立的正义斗争，加强同他们的政治、经济合作；不断发展同周边国家的睦邻友好关系，同一些邻国解决了历史遗留的边界问题。随着中法建交，中国同西欧国家的关系也取得了进展。这一时期，新中国迎来了“第二次建交高潮”。

② 曲星：《中国外交五十年》，江苏人民出版社2000年版，第315页。

同一时期，中国同西方各国也出现了建交高潮。自1970年起，中国先后同意大利、奥地利、比利时、希腊、联邦德国、冰岛、卢森堡、西班牙、葡萄牙、爱尔兰等西欧国家建立了外交关系。中英、中荷关系升格为大使级外交关系。1975年5月6日，中国与欧洲经济共同体建立了正式外交关系。同年9月，中国在布鲁塞尔设立驻欧洲经济共同体使团。与此同时，中国还同加拿大、澳大利亚、新西兰实现了关系正常化。到1979年底，同中国建交的国家已达120个，中国的朋友遍及五大洲，国际地位空前提高。

第三节　中国国家利益及其对联合国的外交行为特点

“一九七一，十一月十一，万里大江横渡，一望长空尽碧。此去欲何为？擒虎子，入虎穴！”率领中国代表团前往纽约参加联合国大会的外交部副部长乔冠华在飞机上满怀壮志地写下了这首词，表明了中国在联合国“大显身手”的决心。恢复中国在联合国合法席位斗争的胜利，是国际局势发展的历史必然。正所谓“大势所趋，人心所向”。由此，中国在联合国舞台开始以更加平和的心态审视自身利益及其与联合国之间的关系。

一、中国国家利益突显经济利益

在“和平与发展”的时代主题下，人们普遍认识到：国家力量较量，已经不再是穷兵黩武式的军事冲突，而是在经济实力上一比高下。罗伯特·帕斯特（Robert A. Pastor）曾指出，“20世纪初，大国要的是帝国；20世纪末，它们要的是市场。”①

邓小平所指的国家利益更多偏重经济因素。从20世纪70年代开始，邓小平针对“文化大革命”以“阶级斗争为纲”的“左”倾错误曾反复指出，“社会主义现代化建设是我们当前最大的政治，因为它代表着人民最大的利益、最根本的利

① [美]罗伯特·帕斯特：《世纪之旅：七大国百年外交风云》，胡利平等译，上海人民出版社2001年版，第347页。

益。”[①]这样，邓小平就把经济发展确立为这一历史时期中国国家利益的核心。1982年9月1日，邓小平在中国共产党第十二次全国人民代表大会上致开幕词时提出，“加紧社会主义现代化建设，争取实现包括台湾在内的祖国统一，反对霸权主义、维护世界和平，是我国人民在八十年代的三大任务。在三大任务中，核心是经济建设，它是解决国际、国内问题的基础。”[②]

经济发展是指伴随着经济结构和社会体制变革的经济增长，它不仅意味着产出的增长，还意味着产出增加而出现的产出和收入结构上的变化，以及经济条件、社会条件的变化。对中国来说，发展经济的目的：一是国富，二是民强，此外还具有高度的道德性，用传统中国儒家的“勤政爱民”思想作为中国领导人自觉实现经济发展的动力源泉。邓小平多次谈到，“人民生活确实好起来了，国家兴旺发达起来了，国家信誉高起来了，这是最大的事情。”[③]

国外学者评价，“从1949年革命以来，中国有四个主要的国内外目标。这就是国家安全、现代化、把周边地区与大陆统一起来和按照自己的形象建设世界。”安全方面，中国原以为通过自力更生再加上与大国结盟就能获得有效的保障。而进入80年代，中国更愿意执行一条与所有国家保持友好关系的独立自主外交政策。国家统一是中国外交政策的第三个目标，1951年统一西藏就是这种政策的实例。但第四个目标在这一时期还没有能力实现。因此，中国在80年代的突出目标就是实现现代化，“现代化，无疑是个国内的目标。但它对外交政策的影响是巨大的。这取决于这个国家采取的发展模式。如果采取自力更生的发展模式，则现代化对外交政策的冲击微乎其微；但若发展模式是较为开放的并和国际经济体系有较多的相互作用，那就会对外交政策有相当大的冲击。从1980年起，中国领导人已把中国的经济从前一种模式改为后一种模式。”[4]可见，改革开放后，实现现代化已成为中国国家利益的当务之急。

中国的经济发展，亦是冲破自我封闭的樊笼，自信地走向世界的过程，即积极参与全球治理的过程。把国内改革与对外开放有机地结合在一起，反映出邓小平对中国所处时代的一种深刻把握：在世界多极化的背景下，国内事务与

① 《坚持四项基本原则》，载《邓小平文选》第2卷，人民出版社1994年版，第163页。

② 《中国共产党第十二次全国代表大会开幕词》，载《邓小平文选》第3卷，人民出版社1993年版，第3页。

③ 洪兵：《国家利益论》，军事科学出版社1999年版，第268页。

④ [瑞士]哈里什·卡普尔：《觉醒中的巨人——一个外国人看新中国前三十年的外交政策》，彭致斌译，国际文化出版公司1987年版，第3-6页。

国际事务已经不可分割地联系在一起，对内改革和对外开放其实已经是一个硬币的两面。

将经济利益置于国家利益的首位，是中国外交战略成熟的重要标志之一。与毛泽东所张扬的革命性相比，邓小平外交思想更强调依靠自身“去弊除疾”、“强体健身”来增进国家利益。①对主权与安全的实现途径除备战、防范外，更加入了国力提高和自我改造的内涵，即依靠自身发展以规避或减少内外部压力。当然，关心经济利益并不意味着放弃或忽视政治利益，而只是强调在国家主权与安全有所保障的时候，人民的双手需要拿起“锄头”，而必须将“长茅”放在一边。

对经济利益的关注也导致中国的外交风格发生转变，由“冲突对抗”转向“互利合作”。国际社会对此予以广泛关注，并给予高度赞赏，“过去革命的、给人以好战形象的词汇，已经被温柔的、务实的、不事张扬的语言所代替；而在早期中国外交行事方式中通常居主导地位的威吓性和教训性的调子也不复存在，取代它们的是谦虚、谨慎的思想开放。”②这些都预示中国将以更加务实、开放的心态在国际舞台上发挥重要作用。

二、中国对联合国的外交行为特点：参与、合作

1971年10月25日，中国恢复在联合国的合法席位，标志着中国获得更广泛的国际承认，中国从此主张以渐进、和平、民主的方式促进国际秩序的建设，而不是另起炉灶。③但由于对联合国机制的不熟悉，中国对联合国的怀疑并没有立即消除。故20世纪70年代，中国对联合国的外交政策显示出谨慎的“选择性参与”特征。正如一位联合国代表指出，中国人在联合国的行为是“他们来了，他们笑了，他们走了”。这一时期，中国更加关心联合国能为中国做些什么，关注如何最大效用地使用联合国工具以实现自身经济发展。

（一）20世纪70年代，中国对联合国的外交行为：选择性参与

毛泽东在1971年的冬天说过，今年我们有两件喜事：一个是林彪自我毁灭，

① 王逸舟：《全球政治和中国外交》，世界知识出版社2003年版，第48页。

② [瑞士]哈里什·卡普尔：《觉醒中的巨人——一个外国人看新中国前三十年的外交政策》，彭致斌译，国际文化出版公司1987年版，第1-3页。

③ 喻希来：《21世纪中国现代化议程》（下），《战略与管理》，2001年第4期，第1-12页。

一个是恢复我在联大席位。由此可见，毛泽东对中国恢复联合国席位这一具有战略意义的外交胜利，给予高度的评价。[①]在毛泽东、周恩来的亲自过问下，很快组成中国出席第二十六届联大代表团。11月8日晚，代表团成员及部分工作人员，由周恩来带领到中南海毛泽东住处，受到毛泽东的亲切接见。事实上，毛泽东接见一个由副外长带队出席国际会议的代表团，听取汇报并面授机宜，这还是第一次。可见，中国领导人对恢复联合国合法席位是多么重视。[②]

1. 第三世界在联合国扬眉吐气

自恢复联合国席位起，中国对自身以及对联合国的观念也发生改变：中国需要安定、发展，贫穷落后不是人民需要的社会主义，而安定和发展的局面必须在与国际社会的交流合作中实现；现有的国际体制并不尽如人意，但中国需要，也不能不与之合作。由此，中国领导人认为参加联合国工作会在更大程度上改变联合国被个别大国把持的局面，并从根本上改变联合国的面貌。

第三世界国家的崛起，是战后世界格局变化中的一个重要因素。1955年亚非国家万隆会议发表了促进世界和平与合作的宣言，制定了著名的万隆会议十项原则，表达了亚非国家团结起来，反帝反殖、争取和维护民族独立、发展民族经济的决心，标志着亚非国家的觉醒和第三世界的兴起。随着民族解放运动的蓬勃发展和不结盟运动的成立，大批新独立国家进入联合国。 20世纪70年代初期以后，第三世界国家在联合国成为压倒多数，中国始终不渝地同第三世界互相支援，正是由于中国与第三世界国家的积极努力，从实质上促成联合国和平性质的恢复。联合国初建时，在51个创始成员国中，亚非国家只有13个。几乎占全世界人口三分之一的人民当时正处在殖民统治的枷锁之下。20世纪40年代后期和50年代是亚洲崛起时期，中国革命的胜利大大推动了民族解放运动的蓬勃发展。60年代非洲大陆迅速觉醒。到70年代，已有70多个新独立国家加入了联合国。80年代初，联合国成员国已增至157个，其中第三世界国家约占三分之二以上，联合国的成份发生了巨大变化。

这些国家掌握着“多数”优势，以不结盟集团、七十七国集团、非洲统一组

① 《历史的裁决——庆祝中国恢复联合国合法席位25周年》，《人民日报》，1996年10月23日，第6版。

② “重视”的另一表现是：毛泽东请周恩来亲自挂帅，抓紧时间准备在联合国大会的第一篇发言稿。毛泽东说：“1950年，我们还是‘花果山时代’。伍修权在安理会讲话，题目叫做《控诉美国武装侵略中国领土台湾》。控诉就是告状，告‘玉皇大帝’的状。那个时候‘玉皇大帝’神气十足，不把我们放在眼里。现在不同了，‘玉皇大帝’也要光临花果山了。这次你们去，不是去告状，是去伸张正义，长世界人民的志气，灭超级大国的威风。第一篇发言稿就要讲出这个气概。”相关论述见熊向辉：《我的情报与外交生涯》，中共党史出版社1999年版，第347-348页。

织、阿拉伯联盟、东盟和其他地区性组织，活跃在联合国的政治、经济、社会、法律等各个领域。第三世界在联合国同超级大国的霸权主义，展开了持续不断的斗争，逐渐改变了超级大国控制联合国的局面。“超级大国的表决机器失灵了，它们任意摆布弱小国家的命运和为所欲为的时代一去不复返了。”

第三世界积极要求在联合国主要机构中享有公平的代表权和决策权。根据1965年开始生效的宪章修正案，安理会非常任理事国从6个增至10个，总务委员会副主席由13名增至17名，1973年经社理事会理事国由原来的18国增至54国（截止1982年12月）。在这些机构中，第三世界的名额都得到了增加。①所以70年代之后，在广大第三世界国家和中小国家影响下，联合国通过了一系列有利于反对侵略、维护世界和平、反对种族主义等有利于第三世界国家的动议，形成了对超级大国的政治压力。1974年巴解主席阿拉法特出席联大，巴解获得联合国观察员地位。之后通过的《国际法原则宣言》、《海洋法公约》草案等等无不反映了第三世界国家的愿望，推动了南北会谈、南南合作，动员了广大第三世界国家为争取建立国际经济新秩序而不懈努力。在制止侵略、维护世界和平方面，第三世界国家相互支持，联合国多次谴责了苏联和越南对阿富汗和柬埔寨的侵略，要求它们从被占领的别国领土上撤出军队；呼吁各国对南非种族主义当局进行制裁，给予纳米比亚独立。联合国还举行裁军特别会议，要求两个超级大国停止军备竞赛、实现裁军。所有这一切，广大第三世界起了重要的作用。

2．中国为联合国注入活力

中国参加联合国工作受到了国际舆论的普遍重视。1971年11月15日，当以乔冠华为团长的中国代表团第一次出席联合国大会时，受到了各国代表团的热烈欢迎。各国代表在发言中对中国在联合国中将起的作用寄予厚望，“没有中国的参加，联合国就是徒有其名。没有中国积极的、建设性的作用，世界上出现的诸如裁军、国际安全、和平，特别是东南亚的和平等紧迫问题就不能得到解决。不论是谋求实现宪章中所规定的目标和宗旨的联合国也好，或者是有着不同制度和政策的世界各国也好，都少不了中国。”②

确实，在超级大国争夺世界霸权，第三世界、发展中国家意志被忽视，作用被排斥时，中华人民共和国恢复了联合国的合法席位及安理会常任理事国的地

① 《第三世界在联合国扬眉吐气》，《人民日报》，1982年12月3日，第6版。

② 《历史潮流不可抗拒——关于恢复我国在联合国合法权利的斗争》，人民出版社1971年版，第29页。

位，给联合国注入了活力。就在1971年第二十六届联大期间，中国代表在联合国大会、安理会等有关委员会就当时的东巴基斯坦问题、裁军问题、中东问题、葡萄牙入侵几内亚、罗得西亚局势、非洲的种族歧视等一系列重大国际问题上，阐述了与美苏超级大国观点截然不同的看法。

1971年12月，联合国安理会就南亚次大陆的紧张局势召开紧急会议，苏联滥用否决权，连续两次否决了要求印巴立即停火、撤军的提案。会议期间，中国代表黄华指出，苏联代表纠缠不休地又一次提出这个所谓“孟加拉国代表”的问题，其用意是为了阻挠安理会的工作，所谓“孟加拉国”不过是“印度扩张主义者和苏联社会帝国主义者口袋里的傀儡。”①中国政府的正义立场得到了广大发展中国家的理解与支持。在1974年举行的第六届特别联大上，邓小平副总理代表中国向全世界庄严宣告：中国现在不是，将来也不做超级大国，如果中国有朝一日变了颜色，变成了一个超级大国，也在世界上称王称霸，到处欺负人家、侵略人家，世界人民就应当揭露它、反对它，并且同中国人民一道，打倒它。②迄今为止，还没有任何别的大国敢以如此坦荡的态度表明自己反对霸权主义的决心。

经济上，作为发展中国家的一员，中国特别注意在联合国内反映发展中国家的呼声，并与广大发展中国家团结一致、相互配合，使联合国通过了一系列保护发展中国家权益的决议，以至于美国攻击这一时期的联合国是“多数暴政”。特别是，中国与发展中国家密切合作使联合国建立了进行多边经济合作的制度性保障。例如，1974年5月1日，联合国大会第六届特别会议通过了《关于建立新的国际经济秩序的宣言》。同年12月12日，联大又通过了《经济权利与义务宪章》，该宪章规定，各国的一般义务是“进行合作以促进较为公平合理的国际经济关系，并在一个均衡的世界经济意义上鼓励结构变革，要符合所有国家特别是发展中国家的需要和利益。”上述成果恰好反映了联合国从70年代开始发生的深刻变革，而这一变化与中国在联合国中的作用是分不开的。

3．“不参加投票”与选择性参与

客观地说，20世纪70年代初期，中国对联合国仍持谨慎态度。周恩来在接受日本《朝日新闻》采访时说：“中国有句老话：‘临事而惧’。我们对联合国还不那

① 《联合国安理会再次就印度侵巴的紧张局势举行紧急会议，苏联又否决一项要求印巴停火撤军提案，马立克极其丑恶的表演和无赖行径激起许多代表的不满和反对》，《人民日报》，1971年12月15日，第5版。

② 《邓小平团长在一般性辩论中的发言（1974年4月10日）》，载《我国代表团出席联合国有关会议文件集（1973.7-1974.7）》，人民出版社1974年版，第1-14页。

么熟悉，所以一定要谨慎。”[①]因此，在恢复联合国席位初期，中国的行为“具有高度选择性和象征性”，更多的是谈论抽象原则，且冷静旁观多于实际参与。

选择性参与的突出表现是中国“不参加投票”。中国在联合国安理会的投票行为可以概括为对联合国议案的评价、对自身国家利益的界定、对联合国的认同感等相关内容的主观判定与客观选择。面对纷繁复杂的国际形势，20世纪70年代，中国常常处于两难境地，因此频繁实践“不参加投票”。外交学院院长吴建民是中国恢复联合国合法席位后常驻联合国的第一批外交官。他说：“我们刚恢复联合国合法席位的时候，很多事情都不参与。觉得跟我们没关系，对裁军、人权都不感兴趣，不参加。所以中国恢复合法席位后发明了一个新东西，就是‘不参加投票’。”[②]从1971年11月24日到1976年12月22日止，安理会的158次表决中，中国有46次未参加投票，占29%，居各常任理事国之首。[③]

从“选举政治”角度分析，“不参加投票”的原因主要有：1．从“经济人”角度出发，当投票行为的预期收益小于投票成本时，国家倾向于选择不投票。2．当对投票的实际效果估计不乐观时，国家倾向于不投票。3．当可供选择的对象区别不大时，国家倾向于不投票。具体到中国，实践“不参加投票”的原因主要在于：1．在重返联合国之初，中国尚处在“文革”的阵痛之中。极“左”思维仍有很大影响力，中国代表团也未能幸免。2．由于在恢复席位前对联合国长期疑虑的惯性，中国政府还不愿意驻联合国代表过多表态，“如果你说了一句话出纰漏，大使是要负责的，所以往往多一事不如少一事，基本都不太发言。”[④]3．中国第一次如此全面地深入到国际生活之中，并成为一个举足轻重的角色。中国需要学习的东西很多，在最初的工作中，中国很少主动发表意见。只是在被要求对个别问题发表看法时才表露自己的具体观点。[⑤]4．作为安理会中唯一的社会主义国家、发展中国家，中国同其他国家在意识形态、文化传统上存在着巨大的差异，因而在处理具体问题时也常常会有一些独特的考虑。中国在处理与联合国的关系中既要坚定维护原则，又要努力保证联合国能够发挥独特作用。

① 熊向晖：《我的情报与外交生涯》，中共党史出版社1999年版，第351页。

② 联合国的传统投票方式有三种：赞成、反对和弃权。从旧金山制宪大会开始，针对《联合国宪章》中的否决权条款，有了第四种方式：不参加表决以示不满。中国的第五种方式，是参加表决，但是既不赞同，也不反对和弃权，就是静坐不投。因此，“不参加投票”也被称作“第五种投票方式”。

③ Samuel S. Kim, *China, the United Nations and World Order*, (Princeton: Princeton University Press, 1979), p.209.

④ 《第五种投票方式》，《中国新闻周刊》，2005年9月19日。

⑤ 王杰主编：《大国手中的权杖——联合国行使否决权纪实》，当代世界出版社1998年版，第447页。

在此情况下，“不参加投票”成为中国可供选择的投票方式。①

此外，中国在这一时期对联合国的认识还停留在“论坛”阶段，即联合国只是一个能揭露超级大国霸权主义行径、反映发展中国家呼声的论坛。因此，在中国恢复联合国席位后的一段时间里，中国对联合国工作的参与是不全面的。例如，对联合国的主要司法机关——国际法院，中国仅在1972年9月致函联合国秘书长，表示对旧中国政府1946年10月26日所作的关于接受国际法院强制管辖权的声明不予承认，但此后一直没有提名新中国参加国际法院大法官竞选的候选人名单。又如，对于联合国在人权、裁军等方面的工作，中国把其消极因素看得太重，而对其积极意义认识不够，中国长期没有参加联合国人权委员会的工作，没有利用这一国际人权领域的重要组织宣传新中国成立以来在改善人权方面取得的重要进展和中国的人权观。对于联合国在裁军方面的实效，这一时期中国基本持怀疑态度。对当时苏联召开“世界裁军会议”的主张，中国的评价是，“召开这种会议只能起到欺骗和麻痹世界人民的作用，开了还不如不开。”②然而，对联合国裁军努力的简单否定，不利于改善中国的和平形象。

总之，中国在这一时期非常谨慎地参与联合国事务。其原因，一方面固然是由于多年来联合国在国际事务中记录不佳，中国尚未从旧有的印象中完全摆脱出来；另一方面，中国当时处在“文革”后期，对国际问题的认识仍有许多片面之处。然而，对联合国作用认识的局限性，导致中国在恢复联合国席位的最初几年里，言行均有所“保留”。

（二）20世纪80年代，中国对联合国的外交行为：全面参与、积极合作

进入20世纪80年代，随着国际、国内形势的稳步发展，中国对联合国有了更深入的了解，并清楚地意识到：尽管联合国走过了曲折的道路，现在也还有它的

① 进入80年代，中国逐渐放弃了“不参加投票”这一方式，其原因：1. 中国将投票视为履行联合国职能的重要组成部分。国家投票动机既由物质利益也由非物质利益驱动，随着“规范化”进程的逐步深入，投票行为可以看做是国家履行社会职责的方式，也是一种激发国家义务的重要方式。事实上，国家经常被矛盾的力量所支配，一种是物质力量，而另一种责任或道义力量使他们愿意进行投票，实现国际合作。2. 每个国家的内心都存在着一种希望，这就是被国际社会承认其是“负责任成员”的愿望，而投票是实现这一愿望的廉价办法。这里仍然存在投票收益和成本，但在这些国家身上出现了一种额外收益：对全球利益热心的成员称号。建构良好声誉对大国具有更重要的物质价值、精神益处。这表明中国对联合国逐渐于工具性学习向规范性学习转向。

② 《我国代表团出席联合国有关会议文件集1972》（续集），世界知识出版社1976年版，第17页。

弱点，但联合国所肩负的历史使命和它对世界的影响，是不可代替的；“世界需要联合国的存在，正如联合国需要世界的支持一样。”[①]在上述观念的指导下，中国对联合国采取了“积极主动，逐步深入”的方针，在联合国的各项事务中日益活跃起来。

中国参加了联合国六个主要机构（大会、安理会、经社理事会、托管理事会、国际法院和秘书处）和各专门机构的工作。1980年3月，中国加入世界知识产权组织；4月，国际货币基金组织正式恢复中国的代表权；5月，世界银行恢复中国的合法席位。与此同时，中国在国际开发协会、国际金融公司的席位也得到恢复。短短几年间，中国放弃了其作为唯一不接受多边援助的发展中国家的做法，成为发展中国家获得多边技术援助项目最多的国家。事实上，联合国体系中的经济性和功能性的组织，如联合国开发计划署、联合国儿童基金会、联合国人口活动基金、世界粮食计划署和世界银行，都成为中国实现自身发展和繁荣的融资途径。[②]1983年，中国代表团出席了第六十九届国际劳工大会，从而恢复了中国在国际劳工组织中的活动并成为常任政府理事。1984年，中国成为国际原子能机构的正式成员国，并于同年10月被指定为理事国。

中国积极参与以联合国为主体的国际制度，据《世界知识年鉴1989/1990》统计，截至1989年，中国是148个条约的签署国，其中23个是在1949-1970年期间签署的，其余125个是在1971-1988年期间签署的。[③]国际社会积极评价中国的参与行为，“北京开始在全球问题上打上越来越多的印记。”[④]

此外，中国全面参与联合国框架下的重要会议和活动。在这些活动中，中国坚持独立自主的和平外交政策，支持广大发展中国家的合理要求和主张，发挥了重要作用：1．为推动柬埔寨问题得到合理解决，中国参加了关于柬埔寨问题的联合国会议，为全面政治解决柬埔寨问题作出了重要贡献。[⑤]2．中国自始至终

① 《赵紫阳总理在联大举行纪念联合国成立四十周年特别会议上的讲话》，《人民日报》，1985年10月25日，第1版。

② [美]伊莉莎白·埃克诺米、米歇尔·奥克森伯格主编：《中国参与世界》，华宏勋等译，新华出版社2001年版，第70页。

③ 《世界知识年鉴1989/1990》，世界知识出版社1990年版，第1047-1064页。

④ Harry Harding, China and Northeast Asia: The Political Dimension (Lanham, MD: University Press of America, 1988), p. 12.

⑤ 中国作为安理会常任理事国积极参加了1990年举行的6轮安理会常任理事国副外长级磋商，为达成五大常任理事国关于全面政治解决柬埔寨问题的框架文件做出了巨大贡献。《柬埔寨冲突全面政治解决协定》签署后，中国又为柬埔寨过渡时期的工作和监督大选派出了军事观察员、文职人员、工兵大队和文职选举监督员。

参加了为期9年的第三次联合国海洋法会议，参与《联合国海洋法公约》的起草和制订工作，新的《海洋法公约》在较大程度上反映了发展中国家的利益。3．中国调整了对联合国维持和平行动的态度。1981年，中国投票支持延长联合国在塞浦路斯的维和期限，从而改变了过去把联合国维和行动视为干涉他国内政的立场。[①]1986年，中国全部缴纳了过去一直拒绝承担的有关维和行动的款项。[②]4．从1980年2月开始，中国参加了联合国裁军工作会议。1983年，中国首次派出专职裁军事务大使常驻日内瓦。1986年9月，中国外长在第四十一届联合国大会上系统地阐述了中国在裁军问题上的基本立场。[③]1988年，中国在联合国第三届特别裁军大会上提出了中国政府在裁军问题上的八点立场并向大会提交了全面反映中国裁军立场的工作文件，受到了与会各方的重视。1989年，中国向联合国裁军审议委员会提交了《对〈宣布90年代为第三个裁军十年宣言〉内容的建议》和《国际武器转让问题》两个工作文件，在第四十四届联合国大会上再次提出核裁军和常规裁军两项决议草案，并在联合国大会上获一致通过。5．中国改变了以往对联合国人权合作的“矜持”态度，于1981年当选并一直连任联合国人权委员会成员。与此同时，中国在联合国大会第三委员会（社会、人道和文化委员会），经社理事会等其他有关人权问题的会议上，积极参与人权问题的讨论和审议。[④]

在加强同联合国政治交往的同时，中国政府更加注重利用联合国渠道为中国的经济发展创造条件。在此进程中，中国政府强调“有给有取”的合作方针，全面开展与联合国的经济合作。据统计，仅到1981年底，即中国恢复联合国席位后的十年间，联合国有关机构承诺的援款为2.28多亿美元，建设项目近200个，涉及工业、农业、商业、交通运输、文教卫生、建筑等。同时，中国

① Jianwei Wang, Managing Conflict: Chinese Perspectives on Multilateral Democracy and Collective Security, in YongDeng FeiLing Wang, eds., *In the Eyes of the Dragon: China Views the World* (Lanham, Md.: Rowman & Littlefield Publisher, 1999), p. 75.

② 1988年，中国成为联合国维持和平行动特别委员会成员。1989年，中国首次派人参加了联合国维和行动。有关中国参与联合国维持和平行动的具体内容集中在本书第五章。

③ 此次会议，中国首次单独提出两项有关核裁军和常规裁军问题的重要决议，突出强调了美苏在裁军方面应担负的“特殊责任”，必须“率先裁军”的原则，联合国大会分别以协商一致和150票赞成、2票弃权的绝对多数通过了中国的两项裁军动议。

④ 中国还积极参加了联合国系统内国际人权法律文书的起草和制订工作，其中包括《儿童权利公约》、《保护所有移徙工人及其家属权利国际公约》、《禁止酷刑和其他残忍、不人道或有辱人格的待遇或处罚公约》、《个人、团体和社会机构在促进和保护世所公认的人权和基本自由方面的权利和义务宣言》、《保护民族、种族、语言、宗教上属于少数人的权利宣言》等。中国还自1981年起参加了联合国人权委员会起草《发展权宣言》的政府专家工作组的历届会议。同时，中国积极支持人权委员会关于实现发展权问题的全球磋商，支持将发展权作为一个单独的议题在人权委员会上加以审议，中国一直是关于发展权问题决议案的共同提案国。中国自1980年起先后签署、批准或加入了《防止及惩治种族隔离罪行国际公约》等国际人权公约，并根据有关公约的规定提交执行有关公约情况的报告，认真履行其所承担的国际义务。

先后聘请了近7000名外国专家来华传授技术，建立了100多个行业性的研究和培训中心，引进了近9000万美元的设备。在接受联合国提供的经济技术援助的同时，中国政府也积极向联合国有关机构提供一些力所能及的帮助。到80年代初期，中国向联合国各机构提供的捐款有2000多万元人民币，承办了援助发展中国家的各类项目70多个。这些项目包括在中国举办各种培训或考察活动，提供设备、派出专家进行技术指导等，并在中国建立了7个区域培训研究中心，包括：国际针灸班，亚太地区综合养鱼研究和培训中心，援助沼气开发推广研究和培训中心，小水电研究和培训中心，加强初级卫生保健中心，农村综合发展示范中心和桑蚕培训中心等。①

在与联合国的经济交往中，中国逐渐形成了规范的经济发展构架，由自发性的经济合作转向有制度保障的合作机制。一个突出的事例是，80年代大多数发展中国家的外国投资减少，而中国吸收的外国直接投资大大增加。外国在华投资增加的主要原因是外国公司渴望同中国这个拥有10亿人口的市场进行直接接触。另一个原因是中国政府已经为外国投资建立起了一套完整的法律机构，因此外国公司知道，什么是他们所能得到的，什么是他们可以期待的。到1986年年中，中国已制定了100多条涉外投资方面的法律和法规。不少条例直接推动了外国投资。

但此时，中国对联合国制度只是适应性、工具性学习而非规范性学习。中国领导人只是出于国内政治目的，认为中国的利益和中国全面参与全球事务碰巧一致，这一趋势就将继续下去。②然而只要交往，无论有意无意，都会极大扩展中国内化联合国规范的程度。这种由于接触而产生的“外溢效应”，迟早会将工具性学习转化为规范性学习。

三、中国否决权实践（Ⅰ）：伸张正义、主持公道

中国对否决权的态度不是固定的，也经历了“批评、否定—肯定、实践—重视、慎用”的过程。20世纪50、60年代，中国对美英等大国的否决行为表示坚决地反对。例如，中国政府坚决反对美国等西方大国操纵联大否决恢复中国合法席

① 《对外经济合作的又一条渠道，我国加强同联合国的经济往来》，《人民日报》，1982年4月16日，第4版。

② Harold K.Jacobson & M. Oksenberg, *China's Participation in the IMP, the World Bank, and GATT* (Ann Arbor: The University of Michigan Press, 1990), p. 163.

位的行为。当时，中国政府的立场也获得了国际社会的大力支持，古巴《今日报》在20世纪60年代初期就曾指出，“不恢复中国合法权利，永远是联合国的污点，一切由联合国裁判的最尖锐、最重要的国际争端，没有中华人民共和国参加，是不可能获得解决的。”①当时，中国政府对否决权的主流话语表示就是：“人民意志‘否决’不了。”②

70年代初期，中国政府刚恢复联合国席位不久，当时美苏大国对联合国的负面影响依然存在，中国领导人坚信：一个来自发展中国家的中国掌握否决权，只能有利于反映中小国家的愿望，有利于国际力量的平衡，有利于捍卫《联合国宪章》宗旨和原则的贯彻。③因此，否决权实践充分体现了中国在国际事务中为国际社会伸张正义、主持公道的浩然正气，同时体现了捍卫联合国权威的自觉意识。

（一）否决权的基本内涵

否决权是一种少数抵制多数的权利，其拉丁文语源为“VETO”（亦可称Veto Right或Veto Power）一词，最初指古罗马保民官反对元老院、执政官或高级长官的特殊权利。到20世纪初，现代意义上的否决权被运用于国际事务中，最初是国联中的“普遍否决权”④。而现在我们通常所讲的“否决权”是指联合国安理会五大国的“一票否决权”。

所谓“一票否决权”是指安理会任一常任理事国有阻止安理会通过它所不喜欢的属于非程序性事项议案的权力。具体来说，依照《联合国宪章》的规定，安理会由15国组成，一切议案均须有9票以上赞成方能通过，但关于非程序性事项的议案，则此9票中必须包括全体常任理事国的同意票在内，倘若任何一个常任理事国投反对票，这项议案便不能通过。这个阻止安理会通过议案的权力，就叫做否决权。⑤

① 《美国操纵联大否决恢复我合法席位提案，古巴〈今日报〉指出：不恢复中国合法权利，永远是联合国的污点，联合国在朝鲜、刚果问题上遍身耻辱》，《人民日报》，1962年11月2日，第4版。

② 《人民意志“否决”不了》，《人民日报》，1957年12月3日，第5版。

③ 王杰主编：《大国手中的权杖——联合国行使否决权纪实》，当代世界出版社1998年版，第435页。

④ 《国联盟约》第五条关于“任何会员国均有否决大会或行政院的议案的权利”的规定。这样就在国联的内部建立了一种看似普遍有效的表决机制，公开地赋予了每一会员国否决议案的权利。也就是说，如果有一个会员国不同意某项议案，它就不能获得通过。我们把它称作“普遍否决权”。

⑤ 刘文宗：《论安理会中的否决权问题》，《国际问题研究》，1995年第4期，第19页。

安理会常任理事国的否决权，虽然具体规定于宪章第二十七条，但并非否决权的全部内容，它应包括三组条文：

第23条：规定中、英、美、苏、法五大国为常任理事国，享有特殊地位，它们是否决权的主体。

第27条：授予常任理事国在表决中拥有超过普通投票计数的权力，使其一票具有超过多数票的否决效力。此条文是否决权的核心条款。

第108条至110条：规定常任理事国对于宪章生效以及对于宪章生效后之修正案的生效，均享有否决权。这意味着，如果某一大国坚持否决权，则宪章草案中如未规定否决条款或在宪章生效后它所规定的否决权条款遭到该大国所不愿接受的修正案的否定，它都可以运用否决权来抵制或阻止这种多数赞成的草案或修正案成为现实。这项条文是上述两项条文的保护条款。①

需要强调的是，在实质性决议草案的表决进程中，常任理事国的弃权票不能阻止获得9票以上的决议草案的通过。例如，1973年12月在安理会的第1970次会议上，有10个国家共同提出了一项关于召开中东和会的决议草案，最后以10票赞成、零票反对，获得通过。5个常任理事国中，4个国家投了弃权票，中国没参加投票。②在这次投票中，尽管5个常任理事国没投1张同意票（Concurring Veto），但由于没有反对票，决议仍获得通过。

否决权可以说是大国所独有的特权。早在《联合国宪章》起草之时，就有许多中小国家对联合国表决机制持有异议。1954年，联合国秘书长赖伊任命了一个三人专家小组研究联合国改革问题，这是联合国改革的开始。安理会是联合国改革的核心，否决权又是安理会改革的核心。2004年12月2日，联合国改革名人小组提交了《更为安全的世界：我们的共同责任》的报告，包括中国前副总理钱其琛在内的16名小组成员共提出100多项建议，其中有关安理会改革的建议有两条。这两条建议的共同点是提出将安理会理事国增加九席，从现在的15国扩大到24国；但在扩大常任理事国方面有所不同。其中一条希望增加6个不具否决权的常任理事国，还希望按地区分配原则增加3个任期两年的非常任理事国。另一条并不希望扩大常任理事国，而是增加8个四年任期、可连任的非常任理事国及1个两年任期、非常任、不可连任的理事国，9个新增加的理事国均不拥有否决权。

① 王杰主编：《大国手中的权杖——联合国行使否决权纪实》，当代世界出版社1998年版，第27-36页。

② 过家鼎：《常任理事国如何行使否决权》，《世界历史》，2005年第12期，第40页。

至今，有关否决权的改革仍无定论。可见，联合国安理会改革势在必行，但任重道远。

（二）大国行使否决权

综观安理会否决权使用记录，可以发现一个有趣的现象：苏联是冷战期间使用否决权最多的国家，而美国是冷战结束后使用否决权最多的国家。以往的事实表明，当常任理事国在联合国的影响力超强的时候，其实力往往能够“不战而屈人之兵”，它并不需要通过否决权就可以主导别国意志，从而控制局势的发展。当常任理事国的综合国力并不处于绝对优势的时候，它反而倾向并敢于对不赞成的决议草案投否决票。冷战期间，美国的实力空前膨胀，此时的联合国基本上由美国操纵，许多决议草案来自于美国的精心策划。所以，美国根本不需要动用否决权，就可以实现自己的目的。于是，苏联频繁使用否决权。

1946年2月16日，联合国安理会第1次行使否决权的先例出现：在通过美国、荷兰的有关英法从黎巴嫩、叙利亚撤军的决议提案时，苏联第一次使用了否决权。当时，苏联的意见与美荷提案其实并无多大差别，苏联投否决票的目的更多是表明与西方国家的政治对立。对于安理会历史上第一次否决权，联合国前秘书长赖伊在其回忆录中表示，“为什么要行使否决权呢？并不是由于维辛斯基（苏联代表）反对决议的内容，而是由于他觉得决议的措辞不够有力。”①

20世纪60年代后，摆脱殖民统治的第三世界国家纷纷加入联合国，尤其是中国恢复了在联合国的合法席位，这一切使联合国的结构发生根本转变。苏联在与美国争霸对峙的格局中处于优势地位，而美国越来越感到联合国不再是“得心应手”的表决机器，1970年3月17日，美国第一次使用否决权，距联合国诞生已整整25年。

从联合国成立至今，关于安理会否决权使用情况，由于各种计算标准不一，所以统计结果并不一致。这里主要采用“和平解决地区争端和国内冲突”、“会员国加入”、“裁军”、“秘书长人选”等几方面来统计否决权的使用次数。五大国自联合国成立至2007年3月共计使用否决权317次。其中，美国使用104次，占全部否决票的32.8%，并且是冷战结束后使用否决权最多的国家，最近1次是

① 王杰主编：《大国手中的权杖——联合国行使否决权纪实》，当代世界出版社1998年版，第56页。

2006年11月11日，阻止了联合国安理会谴责以色列炮击加沙地带北部的提案。英国使用37次，其中27次与美国联手，仅有7次单独投反对票，这7次都与南罗得西亚（现在的津巴布韦）的局势有关。法国使用25次，其中20次是与美英联手。法国仅2次单独使用否决权，其中1次是1976年关于法国和科摩罗争议的决议草案，另1次是1947年关于印度尼西亚的1项决议草案。1946年法国曾与苏联一道否决了1项关于西班牙内战的决议。1956年法国还曾和英国一道两度就苏伊士运河危机决议草案投反对票。苏联/俄罗斯是安理会使用否决权最多的国家，共计127次，占全部否决票的40.1%。冷战时期，前苏联多次动用否决权，以至于1957年到1985年间担任苏联外长的葛罗米柯得了个“摇头先生”的称号。其中，1955年12月13日苏联在表决接纳新会员国（奥地利、柬埔寨、锡兰、芬兰、爱尔兰、意大利、日本、约旦、老挝、利比亚、尼泊尔、葡萄牙、南朝鲜、南越、西班牙等15国）时，连续行使了15次否决权。1991年苏联解体后，俄罗斯仅4次动用否决权，即1993年5月11日关于联塞部队摊款分担问题，1994年12月5日关于制裁前南斯拉夫问题，2004年4月21日关于终止联合国驻塞浦路斯维和部队的任期问题，最近的一次是2007年1月12日关于缅甸局势问题。从1946年到1971年间，台湾当局在安理会曾经行使过一次否决权，否决了蒙古国加入联合国的申请。

如果结合上述大国行使否决权实践，进行五大国在联合国安理会投票协调性分析，我们发现，有特色的当属苏联/俄罗斯、美国和中国三国。①客观地讲，大国的否决权实践在给联合国带来积极促进作用的同时，也不可避免地产生一些消极影响。例如，苏联入侵阿富汗，美国入侵格林纳达和巴拿马等，均因为当事国是常任理事国，安理会根本无法通过谴责的决议。但是，正如联合国前任秘书长科菲·安南所言：“联合国不是一块屹立不动纪念前人宏愿的碑石，而是一项在完善中的工作，尽管像人类所有的努力一样，联合国并非完美无缺，但是，它能够与时俱进，力争上游。”②

① 其结论是：1．从总体上看中美在联合国投票行动的协调程度不如中苏/俄。2．从中美双边关系演变过程来看，1979年中美正式建交到1989年中国出现政治风波这一段时间里，在联合国行动的协调度相对较好。3．中苏在联合国行动的协调度在各个阶段变化不大，在处理与本国利益不直接相关的国际事务时往往表现出较强的一致性。4．联合国从成立伊始，就是美苏争霸的重要舞台，因此，美苏在联合国行动的协调性较低是正常的。5．中苏/俄有很深的历史渊源，半个世纪以来，在联合国的行动协调性大于冲突性，对中国来说俄罗斯是一支可以团结的强大力量。6．从整体上看，中美在国际事务中的协调性偏低，这与中美两国在处理国际关系问题上的原则立场有着本质的区别有关。相关论述见扈新林、胡晓峰：《中美苏（俄）在联合国安理会投票协调情况定量分析》，《系统工程理论与实践》，2002年第7期，第94-100页。

② 《联合国在改革中前行》，《人民日报》，2005年9月14日，第3版。

（三）20世纪70、80年代，中国21次行使否决权

二战后，中国与美、苏、英、法四大国并列，共同拥有否决权。可以说，这一殊荣的获得是国际社会对中国人民在世界反法西斯战争中所做杰出贡献的积极认可和“特殊奖励”。美国总统罗斯福曾说：“假如没有中国，假如中国被打垮了，你想一想，有多少师团的日本兵可以因此调到其他方向来作战？他们可以马上打下澳洲，打下印度，他们可以毫不费力地把这些地方打下来，并且可以一直冲向中东。”①对中国而言，否决权不仅是一种荣誉的象征，更是一种激励机制，即要以负责任的心态履行大国使命。

在实践中，中国行使否决权一贯严肃和谨慎。中国是安理会常任理事国中使用否决权最少的国家。自恢复联合国合法席位以来，中国迄今共使用了24次否决权（见表9）。其中4次涉及“以和平或强制手段解决国际争端或国内冲突”方面，即1972年的中东局势问题、1997年的向危地马拉派遣军事观察团问题、1999年的延长驻扎马其顿联预备部队使命期限问题、2007年的缅甸局势问题；1次涉及“会员国加入”，即1972年的孟加拉人民共和国加入联合国的申请问题；其余的19次皆涉及“秘书长人选”，分别于1971年、1976年、1981年关涉联合国秘书长换届选举。

中国行使否决权主要集中在20世纪70、80年代。1972-1989年安理会共使用否决权150次，其中美国使用82次占54.7%，苏联使用9次占6%，中国使用19次占12.7%。这一时期，“中国之声”在联合国舞台日渐清晰、洪亮。毛泽东曾经叮嘱代表团在联合国的指导方针，“你们去联合国，困难很多，要‘以勇为本’。”②支持上述观点的另一个重要证据就是中国在行使否决权过程中表现出高度的独立性。例如，这个时期的英国和法国虽然分别使用否决权26次和14次，但大多是追随美国，这就削减了其国家投票行为的个性特征。有人评价，在联合国体系内，中国表现出一贯的独立自主，同时也没有丢弃被排挤在联合国外时就有的斗争精神，只不过在联合国制度的框架下，中国的行为更加规范化，其斗争精神更多体现伸张正义、主持公道的大局意识。

① [美]伊利奥·罗斯福：《罗斯福见闻秘录》，李嘉译，新群出版社1947年版，第150页。

② 郑惠等主编：《五十年国事纪要——外交卷》，湖南人民出版社1999年版，第370页。

表9 中国的否决权使用情况统计表（1971.10-2007.3）

问题范围	1971—1989年	1990—2007年	合计
和平解决国际争端或国内冲突	1	3	4
会员国加入	1	——	1
秘书长人选	19	——	19
合计	21	3	24

1．坚持原则：中国对“孟加拉国”加入联合国申请的否决

中国与巴基斯坦是山水相连的亲密邻邦，两国人民的友谊源远流长，两国历代领导人为培育和发展双边友好关系倾注了大量心血，中巴关系牢不可破不仅为两国各届政府精心维护，更是深深扎根于两国民众心中。周恩来曾指出，“从历史的黎明时期起”，中巴两国人民就开始了“友好的往来”。[①]巴基斯坦是最早承认新中国的非社会主义国家之一。1965-1971年，巴在历届联大都作为提案国，支持恢复中国在联合国的合法权利。

1971年11月21日，印军以“自卫”为名，未经宣战向东巴基斯坦发动全面进攻，第三次印巴战争正式爆发。这场侵略战争不仅破坏了南亚次大陆地区的正常秩序，还使巴基斯坦被武力强行肢解。[②]对于印巴争端，中国旗帜鲜明地表示，“坚决支持巴基斯坦政府和人民反对外来侵略，捍卫国家主权和民族独立的正义斗争”，[③]强烈谴责了苏联、印度等干涉力量，并且给予巴基斯坦力所能及的物质援助。

1972年1月7日，原东巴地区正式成立孟加拉人民共和国，宣布脱离巴基斯坦而独立。苏联、印度极力促成联合国接纳孟加拉国为会员国，以图形成国际承认下的“既有事实”。严格地说，苏联、印度对孟加拉国的承认是“过急承认”的例子，因为在作出承认时，整个东巴还处于巴基斯坦的权力控制之下。[④]

---

① 刘宏煊主编：《中国睦邻史——中国与周边国家关系》，世界知识出版社2001年版，第17页。

② 巴基斯坦自建国时起就存在着严重的地区差异和民族矛盾，占东巴基斯坦人口98%的孟加拉族一直要求享有“充分自治”。1970年12月7日，巴举行全国大选，以穆吉布·拉赫曼（Sheikh Hasina Wajed）为代表的人民联盟提出了要求东巴自治的六点纲领。1971年3月，叶海亚　汗（Yahya Khan）总统逮捕了拉赫曼，对东巴孟加拉人进行军事镇压，导致大批难民涌入印度，为印度入侵东巴提供了借口。

③ 谢益显主编：《中国当代外交史（1949-1995）》，中国青年出版社1997年版，第276页。

④ 孟加拉国独立严格地说，属于国家的“分离”，即“一个主权国家的一部分与母国脱离，成为一个新国家。”因此，国际社会对这类国家的承认往往都十分慎重，一般认为在母国对新国家的存在给予明示或默示的承认后，国际社会予以承认就是适合的。

此外，中国政府反对安理会在局势不明了的情况下对孟加拉问题进行审议。特别是，孟加拉国正同印度一起阻挠联合国有关决议的实施，①被扣押的巴基斯坦8万战俘，以及包括妇女和儿童在内的1万平民的释放与回国仍需得到孟加拉国政府的同意。

早在1971年12月7日，第二十六届联大全体会议，以104票的压倒多数，通过了阿尔及利亚、阿根廷等34国提出的要求在南亚次大陆停火、撤军的第2793号决议。接着安理会又以13票多数通过第307号决议，要求有关各方在包括查谟和克什米尔在内的一切冲突地区实行停火和尽快撤军，并要求一切有关方面遵守1949年《日内瓦公约》、不迟延地释放和遣返战俘。决议中提到的“一切有关方面”，当然包括了申请加入联合国的孟加拉国。因此，上述两项决议，是同孟加拉国直接有关的重大决议。《联合国宪章》第二章对会员国资格问题作了明确规定：凡申请加入联合国者，必须是“经本组织认为确能并愿意履行本宪章之义务者”。而且，释放和遣返战俘是一个国家必须遵守的国际法义务。因此，中国表示，“孟加拉国的申请不能与联合国相关决议的执行割裂开来讨论，如果接受这样一个拒不接受宪章所载义务的国家将是对联合国的莫大嘲弄，等于是助纣为虐。”②

“新中国的性格就是坚持原则，主张正义和公道。”③中华人民共和国既然恢复了在联合国的合法权利，就义不容辞地要维护各国人民的正义事业，维护联合国权威。事实上，中国不是从根本上反对孟加拉国进入联合国，只是希望孟加拉国能够独立自主地作出决定，合理解决巴孟之间的问题，履行联合国相关决议，从而真正体现出一个独立自主的国家形象。

1972年8月25日，安理会第1660次会议开始审议由印度、苏联、英国、南斯拉夫提交的S/10771提案。其内容是讨论孟加拉人民共和国加入联合国的申请，建议大会准许其成为联合国会员国。会上，中国提出了要求推迟审议的提案，但未获通过。最后，中国被迫行使否决权（见表10）。

① 即联合国大会第2793（XXVI）号决议，安理会第307（1971）号决议及其所提到的1947年《日内瓦公约》中有关停战后，立即释放和遣返战俘的规定。

② 《黄华代表在联合国安理会会议上的发言，坚决反对目前审议“孟加拉国”加入联合国问题》，《人民日报》，1972年8月12日，第6版。

③ 《黄华副团长在联大全体会议上发言，重申我对“孟加拉国”加入联合国问题的原则立场》，《人民日报》，1972年12月1日，第4版。

表10　S/10771提案表决情况①

提案内容	关于孟加拉人民共和国加入联合国的申请的S/10771提案
提案国家	印度、苏联、英国、南斯拉夫
投赞成票国家	阿根廷、比利时、法国、印度、意大利、日本、巴拿马、苏联、英国、美国、南斯拉夫
投弃权票国家	几内亚、索马里、苏丹
投否决票国家	中国
表决结果	未能通过

投票之后，中国代表黄华指出，“中国代表团自参加联合国工作以来，在对待使用否决权的问题上，一直采取十分严肃和十分审慎的态度。在‘孟加拉国’申请参加联合国的问题上，中国代表团从维护《联合国宪章》的原则、维护体现全世界绝大多数国家意志的联合国有关决议、维护南亚次大陆全体人民的根本利益，并且从促使南亚次大陆紧张局势缓和的愿望出发，提出在联合国和安理会的有关决议真正得到实施之前，在印巴之间和巴基斯坦、‘孟加拉国’之间的问题得到合理解决之前，安理会不应该对该申请进行审议。这本来是十分正当、十分合理的主张。但是，由于苏联代表团伙同印度代表团公然置《联合国宪章》和联合国有关决议于不顾，置许多国家的代表团希望推迟审议的愿望于不顾，一意孤行，咄咄逼人，要挟安理会强行通过目前接纳‘孟加拉国’的决定，这就涉及到一个重大的原则问题：究竟还要不要《联合国宪章》的宗旨和原则？还要不要履行《联合国宪章》所载之义务？还要不要尊重联合国的有关决议？中国既然参加联合国的工作，就要按原则办事。在重大原则问题上我们决不能妥协。根据这一原则立场，中国代表团经过十分认真、严肃的考虑，为了维护宪章的原则和联合国的有关决议，决定使用否决权。”②

中国坚持原则、毫不妥协的正义之举获得了赞誉。尼泊尔《礼品》周刊发表社论，赞扬中国在联合国安理会讨论“孟加拉国”申请加入联合国的问题时所采取的原则立场，“中国对孟加拉国问题使用否决权是恰当和值得赞扬的，这是符

① 资料来源：S/PV. 1660: United Nations Security Council Official Records, Twenty-Seventh Year, 1660th Meeting, 25 August 1972, p 10. 转引自吴迪：《中国在安理会的否决权实践》，外交学院2002年硕士论文，第12页。

② 《联合国安理会继续讨论“孟加拉国”申请的问题，中国代表团投票反对苏印等国提案》，《人民日报》，1972年8月27日，第5版。

合亚洲国家自身利益的。”[①]澳大利亚《先锋报》发表文章指出，“联合国大会和联合国安全理事会以压倒多数通过的决议明确规定：对巴战争的有关各方把自己的军队撤到‘各自领土一边’，遵守1949年《日内瓦公约》，释放和遣返战俘。但不论是印度还是‘孟加拉国’，都没有遵守这些决议。苏联修正主义者和印度反动派不顾决议的规定以及联合国成立所依据的原则，想把‘孟加拉国’塞进联合国。中华人民共和国挫败了这个拙劣的阴谋。”[②]

1972年11月1日，周恩来对来华访问的英国外交大臣道格拉斯·霍姆（Douglas Home）说：“中国最终要承认孟加拉国的，但现在不行，他们战后仍扣押9万多名战俘不放，太不公道，新中国的性格是讲正义的，不允许欺侮人，只要目前情况不改变，对孟加拉国加入联合国的问题，即使除了巴基斯坦外只有中国一家，中国也要在联合国投票否决。”[③]中国的明确态度为巴基斯坦在谈判中鼓舞了士气、树立了信心。对此，巴方认为“如果没有中国在每一个阶段给予巴基斯坦的坚定的支持，巴基斯坦就不可能与印度和孟加拉国达成体面的协议。中国的支持起到了决定性的作用。”[④]中国对否决权的使用分寸把握得当，因此才能做到态度鲜明、有理有节。当巴、印、孟三方就遣返战俘达成协议后，中国就没有再阻拦孟加拉国加入联合国的申请，1974年6月10日联合国安理会第1776次会议通过第351（1974）号决议，接纳孟加拉国为联合国会员国。[⑤]

2．仗义中东：中国关于中东问题的否决

作为人类文明发祥地之一的中东地区，虽然在时代大潮的裹挟下不断向前发展，但步履蹒跚。导致中东落伍于时代节奏的根本原因是阿拉伯与以色列的争端，其中巴勒斯坦和以色列的历史恩怨更是由来已久。巴以争端并非仅是两个民族之间的土地纷争和感情纠葛，而且积淀了太多他们所不能左右的内容，成为中东沧桑历史的一个缩影。

中国政府和人民对阿拉伯人民遭受的苦难给予了深切的同情，并坚决支持阿

① 《尼泊尔〈礼品〉周刊发表社论，赞扬中国在联合国安理会的原则立场》，《人民日报》，1972年9月7日第5版。

② 《澳共（马列）〈先锋报〉发表文章，赞扬中国在联合国采取的原则立场，揭露苏联社会帝国主义者对南亚次大陆的扩张，指出中国使用否决权挫败了苏联和印度的拙劣图谋》，《人民日报》，1972年9月8日，第6版。

③ 王泰平主编：《中华人民共和国史》第3卷，世界知识出版社1999年版，第114页。

④ 王泰平主编：《中华人民共和国史》第3卷，世界知识出版社1999年版，第115页。

⑤ 1974年6月10日，联合国安理会通过决议，建议大会接纳孟加拉国加入联合国。中国代表在发言中指出，“现在，南亚次大陆的形势有了新的发展。……南亚次大陆有关各国终于达成了协议，使联合国大会和安理会的有关决议得到了实施，并为次大陆各国关系的正常化创造了有利条件。在这种情况下，中国政府认为，孟加拉国已经具备了加入联合国的条件，决定支持孟加拉国加入联合国。”

拉伯人民为恢复家园、争取主权而进行的斗争。中国一贯谴责各种形式的民族扩张主义。对中国在中东问题上的鲜明态度和正义立场，埃及总统纳赛尔（Gamal Abdel Nasser）曾致电周恩来总理说："你们的支持，加强了我们对自己正义事业的信心。"①

然而，四次中东战争的惨败，使巴勒斯坦人几乎陷入绝境，对其处境的绝望心态促使他们诉诸恐怖袭击来对付强大的敌人。1972年9月5日，巴勒斯坦恐怖组织"黑九月"借慕尼黑奥运会之机，制造了导致11名以色列教练、运动员丧生的"慕尼黑事件"。作为报复，9月8日，以色列空袭了位于叙利亚和黎巴嫩境内的7个巴勒斯坦游击队基地，造成了包括大量无辜平民在内的400多人伤亡，此后，巴以冲突不断。

1972年9月10日，安理会召开紧急会议讨论以色列对叙利亚和黎巴嫩的空袭事件。当日，安理会第1662次会议审议由几内亚、索马里和南斯拉夫三国提交的S/10784提案。该提案要求"有关方面立即停止一切军事行动，并为了国际和平与安全的利益保持最大的克制。"但美国认为造成紧张局势的根源是恐怖主义行动，而此提案未对恐怖主义进行谴责，同时强调"必须将慕尼黑事件与以色列的行动联系起来"，其目的就是为以色列的武装侵略行为进行开脱。最终，美国投了唯一的否决票。

针对S/10784提案，英国、法国、意大利和比利时提出了旨在把以色列的军事行动和"慕尼黑事件"联系起来的S/10784提案修正案——S/10786提案。

S/10786提案内容如下：

1. 强烈谴责所有恐怖和暴力行动以及在中东的一切破坏停火协议的行动。

2. 将"有关方面"（the parties）改为"所有各方"（all parties）

3. 删除"立即停止一切军事行动"而代之以"采取一切措施立即停止和预防一切军事行动和恐怖活动"。②

审议过程中，中国认为，"9月8日以色列对阿拉伯的袭击与秘密团体的行动不可同日而语"，同时认为该议案没有谴责"以色列帝国主义"。逐渐，安理会成员形成了以英国为代表的一方和以第三世界与社会主义国家为代表的另一方，

① 吴楚文：《试论周恩来关于中东工作的外交思想与实践》，载裴坚章主编：《研究周恩来：外交思想与实践》，世界知识出版社1989年版，第132页。

② 资料来源：S/10784:United Nations Security Council Official Records, 10 September 1972. 转引自吴迪：《中国在安理会的否决权实践》，外交学院2002年硕士论文，第16页。

双方在判断以色列军事行动的性质上发生了分歧。前者认为以色列是在被逼无奈的情况下行使防卫权，强调应注意到事件前后的因果性；而后者则支持三国提案，并从不同角度指出了以色列军事行动的非法性。

应印度要求，对S/10786提案进行分段表决。第1段、第3段都因得票不足而未能通过，第2段得到9票赞同，由于中国和苏联两国同时在此使用否决权而未被通过（见表11）。这是中国恢复在联合国的合法席位以后第二次使用否决权。中国代表认为，“奥运会事件的发生是不幸的，我们一向不赞成这类冒险恐怖行动。”但是，“我们坚决反对以色列利用这一事件对巴勒斯坦人民进行新的迫害和屠杀，对阿拉伯国家进行新的战争挑衅。”[①]中国的发言得到了广大第三世界国家的赞赏。

表11　S/10786提案第2段表决情况[②]

提案	关于中东局势的S/10786提案第2段
提案国家	比利时、法国、意大利、英国
投赞成票国家	阿根廷、比利时、法国、印度、意大利、日本、巴拿马、英国、美国
投弃权票国家	——
投否决票国家	中国、苏联、几内亚、索马里、苏丹、南斯拉夫
表决结果	未能通过

中国在联合国舞台表现出鲜明的独立自主倾向，“中国的行为受到自主意识的强烈影响。除了中国，没有别的国家可以代表中国说话”，[③]这说明中国珍视独立地位的获得。因此，中国政府能切身感受到第三世界国家对独立、公正、自由的渴望。虽然“中国缺乏影响这场远在中东地区的战争的物质手段。中国政府和人民能够做到的是坚决从政治上声援阿拉伯国家和人民的正义斗争。”[④]在这次否决权的行使过程中，中国力图让国际社会把以色列的军事行动与恐怖组织的恐怖主义行为区分对待，既要区分两种不同性质的暴力行为，又要明确各方应负

① 《索马里、几内亚、苏丹、中国等国在安理会发言谴责以色列侵略叙利亚和黎巴嫩，黄华指出中国政府和人民坚决支持巴勒斯坦人民、阿拉伯各国政府和人民的正义斗争》，《人民日报》，1972年9月12日，第6版。

② 资料来源：S/PV. 1662: United Nations Security Council Official Records, Twenty-Seventh Year, 1662nd meeting, 10 September 1972, p6. 转引自吴迪：《中国在安理会的否决权实践》，外交学院2002年硕士论文，第17页。

③ Samuel. S. Kim: *China, the United Nations and World Order*, (Princeton: Princeton University Press, 1979)

④ 谢益显主编：《中国当代外交史（1949-1995）》，中国青年出版社1997年版，第279页。

的责任；反对任何国家以打击恐怖主义为由，扩大对别国主权和平民的侵害行为。客观评价，中国反对“以暴制暴”的鲜明态度，真正有利于化解地区冲突、维护地区稳定。

3．“一否到底”：秘书长人选问题

联合国秘书长是联合国的行政首长。《联合国宪章》第九十七条规定，联合国秘书长的人选必须先是由安理会推荐，然后经大会以到会及投票会员国的简单多数票认可才能决定。安理会的推荐要有9个以上理事国的可决票方能作出，其中包括5个常任理事国的同意票。[①]由于秘书长的选举从安理会的提名到联合国大会的投票都是非公开的，因此很难通过详实的档案材料来深入分析中国投票的具体动机，但考虑到中国在十年内因秘书长换届选举连续19次行使否决权，就足以证明中国捍卫第三世界整体权益的决心之大、立场之稳。

中国一向把加强同第三世界的团结与合作定为外交工作的基本立足点，并以此作为制定和调整外交政策的指导思想。邓小平同志曾讲过，“联合国安全理事会常任理事国，中国算一个。中国这一票是第三世界的，是名副其实地属于第三世界不发达国家的。”[②]中国政府迫切希望联合国秘书长能充分代表广大会员国的利益，充分顾及发展中国家的利益需求，而非大国政策的执行者。因而，进入70年代，在秘书长选举问题上，就形成了以中国为代表的广大发展中国家和以西方大国为代表的发达国家的斗争。

冷战期间，联合国秘书长的选举往往充斥着大国之间的角逐与冲突，成为国际斗争的缩影。其矛盾焦点主要集中在以美国和苏联为首的东西方两大阵营之间。秘书长人选成为美、苏超级大国政治斗争与妥协的结果。但自从中国恢复在联合国的合法席位后，每一届秘书长选举就不得不考虑代表第三世界人民心声的中国的意见。中国政府希望联合国秘书长能充分体现广大会员国的利益，顾及第三世界国家实现国家发展的迫切愿望，使其真正成为“全球公务员”，而非一、两个国家政策的“传音筒”。

1971年底，中国就遇到了推选新任秘书长的问题。在12月17日，20日和21日的投票中，中国提出该职位应由第三世界国家的代表担任，并两次否决了奥地利

① 在旧金山会议上，与会国普遍认为秘书长的工作就其性质而言主要是行政性的，他们赞成倡议国的观点为了履行秘书长职能，他必须赢得“大国”的支持。也就是说，在任命之前他应得到安理会“大国一致”的认可。相关论述见Renata Sonnenfeld, *Resolutions of the United Nations Security Council* (Boston: Martinus Nijhoff Publisher, 1988), p. 70.

② 《革命和建设都要走自己的路》，载《邓小平文选》第3卷，人民出版社1993年版，第94页。

人瓦尔德海姆的提名。但在第三轮投票中，当中国政府意识到，瓦尔德海姆在最后一轮投票中已获得9张赞成票，只有中国的否决权在成为阻挠安理会作出决议的障碍时，为避免形成秘书长人选上的僵局，便主动放弃行使否决权。

1976年，中国曾向瓦尔德海姆委婉表示，“已有两任欧洲人担任了这个职务。”①显然，中国不支持他连任。在1976年12月7日的投票中，中国首先支持来自第三世界的候选人——墨西哥的路易·埃切维利亚·阿尔瓦利兹，并在瓦尔德海姆提名时使用了1次否决权。但由于瓦尔德海姆五年来出色的工作成绩，并获得安理会13国支持，中国便“顺应民意”，不再否决。安理会最终通过了推荐现任秘书长连任的第400号决议。

在头两次秘书长选举过程中，中国采取了原则性与灵活性并重的态度来使用否决权，其目的是为了使联合国能够正常运作，同时避免陷入僵局。然而这使瓦尔德海姆错误地认为，中国对第三世界权益的维护仅仅停留在表面，“中国仍然会遵循前两次的选举程式，当没人能胜出时，中国就转而支持其第三次连任努力。”②事实上，秘书长由西方国家连任三届，在联合国历史上是绝无仅有的，这不利于第三世界国际地位的提升，也有损联合国最广泛代表性的真正实现。因此，中国在1981年秘书长选举中坚持“一否到底”的精神，坚决捍卫第三世界国家政治权益，并最终赢得了胜利。

在1981年的秘书长选举中，瓦尔德海姆的主要竞争对手是坦桑尼亚外交部长萨利姆。第三世界国家普遍支持萨利姆，而美苏则支持瓦尔德海姆连任。实质上看，这已经成为广大第三世界国家反对两个超级大国操纵联合国事务、争取平等权利的一场政治斗争。1981年10月27日投票开始，中国坚决反对瓦尔德海姆当选，10月27日和28日两天，中国连续“否权”多达16次。奥地利政府直接寻求中国政府的支持，但这丝毫未改变中国的态度：联合国157个会员中，三分之二是亚洲、非洲和拉丁美洲的国家，中国支持由第三世界国家代表担任新任秘书长；就两位候选人而言，他们都同中国有着良好的关系，中国对瓦尔德海姆本人是尊重的，对其贡献是认可的。瓦尔德海姆本人也表示过，“中国赞赏他的行事以及

① Kurt Waldheim, *In the Eye of the Storm: A Memoir* (Bethesda: Adler&Adler, Publisher Inc, 1985), p. 36. 这两位秘书长是挪威人特里格韦·赖伊（1946-1952年）、瑞典人达格·哈马舍尔德（1953-1961年），缅甸人吴丹为联合国第三任秘书长（1961-1971年）。

② Kurt Waldheim, *In the Eye of the Storm: A Memoir* (Bethesda: Adler&Adler, Publisher Inc, 1985), p. 232.

他在联合国与中国的合作。这就证明了中国绝非为一己私利而行使否决权。”[①] 但由于美国也先后16次否决了萨利姆的提名，从而形成了秘书长人选僵局。这是一次马拉松式的投票，也是对中国立场的一种考验。后经其他国家斡旋，12月3日，瓦尔德海姆写信给安理会主席表示不再参选。8日萨利姆也通知安理会主席，“为了第三世界国家的代表真正有可能当选并使安理会的努力取得进展”，他决定退出竞选。可见，中国接连16次行使否决权促使安理会其他理事国必须认真对待中国想从第三世界推选秘书长的决心。西方舆论说中国的做法是“一个惊人之举”，“开始了一个对外政策活跃的新阶段”。

随即，菲律宾、伊朗、秘鲁、阿根廷、巴拿马、厄瓜多尔、毛里求斯和圭亚那等9个国家的人士纷纷宣布参选。但值得注意的是，9名候选人全部来自第三世界国家，没有一个来自西方国家。因为大家心里明白，任何来自西方国家的候选人都将遭到中国的否决。12月11日，安理会举行秘密投票预选，最后秘鲁人德奎利亚尔以10票赞成、4票弃权（一国未参加投票）正式当选。可以说，中国此次在否决权立场上的坚持不仅是对联合国秘书长产生机制的触动，也对联合国工作重心有所影响。德奎利亚尔在当选后也称：“我不能不优先注意影响到第三世界的一切问题。作为联合国秘书长，我将捍卫第三世界利益。”[②]亚非拉地区的代表强调指出，新的秘书长的任命，是第三世界反对超级大国控制联合国的斗争的一个意义重大的胜利！《人民日报》发表评论指出，“中国属于第三世界。我国代表在秘书长改选问题上坚决支持第三世界国家的候选人，并不是对瓦尔德海姆有成见，而是考虑到了联合国内外形势的变化，出于维护第三世界权利的原则立场，因而得到了广泛的欢迎和支持。”[③]

联合国秘书长的选举纠缠了众多复杂与敏感因素。中国政府明确表明了自己的态度，希望秘书长的任命能够反映国际社会的现实。中国的态度是对第三世界国家在政治上要求平等权利的支持。事实证明，中国政府仅在秘书长人选问题上就动用了19次否决权，占全部使用否决权次数的83%。这让联合国，也让世界人民明白了中国的意志。瓦尔德海姆之后的连续四任秘书长都来自发展中国家。[④]

① 王杰主编：《大国手中的权仗——联合国行使否决权纪实》，当代世界出版社1998年版，第408页。

② 方中霞主编：《世界大管家——联合国秘书长们》，时事出版社1997年版，第175页。

③ 《第三世界的一次重大胜利》，《人民日报》，1981年12月13日，第6版。

④ 瓦尔德海姆之后的四任秘书长为：秘鲁人佩雷斯·德奎利亚尔（1982-1991年）、埃及人布特罗斯·布特罗斯·加利（1992-1996年）、加纳人科菲·安南（1997-2006年）、韩国人潘基文（2007年至今）。

否决权已经成为中国维护广大第三世界国家权益的利剑，其实践过程树立了中国“伸张正义，主持公道”的国家形象，为90年代“负责任大国”的身份定位转向打下了坚实的基础。

小　结

以邓小平为核心的第二代中央领导集体在看待与联合国关系问题上，采取了稳健务实的立场，其主要目的是利用联合国资源来促进中国的改革开放和经济建设。中国与联合国的“亲疏”程度主要取决合作收益大小。而这种适应性、工具性的交往意图使中国与联合国的关系改善主要反映在程度上，并未发生性质的根本转变。

按照演进模型的计算，最后的数值总和为“3”，即验证了行为体关系始终处于“关系密切又潜在矛盾的洛克状态”，以上论述如图11所示：

图11　20世纪70、80年代文化结构特点与中国对联合国的外交行为

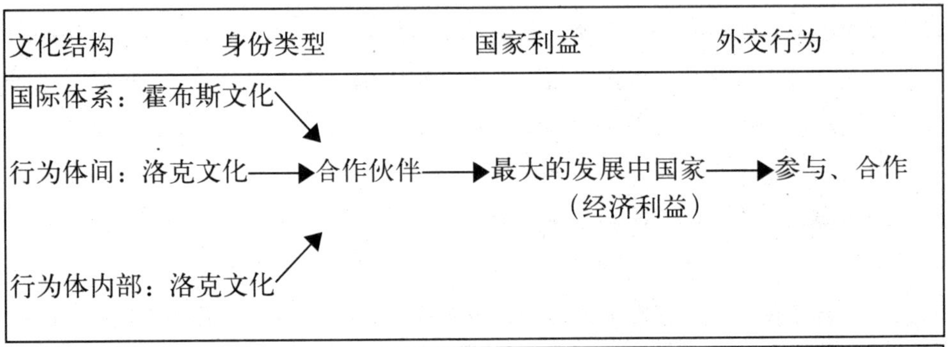

各层次文化结构特点		分值	加值	分值总和及发展趋向	
国际	美苏关系开始缓和	−2	0	3	始终处于关系密切又潜在矛盾的洛克状态
双边	关系“正常化”	1	2		
国内	政治问题逐步解决、经济问题日益突出	1	1		

第四章　20世纪90年代至今中国对联合国的外交行为

冷战结束后，在新旧格局交替的历史时期，联合国成为最有影响的国际组织，在国际事务中的作用明显增强。因为，在相互依存的全球化时代，合作是应对人类共同挑战的唯一途径。加强国际合作，必须提倡多边主义，而联合国是实践国际多边主义的重要平台。因此，联合国的作用只能加强，不能削弱。

作为安理会常任理事国中唯一的社会主义国家、发展中国家、亚洲大国，中国日益在联合国体制中扮演重要角色。这一时期，中国国家利益更多突显“责任利益”，即不仅要把自己的事情办好，同时也要关心整个世界和全人类的福祉。在“负责任的大国”的身份定位下，中国对联合国采取了“维护、扩展”的外交政策，开始在国家稳定、经济发展的基础上寻求精神层面的安全和满足感，并塑造了“明智、大度、自信”的大国形象，赢得了国际尊重。

第一节　中国对联合国外交行为的背景分析——文化结构特点

进入20世纪90年代，国际关系最显著的特点就是全球化趋势的加速发展。[①]全球化使世界形成高度依存性和一体化的“地球村”。中国对以联合国为核心的国际合作方式产生了高度的利益认同，并积极参与联合国事务。尤其是，“安定团结、政通人和”成为中国内部文化结构的主要特征，这为中国与联合国关系的深入发展提供了稳定的国内政治与经济基础。现在，中国与联合国已经步入了健

① 1985年经济学家T·莱维（Theodre Levitt）首先提出“全球化”概念，用于形容此前二十年间国际经济的巨大变化，即商品、服务、资本和技术在世界性生产、消费和投资领域中的扩散。现在人们对全球化的理解是不相同的。有学者认为全球化就是资本主义化，是资本主义一种新的发展形式或发展阶段。也有学者认为，全球化与现代化是有密切联系的，现代化全球发展的结果就是全球化。全球化在外延上表现为现代化的扩张，意味着现代性因素从支配一个国家延伸到支配全球是现代性因素的全球升华。本文所持的观点是：全球化不仅是经济全球化，其含义更多用于描述不断强化的人类跨国界互动行为或相互依赖行为。全球化趋势进一步打破了人类各群体的地区封闭性和狭隘性，增加了人类共同承担全球性风险的系数，极大地促进了对“共同利益”的理解和沟通。

康发展的快车道。

一、国际体系文化结构特点：相互依存的全球化时代

1985年3月11日，戈尔巴乔夫出任苏共中央总书记，并立即开始了最终导致苏联崩溃的改革。戈尔巴乔夫的改革从经济入手，急剧转入政治领域，并以“改造”苏联共产党为重心。随即，苏联政局不稳，社会动荡，生产力急剧下降，民族矛盾深化。在对外关系上，戈尔巴乔夫提出外交新思维，全面实行战略退让。美国总统布什则推行超越遏制战略，在政治上、经济上积极支持戈尔巴乔夫的改革。这一新战略标志美国为首的西方世界的战略重点转移到向社会主义国家发动“和平攻势”上来。苏联领导人为获得美国的支持，主动放弃社会主义意识形态，迅速倒向“西方世界”。此外，戈尔巴乔夫的“自由选择”原则加速了东欧的政治变动。①1989年，东欧剧变、柏林墙的拆除、两德统一消除了欧洲冷战的策源地，同时标志着第二次世界大战后美苏两极冷战体制和北约与华约两大军事集团对抗时代的终结。②

随着全球化浪潮的推进，国际关系成为相互交织的体系，国际社会也日益成为一个“共损共荣”的整体。在这种情况下，国际社会面临的“全球问题”日益突显，“这些全球问题的解决，不仅要靠各国自身的努力，还需要国际上的相互配合和密切合作。”因此，从某种意义而言，“今天，国家面临的是风险和危险，而不是敌人。”③

全球化不但改变着世界秩序，也改变着人们的观念，它使人们认识到：当今世界实际上已经不再是孤立的体系，世界“进入了人类进化的全球性阶段。每个人显然有两个国家，一个是自己的祖国，另一个是地球这颗行星。”④

---

① 1988年12月，戈尔巴乔夫在联合国大会上宣布不在东欧继续推行勃列日涅夫主义，让东欧国家“自由选择”发展道路和生活方式。

② 国内外很多学者在冷战结束的时间问题上存在分歧：1. 1991年12月25日，苏联宣布解体，因为作为冷战的重要参与方正式退出历史舞台。2. 1990年10月，戈尔巴乔夫同意德国统一，表明东西方不再是敌人，将要建立新的伙伴关系。3. 1990年11月21日，欧安会正式宣布“冷战结束”。本文将冷战结束的时期确定为1989年，因为这一年整个欧洲的政治变动已经开始，并且美苏首脑对冷战的结束已达成共识。1989年1月，里根离任时人们问他最大的成就是什么，他说：“人们告诉我，我赢得了冷战。”1989年冷战在东欧许多地方以有利于“西方的民主价值观和自由市场经济而结束”。是年12月，戈尔巴乔夫同布什在马耳他会见。布什说：“我们站在美苏关系新时代的门槛。”戈尔巴乔夫称：“我们声明世界告别冷战时期进入另一个时代。”

③ [英]安东尼·吉登斯：《失控的世界》，周红云译，江西人民出版社2001年版，第14页。

④ [美]芭芭拉·沃特·杜博斯：《只有一个地球》，范春萍译，吉林人民出版社1997年版，前言第17页。

中国领导人正是以全球化的时代背景来规划国家外交政策的。1992年4月，江泽民在中日邦交正常化二十周年民间组委会演讲会上提出“相互依存”的概念，[①]此后又多次强调“当今世界是一个相互依存的世界”。[②]所谓“相互依存”意味着相互间的依赖。国际政治中的相互依存，指的是“不同行为体齐心协力追求共同目标，解决争端，在相互的利益之间通过谈判进行权衡取舍。”对国际社会发生变化的“敏感性”和对国际社会协助的“依赖性”，是国际间相互依存的两个显著特点。其具体内容：一是国家经济突破了一国的界限，进而要求在全球范围内配置生产要素，以获得最佳经济效益，由此形成了主权国家之间经济上无法分割的联系。二是国内政治国际化，使国家政治带有明显的全球性特征。三是各种文化和思想的相互激荡，一些具有普遍意义的文明范式、行为规则和价值尺度在交流和激荡中相互吸纳、磨合，使民族文化、地域文化向全球文化转型，放大了人类文化的共同性。[③]可见，全球化时代，国家间利益是彼此交融的。例如，美国前国务卿奥尔布赖特曾用形象的语言描述亚太地区相互依存的场景。她说：“美国人的财富受日本经济政策的影响，日本人民的健康受到中国环境政策的影响，而中国经济的稳定则受到泰国银行体制偿付能力的影响。”[④]

“在20世纪的革命和抗争中，中国恢复了尊严和自由；尤为可贵的是，在21世纪新一轮‘全球化建构’到来之际，中国以理性的认识和饱满的热情，自觉、自愿、自主、自信地参与到了全球化的历史进程中。”[⑤]在参与过程中，相互依存的全球化时代彻底改变了中国的国家利益观。20世纪，中国领导人认为国家利益仅仅局限于一国国内，如果国家利益跨越了国界就是侵略者或霸权主义，“对中国来说，国家利益的空间范围就是中国本身，绝不能把它伸展到其他国家和地区去。”[⑥]实际上，国家利益的内涵、范畴是动态变化着的。全球化时代，中国的国家利益已经不再局限于传统的国内，而是越来越多地体现在国际组织的规则

① 江泽民在《国际形势和中日关系》的演讲中指出，“人类社会发展至今天，人们已愈来愈认识到大家生活在一个相互依存的世界里。”

② 例如，1994年9月，江泽民在俄罗斯国际关系学院发表演讲时指出，“当今世界经济已成为一个相互联系、相互依存的整体。”同年11月，江泽民在亚太经济合作组织第二次领导人非正式会议上讲话时更加鲜明地指出，“当今世界是多样性的世界，同时，当今世界又是一个相互依存的世界。”

③ 汤光鸿：《顺应历史潮流，维护全人类共同利益》，《国际问题研究》，2003年第2期，第2页。

④ Graeme Cheeseman, Asia-Pacific Security Discourse in the Wake of the Asia Economic Crisis, *The Pacific Review*, Vol. 12, No.3, 1999.

⑤ 纪波民：《从世界历史看全球化》，《读书》，2003年第2期，第2-5页。

⑥ 潘石英：《现代战略思考——冷战后的战略理论》，世界知识出版社1992年版，第66页。

中，体现在与中国紧密相连的一系列国际事务的处理中，即体现在与外部世界的交往中。[①]所以，在全球化时代，国家利益的实现已经跨越了有形的国界。作为地处亚洲、具有世界影响力的大国，中国在处理国际、国内事务时，不仅要从本国利益出发，还应充分关注全人类的共同利益，承担起一个大国为人类文明进步应尽的义务，作一个具有世界影响的"负责任的大国"。

二、中国与联合国间文化结构特点：互动起点充满"好感"

进入20世纪90年代，中国对以联合国为核心的国际合作方式产生了高度的利益认同，并认为"世界即将更迭，人类谋求发展，世界需要联合国，联合国任重道远。"[②]的确，联合国在冷战结束后立即承担起维护世界和平的使命，国际地位大幅提升。

1990年8月2日，伊拉克武装入侵进而吞并科威特，严重违背了《联合国宪章》和公认的国际关系准则。接着，美国等一些国家派重兵进驻海湾。海湾危机成为国际社会关注的中心。联合国为使这一问题得到公正的解决做了大量工作。安理会连续通过12项决议，谴责伊拉克武装入侵科威特，要求伊拉克无条件从科威特撤军。安理会的行动对伊拉克的侵略行径形成巨大压力。

为推进柬埔寨问题公正、合理解决，安理会常任理事国进行了6轮磋商和两次工作会议，通过了关于全面政治解决柬埔寨问题的5个文件，为最终求得柬埔寨问题的政治解决打下了坚实的基础。纳米比亚在联合国直接帮助下于1990年3月正式获得独立。1990年联大对巴勒斯坦问题为核心的中东问题通过了多项决议，对巴勒斯坦人民争取民族生存权的斗争予以同情和支持。

在经济领域，1990年4月联合国进行经济问题特别联大，会议协商一致通过了一项宣言，强调振兴发展中国家的经济是90年代最重要的任务，呼吁国际社会创造有利的国际经济环境，大力支持发展中国家为解决其经济和社会问题所作的努力。该届联大还通过了旨在指导国际经济合作以促进发展中国家经济和社会发展的第4个十年《国际发展战略》文件。

此外，90年代初期，安理会在一些重大（特别是威胁世界和平）国际问题

① 韩源：《中国国际战略构建的全球化视野》，《马克思主义与现实》，2005年第6期，第138页。

② 《联合国的作用明显增强》，《人民日报》，1991年1月2日，第7版。

上，观点与立场有趋近一致的迹象。与之相应，安理会通过的决议，特别是以协商一致方式通过的决议大幅度增加。其中，五大国在1990-1992年均未投否决票，在1993-1995年间也仅使用过3次否决权（美国1次、俄罗斯2次），[①]见表12：

表12　安理会决议数及协商一致情况

	通过的决议		协商一致的决议		协商一致占通过决议的%
	合计（项）	年均（项）	合计（项）	年均（项）	
1946—1964	199	10.5	11	0.6	5.5
1965—1971	102	14.6	41	5.9	40.2
1971—1976	101	16.8	48	8	47.5
1991.6—1992.6	61	61	57	57	93.4

与联合国作用增强相应的是中国国际地位的提升。冷战结束初期，在苏联和多数社会主义国家陷于“解体综合症”不能自拔的情况下，中国却以对社会主义的坚持和所取得的成就，令世界刮目相看。不仅如此，中国还越来越多地表现出对外界事务的关注，中国参与了联合国安理会的冲突管理过程。没有中国的建设性参与，就无法减轻和缓和国际上，尤其是亚太地区的军事、社会、人口和环境冲突。由于中国是世界上公认的有核武器国家之一，其合作态度是任何有意义的全球和地区军控和裁军进程所不可缺少的。作为有世界1/4人口的大国，没有中国参与或将中国排斥在外的人权体制也是没有威信的。[②]因此，“在外部世界相当一部分人看来，当今的国际事务如果不把中国纳入进来，就很难获得理想的解决方案。”[③]

在此背景下，中国与联合国的互动起点充满“好感”。中国愈加期望被视为国际制度内负责任的参与者，而对被视为孤立、顽固的角色分外敏感。[④]1990年8

① 计翔翔：《联合国维持和平行动的历史考察》，《浙江大学学报（人文社会科学版）》，1999年第3期，第144页。

② [美]伊莉莎白·埃克诺米、米歇尔·奥克森伯格主编：《中国参与世界》，华宏勋等译，新华出版社2001年版，第47页。

③ 王逸舟：《全球政治和中国外交》，世界知识出版社2003年版，第45页。

④ Alastair Iain Johnston and Paul Evans, China’s Engagement with Multilateral Security Institutions, in Alastair Iain Johnston and Robert S. Ross, eds., *Engaging China: The Management of An Emerging Power* (London: Routledge, 1999), pp. 248-254.

月，中国政府代表团在联合国环境与发展大会筹委会第一次实质性会议上，针对世界面临经济发展减缓、南北差距拉大、环境破坏加剧的现实，提出处理环境与发展问题的六项基本原则。这六项原则是：正确处理好环境保护与经济发展的关系；充分考虑到发展中国家的特殊情况和需要；不干涉别国内政；发达国家应承担更多的国际义务；不应把环境方面的考虑作为提供发展援助的附加条件和设立新的贸易壁垒的借口；加强国际环境立法工作。此外，中国还参与了国际人权领域的所有重大活动，多次发表人权白皮书宣告自己的人权主张，中国宣布的政策与国际标准越来越一致，并批准了联合国框架下所有重要的人权公约，见表13：

表13　联合国常任理事国对人权公约的批准①

公约	中国	法国	俄罗斯	英国	美国
《消除一切形式种族歧视国际公约》	批准	批准	批准	批准	批准
《关于公民与政治权利公约》	批准	批准	批准	批准	批准
《关于经济、社会和文化权利公约》	批准	批准	批准	批准	未批准
《消除对妇女一切形式歧视公约》	批准	批准	批准	批准	未批准
《禁止酷刑和其他残忍、不人道或有辱人格的待遇或处罚公约》	批准	批准	批准	批准	批准
《儿童权利公约》	批准	批准	批准	批准	未批准

事实上，相对于中国在其他国际组织中的重要性而言，没有任何一个国际组织给予中国的地位超过联合国。因此，也没有任何一个国际组织对中国的影响、对中国的作用超过联合国。进入90年代，中国全面参与联合国体制下各类国际公约，而这在很大程度上是联合国塑造中国全球政策、规范中国治理理念的成果。例如，中国于1992年7月30日递交了加入《世界版权公约》的官方文件，同年10月30日对中国生效；中国于1992年11月7日加入《保护录音制品制作者防止未经许可复制其录音制品公约》；1992年12月28日，第七届全国人大常委会第29次会议决定：中华人民共和国加入《反对劫持人质国际公约》；1994年8月18日，《船舶优先权和抵押国际公约》对中国生效；中国是世界上生物多样性最丰富的国家之一，也是被批准加入《生物多样性公约》最早的国家之一。中国于1992年6月11日签署该公约，1992年11月7日批准，1993年1月5日交存加入书；

① 资料来源：*United Nations Development Program, Human Development Report 2000* (New York: Oxford University Press, 2000), pp. 48-51.

中国于1996年5月15日批准《联合国海洋法公约》，是世界上第93个批准该公约的国家；1996年3月1日，全国人大常委会第18次会议决定：批准由国际原子能机构1994年6月17日通过的《核安全公约》。1996年4月9日，中国代表向国际原子能机构总干事提交了国家批准书，自此之后的第90天起，该公约对中国生效；1996年12月26日，经全国人大常委会批准，中国正式加入了《联合国防治荒漠化公约》。2004年10月15日，该公约国际培训中心在北京成立；中国是《关于禁止发展、生产、储存和使用化学武器及销毁此种武器的公约》的首批签署国，并于1997年4月交存了公约的批准书；中国于1997年5月9日经全国人大常委会批准加入《关于国家和国际组织间或国际组织相互间条约法的维也纳公约》；2003年12月10日，中国外交部副部长张业遂代表中国政府在《联合国反腐败公约》上签字。2005年10月27日，十届全国人大常委会第18次会议以全票通过决定，批准加入《联合国反腐败公约》，等等。客观地说，中国采取积极措施加入以联合国为核心的国际公约，是有着深厚的历史背景、社会动力和信任基础的，而不能简单地看做一种外交意义上的举措。

三、行为体内部文化结构特点：安定团结、政通人和

1989年6月，中共十三届四中全会选举江泽民为中共中央政治局常务委员、中共中央委员会总书记，开始形成了以江泽民为核心的党的第三代中央领导集体。在以江泽民同志为核心的第三代中央领导集体的领导下，中国改革开放的步伐明显加快，国民经济持续稳定增长，综合国力大幅提升。

以江泽民为核心的党中央坚持以发展为第一要务，用发展的眼光、发展的思路、发展的办法解决前进中的问题，推动中国经济社会全面发展，取得了举世瞩目的辉煌成就：

国民经济持续快速健康发展。从1989年到2002年，中国国内生产总值年均增长9.3%，居同期世界各国年均经济增长率之首，经济总量由居世界第10位跃升到第6位。

改革开放取得丰硕成果。社会主义市场经济体制初步建立，宏观调控体系不断完善，政府职能转变步伐加快。经过十五年的艰苦谈判，加入了世界贸易组织，使中国对外开放在更大范围、更广领域和更深层次上参与国际经济技术合

作与竞争。世界贸易排名由1989年的第15位跃升到第5位。外汇储备从1989年至2002年增长51倍，总额居世界第二位。

社会主义民主政治建设取得新的进展。政治体制改革迈出新步伐。

社会主义文化建设成效显著。贯彻“两手抓、两手都要硬”的方针，出现了两个文明建设互相促进的可喜局面。

国防和军队建设迈出新步伐。人民解放军的革命化、现代化、正规化建设继续加强，国防实力和军队防卫作战能力进一步提高。

人民生活总体上达到小康水平。城乡居民收入持续增长。人民生活水平总体上实现了从温饱到小康水平的历史性跨越。

祖国统一大业取得新进展。中国政府恢复对香港、澳门行使主权，洗雪了中华民族的百年耻辱。坚持“和平统一、一国两制”的基本方针和现阶段发展两岸关系、推进祖国和平统一进程的八项主张，①加强海峡两岸人员往来和经济文化交流，深入开展反对“台独”等各种分裂图谋的斗争。

对外工作开创新局面。十三年来，与中国建交的国家从137个增加到165个。面向新世纪确立了全方位外交的新格局，构筑稳定的大国关系框架，加强同周边国家的睦邻友好关系，②进一步发展同发展中国家的友好合作关系。

中国共产党的建设全面加强。大力推进党的建设新的伟大工程。确立邓小平理论和“三个代表”重要思想作为党的指导思想，用邓小平理论和“三个代表”重要思想武装全党。

2004年9月24日，新华社发表题为《载入史册的辉煌》的文章，高度评价了以江泽民为核心的第三代领导集体对中国社会发展所作出的巨大贡献：从中共十三届四中全会到中共十六大的十三年，是中国特色社会主义发展史上光辉的一页。“人们公认，这十三年是中国综合国力大幅度跃升、人民得到实惠最多的时期，是中国社会长期保持安定团结、政通人和的时期，是中国国际影响显著扩

① 1995年1月30日，江泽民发表题为《为促进祖国统一大业的完成而继续奋斗》的重要讲话。讲话就现阶段发展两岸关系、推进祖国和平统一进程的若干重要问题提出了八项主张。主要内容包括：1．坚持一个中国原则。2．对于台湾同外国发展民间性经济文化关系，我们不持异议。3．进行海峡两岸和平统一谈判。4．努力实现和平统一，中国人不打中国人。5．要大力发展两岸经济交流与合作，以利于两岸经济共同繁荣，造福整个中华民族。6．中华文化始终是维系全体中国人的精神纽带，也是实现和平统一的一个重要基础。7．台湾同胞不论是台湾省籍，还是其他省籍，都是中国人，都是骨肉同胞、手足兄弟。8．我们欢迎台湾当局的领导人以适当身份前来访问；我们也愿意接受台湾方面的邀请前往台湾。

② “亲仁善邻”是中华民族的优良传统。20世纪90年代以后，中国致力于与所有邻国发展长期稳定的睦邻友好关系。江泽民指出，“加强与周边国家的睦邻友好合作，是中国外交政策的重要方面。”这期间，中国周边外交局面大为改观，先后与印尼复交，与新加坡、文莱、韩国建交，与蒙古、老挝、越南实现关系正常化。

大、民族凝聚力极大增强的时期。”①

对中国所取得的成就，联合国也予以充分认可。2002年联合国开发计划署发布《2002年人类发展报告》高度评价中国经济、社会发展所取得的巨大成就，报告指出，“中国作为世界上人口最多的国家，不仅是少数实现经济稳步快速增长的国家，也是改善人民生活和消除贫困方面取得突出成就的发展中国家。与此同时，中国积极推动民主进程，加强法制建设，实行党政分开，打击腐败，在政治领域的改革已经显现成效。”②

2003年12月，联合国贸易和发展会议指出，中国不仅是外国直接投资的接收国，而且正逐渐成为外国直接投资的输出国。2002年中国的外国直接投资输出总额超过350亿美元，输出的国家和地区多达160多个。该组织2004年发布的《世界投资报告》认为，中国已成为当前世界经济增长的两大发动机之一，做出这种判断的基本依据就是中国近些年来直接利用外资的情况。从2000年起，由于经济发展的低迷状态，世界其他国家和地区吸收国际直接投资（FDI）呈大幅度下降趋势，可与此同时，中国实际吸收外资的总量却稳步地增长。2004年，中国吸收的FDI突破了600亿美元。2006年，中国吸收的FDI高达700亿美元，排名全球第四。

对于中国发展的强势状况，联合国前贸发会议秘书长里库佩罗（Rubens Ricupero）指出，“中国确实是一个榜样，这不仅表现在中国提前实现了一些千年发展目标，如减少贫困人口、增加小学上学人数，而且还表现在中国也是发展的一个榜样，过去二十二年，中国一直是世界上经济增长率最高的国家，经济的高速发展使贫困人口明显减少，所以在发展方面，中国是落实千年发展目标的典范。”③2005年9月29日，联合国教科文组织第172届执行局会议作出决定，正式批准设立国际“孔子教育奖”，奖励在教育和文化等方面作出突出贡献的各国政要和专家。这从一个侧面表明中国文化的独特魅力，也说明联合国对中国在政治、经济、文化、社会等方面所取得成就的广泛认同。

① 《从中共十三届四中全会到十六大——载入史册的辉煌》，中国新闻网，2004年9月24日，http://www.chinanews.com.cn/news/2004/2004-09-24/26/487938.shtml.

② 《联合国发布人类发展报告，积极评价中国发展成就》，《人民日报》，2002年7月25日，第7版。

③ 《中国是发展的榜样——访联联合国贸发会议秘书长里库佩罗》，《人民日报》，2004年3月26日，第3版。

第二节 中国领导人对文化结构的认知及中国的身份定位

面对一个相互依存的世界，江泽民指出，“世界上约有二百个国家，无论是社会制度、价值观念和发展程度，还是历史传统、宗教信仰和文化背景，都存在着差异。”[①]承认差异性就是尊重多样性，“阳光包含七种色彩，世界也是异彩纷呈。每个国家、每个民族都有自己的历史文化传统，都有自己的长处和优势，应该相互尊重、相互学习、取长补短、共同进步。”[②]因此，在一个相互依存的世界里，首先需要承认世界多样性。在多样性前提下，方能提倡“和而不同”，方能强调多元基础上的和谐共存、共荣。

一、坚持“和而不同”构建“和谐世界”

中国古代思想家孟子说：“夫物之不齐，物之情也”，已隐含多样性思想。今天，“和而不同”世界观充分表明中国领导人清楚地认识到国际社会是一个相互依存的整体，从而明确表达了对现存国际体系的认同，而中国必须融入以联合国为代表的国际体系之中。这是中国对世界认识的又一次重大飞跃。

基于国际形势的变化，自20世纪90年代以来，中国领导人以“当今世界是一个相互依存的世界”的论断来概括世界格局。这一新的格局观是对“世界多极化”格局观的继承与发展。“多极化”只表明世界存在的主要力量中心，而“一个相互依存的世界”则表明了各力量中心之间及与其他力量之间的战略关系。江泽民1994年在亚太经贸组织第二次领导人非正式会议的讲话中指出，“多样性产生互补性，相互依存带来相互合作的需要。”[③]党的十六大报告又进一步强调，“我们主张维护世界多样性，提倡国际关系民主化和发展模式多样化。世界是丰富多彩的。世界上的各种文明、不同的社会制度和发展道路应彼此尊重，在竞争

① 中央文献研究室：《十四大以来重要文献选编》中册，人民出版社1997年版，第1555页。
② 中央文献研究室：《十五大以来重要文献选编》上册，人民出版社2000年版，第71页。
③ 《在亚太经贸组织第二次领导人非正式会议的讲话》，《人民日报》，1994年11月16日，第1版。

比较中取长补短，在求同存异中共同发展。”[①]

可见，“世界多样性”思想是“和而不同”世界观的认识论基础，也是“一个相互依存的世界”格局观的认识论基础。“和而不同”就是承认差异，强调在不同的基础上共存、共荣。早在两千多年前，中国先秦思想家就提出了“君子和而不同”的思想。[②]江泽民多次对这一思想进行了阐述，他说：“和谐而又不千篇一律，不同而又不相互冲突。和谐以共生共长，不同以相辅相成。和而不同，是社会事物和社会关系发展的一条重要规律，也是人们处世行事应该遵循的准则，是人类各种文明协调发展的真谛。”[③]可见，中国倡导的世界是“不同”与“和谐”的统一，主张各国在多样性中和谐共存。

可以说，坚持“和而不同”是构建“和谐世界”的前提，中国倡导的“和谐世界”是“和而不同”的世界，这一思想是中国文化对世界进步的又一重要贡献。2005年4月22日，胡锦涛参加雅加达亚非峰会，在讲话中提出，亚非国家应“推动不同文明友好相处、平等对话、发展繁荣，共同构建一个和谐世界”。这是“和谐世界”理念第一次出现在国际舞台。7月1日，胡锦涛出访莫斯科，“和谐世界”被写入《中俄关于21世纪国际秩序的联合声明》，第一次被确认为国与国之间的共识。2005年9月15日，胡锦涛在联合国成立六十周年首脑会议上发表了题为《努力建设持久和平、共同繁荣的和谐世界》的重要讲话，首次在联合国舞台全面阐述了中国对构建“和谐世界”的看法和主张。

基于构建“和谐世界”的目标要求，“和而不同”的世界观主张各国在外交实践中作国际关系中的“君子”。所谓“君子”主要指遵守国际规则，敢于承担责任的国际关系行为体。“君子”不仅要“独善其身”，更要“兼善天下”。所谓“慎独”就是指独处时也能恪守道德，自律、坦荡。所谓“兼善”是“慎独”的相对价值，指秉节怀玉、修己安人、正己达人、富己泽人。构建“和谐世界”必须保持自我与他者的和谐、人与自然的和谐、主权国家与国际社会的和谐，从而最终实现“世界和谐”。从建构主义角度讲，“君子”也是新时期中国国家身份的自我建构与国家形象的自我要求。

---

① 江泽民：《全面建设小康社会，开创中国特色社会主义事业新局面》，人民出版社2002年版，第48页。

② 参见《论语·子路第十三》。子曰：“君子和而不同；小人同而不和。”何晏《论语集解》对这句话的解释是：“君子心和然其所见各异，故曰不同；小人所嗜好者同，然各争利，故曰不和。”意思是，君子相交，才能互相取长补短、求大同存小异，故和而不同。小人相交，则为利益所驱，相处就不会融洽，故同而不和。

③ 《江泽民主席发表重要演讲——受到与会美国政治家、学者和大学生的热烈欢迎》，《人民日报》，2002年10月25日，第1版。

中国倡导的“和谐世界”，其宗旨是创造“普遍发展、共同繁荣与持久和平”的世界，这与《联合国宪章》等普遍性国际组织的宗旨完全一致。因此，中国领导人多次表示，建设“和谐世界”离不开一个强有力的联合国。“和谐世界”根植于中华文明的沃土，同时又与《联合国宪章》的精神具有一致性。“和谐世界”的构建应与弘扬宪章的精神，推进联合国改革，加强联合国的地位与作用相结合。联合国作为当今世界上最具普遍性和代表性的国际组织，在维护国际和平与安全、促进人类进步与发展的事业中发挥着不可替代的作用。《联合国宪章》确立的各项宗旨和原则，符合和平、发展、合作的历史潮流，符合世界各国人民的根本利益，也是构建“和谐世界”的重要支撑。①

可见，和平大国与和平组织正在建构“相互依存”的密切关系。同时，上述世界观与价值观的形成表明，中国与联合国的战略互动进入新的历史阶段。中国对以联合国为核心的国际体制的态度由“谋挑战”、“促变革”转变为“谋共存”、“促发展”；过去那种“你死我活”、“非此即彼”、“非敌即友”的二元认识论基础，逐渐被以“和平、合作、和谐”为内核的多元论思想所替代。

二、“负责任的大国”的身份定位

全球化的今天，中国已不再是游离于国际社会之外“孤愤的革命者”、联合国价值的“索取者”，而是“地球村”里维护和平与稳定、促进发展与繁荣的重要成员。中国领导人的责任意识不断加强，并重新定位国家身份——“负责任的大国”。②在联合国舞台上，要成为负责任、讲和平的大国，中国必将更加广泛和深入地参与联合国事务，并且应一如既往地支持联合国的崇高事业。

（一）“中国之世界”与“世界之中国”

国际社会也经历了一个感受和接受中国新身份的过程，这个过程与文化结构优化相辅相成，共同促进中国国家身份的从三个层面发生转变：第一，就国力而

① 郑启荣、孙洁琬：《和谐世界理念与联合国宪章精神》，《外交评论》，2006年第4期，第20页。

② 有学者认为中国定位国际社会中“负责任大国”的动力来源于：20世纪90年代以后，中国综合国力的大幅提升；中国政府应对“中国威胁论”的积极反应；中国领导人对“政权合法性”的重视；中华民族所具有的大国自觉意识，等等。本文则从建构主义理论视角分析认为，“负责任大国”的身份定位是冷战结束后国内、国际体系以“友谊”为特征、以“集体认同”为核心的康德文化结构共同建构的产物。

言，中国由落后的发展中国家正在崛起为对地区和世界事务具有重要影响力的大国。第二，就体系位置而言，中国先由国际体系的挑战者、旁观者，向参与者、合作者转变后，现在逐渐成为国际体系的维护者、引导者。第三，就战略重要性而言，中国由一个过去被国际社会忽略和偶尔借重的对象正在变成一个既被重视、寄予厚望，同时又被加以提防、遏制的对象。中国已不可能置身于大国责任之外了。

美国学者迈克尔·奥克森伯格（Michael Oxenberg）认为中国对“大国身份”的追求具有连贯性，“毛泽东和邓小平选集中的演讲及文章，一直到江泽民1997年对中国强大、统一、繁荣、走社会主义道路、民主、先进文化的呼吁，内容都大同小异。”同时，他把这种连贯性归因于百年来中国战略目标的一致性，即强调稳定和统一、渴望独立，强调强大与安全，要求繁荣昌盛，建立平等的社会，要求尊严、得到尊重、在国际上有发言权等六个方面。①

的确，如果对中国官方文件、言论进行检索，可以发现中国领导人从不间断地强调“大国身份”。下文以中共历次全国代表大会重要文献信息为例，具体说明在不同历史时期，国家领导人对“大国身份”的“持之以恒”，见表14：

表14　有关中国“大国身份”的文献整理

时间	文件名称	具体内容
1950年	为争取国家财政状况的基本好转而斗争	毛泽东：中国是一个“大国”，情况极为复杂，革命是在部分地区首先取得胜利，然后取得全国的胜利。
1956年	中国共产党第八次全国代表大会开幕词	毛泽东：我们决不可有傲慢的大国主义的态度，决不应当由于革命的胜利和在建设上有了一些成绩而自高自大。
1969年	在中国共产党第九次全国代表大会上的报告	林彪：毛泽东思想在一个七亿人口的大国中，得到这样广泛的普及，是这次无产阶级文化大革命最大的收获。
1978年	解放思想，实事求是，团结一致向前看	邓小平：我国有这么多省、市、自治区，一个中等的省相当于欧洲的一个大国。

① [美]罗伯特·帕斯特：《世纪之旅——七大国百年外交风云》，胡利平等译，上海人民出版社2001年版，第318页。

1981年	关于建国以来党的若干历史问题的决议	在我们这样一个大国，尤其必须主要依靠自己的力量发展革命和建设事业。
1982年	全面开创社会主义现代化建设的新局面	胡耀邦：我国是有十亿人口的大国，应当对世界有较大贡献，人们也理所当然地对我们抱有期望。
1985年	团结奋斗，再展宏图	胡耀邦：我们党是领导中国这样一个社会主义大国的大党。
1990年	第十三届中央委员会第七次全体会议公报	我国是发展中的社会主义大国，经济建设的立足点必须放在自己力量的基础上。
1992年	加快改革开放和现代化建设步伐，夺取有中国特色社会主义事业的更大胜利	江泽民：中国是拥有十一亿人口的大国，中国共产党是拥有五千万党员的大党。
1993年	在中国共产党第十四届中央委员会第三次全体会议上的讲话	江泽民：我国是幅员辽阔的大国，……一个党、一个民族、一个国家，特别是像我们这样的大党，这样十多亿人口、由五十六个民族组成的多民族大国。
1995年	关于制定国民经济和社会发展“九五”计划和2010年远景目标建议的说明	李鹏：我国是发展中大国，具有广阔的国内市场，建设事业持续发展和人民生活不断改善所形成的巨大需求，是经济发展的强大推动力。
1997年	高举邓小平理论伟大旗帜，把建设有中国特色社会主义事业全面推向二十一世纪	江泽民：在我们这样的东方大国，经过新民主主义走上社会主义道路，这是伟大的胜利。
2002年	全面建设小康社会，开创中国特色社会主义事业新局面	在我们这样一个多民族的发展中大国，要把全体人民的意志和力量凝聚起来。

然而，“大国身份”必须同时满足两个条件，其一是“能力”，要以大国身份进行外交，必然要有大国实力；其二是“意愿”，也就是要有大国身份进行外交的主观倾向性，同时体系及单位层面的文化结构还必须有利于大国身份的建构。在90年代之前，中国领导人虽然强调中国的“大国身份”，但仅仅局限于强调，这种言论更像是凝聚民族自信心的“外交宣誓”。随着国家实力的不断增强，国内外环境的日益改善，进入90年代，中国真正同时具备了开展“大国外

交”的“意愿”和“能力”。

当然，评判“大国身份”的另一个重要条件就是一个国家的战略重要性。例如，20世纪70年代，中、美、苏之间的大三角战略平衡关系，由于美国争取中国来对抗苏联，因而中国在这种战略大三角中处于“左右逢源”的有利地位，并与美国结成了对抗苏联霸权主义的战略合作关系。这种战略大三角关系的客观结果是，提升了中国大国作用，赋予了中国大国地位。但是，这种大国身份是不稳定的，因为战略对手的消失或改变将直接决定三角关系的存亡，同时影响行为体在三角关系中的权重。因此，一般而言，我们以“能力”与“意愿”作为评判“大国身份”的必要条件。

是否具有“大国身份”的一个评判标准就是看“其他大国是否视中国为大国”。20世纪90年代后，俄罗斯是最早承认中国“大国地位”的国家。早在1994年的《中俄联合声明》第4点便提及，“双方互相视对方为在多极化体系正在形成条件下，维护和平与稳定的重要因素的‘大国’。”①继俄罗斯之后则为法国，1997年《中法联合声明》指出，“两国作为联合国安理会常任理事国，对国际事务负有特殊责任。”②1997年江泽民访美期间，美国总统克林顿在欢迎国宴致词中赞扬中国，“正作为一个对全球负责任的大国对国际社会的发展做出重大贡献。”③《中美联合声明》进一步指出，“中美作为亚太地区的大国，愿加强合作，共同对付面临的各种挑战，为促进本地区的稳定和繁荣作出积极贡献。”④

国际社会对中国大国身份的认同具有双重作用：一方面，客观认识中国能力，促使其承担“大国责任”；另一方面，精神“奖赏”中国作用，以规范中国行进路线。在文化结构的作用下，“负责任大国”的身份转换意味着中国内外部“角色期待”的压力增大，⑤外交政策的选择余地相对缩小。随着中国影响力进一步增强，如何应对“中国崛起”成了全球热门话题，随之而来的“中国威胁

① 《中俄联合声明》（1994年9月），新华网，http://news.xinhuanet.com/ziliao/2002-11/27/content_642448.htm.

② 《中法联合声明》（1997年5月），新华网，http://news.xinhuanet.com/ziliao/2002-09/12/content_559463.htm.

③ 《江泽民与克林顿总统会谈，克林顿举行盛大国宴欢迎江泽民》，《人民日报》，1997年10月31日，第1版。

④ 《中美联合声明》（1997年10月），新华网，http://news.xinhuanet.com/ziliao/2002-01/28/content_257084.htm.

⑤ 依据社会学定义，每个行为体在国际社会上都会占据一定位置，称为“社会地位”（Social Status），而占据该地位时，社会所赋予的期望，以及所要求履行的行为、权利与义务，称之为“社会角色”（Social Role）。因此，“角色期待”是指，“社会对于各种不同角色的行为模式要求，往往可以允许行为者进行诠释，可是，这种诠释具有一定的限度，必须由行为者不断地去试探这种界限的所在。”为避免“自我认同”与“角色期待”之间形成矛盾，行为者应尽量同时化解国内及国际社会施加的“角色压力”。

论”、“中国崩溃论”和“中国奇迹论”、“中国机遇论”也不绝于耳——“中国是一个巨大的屏幕，外国人在这个屏幕上放映着他们的希望和恐惧。对经济利益的期待与对金融危机的担忧并存，有关各国影响力的尖锐警告与有关中国崩溃的预测并存，对中国民主变革的看法与对当前现实的讽刺并存。”[①]可见，成为世人注目的焦点是中国不可回避的现实。因此，全球化时代，中国只能树立“和平、发展、合作”的大国形象，只能执行“自信、理性、负责”的大国外交。这一切说明，当今中国的身份定位是国际、国内文化结构共同作用的必然结果。

新时期，作为“负责任的大国”，中国一方面应充分认识到国家实力和国际地位的增长，承担负责任大国的历史使命；另一方面要意识到自身存在的问题及实力局限，以建设性的心态和实际行动积极参与国际事务的处理，有所作为：政治方面，坚守立场而策略不失灵活；经济方面，积极融入世界经济秩序，全面参与竞争；军事方面，稳步加强军事实力，加速军事现代化建设步伐；文化方面，在弘扬中华文明的基础上，加强对其他文明精髓的吸收、借鉴。[②]在国际组织战略方面，中国应推动建立联合国制度规范下的国际社会，并在其过程中起到模范作用，从而实现“处大国不攻小国，处大家不篡小家，强者不劫弱，贵者不傲贱，诈者不欺愚”的国际秩序。

在国际关系中，有一个如何处理本国利益与他国利益的关系问题。作为“负责任的大国”，必须正确处理自我利益与他者利益的关系。美国学者罗伯特·基欧汉(Robert Owen Keohane)认为，一国在追求本国利益时，如何处理与他国利益的关系，围绕利己主义和利他主义两种基本原则，将会出现四种不同的选择模式：

第一种，绝对的利己主义，对他国的福祉完全无动于衷。

第二种，只有在别国的行为会影响本国的情况下才关注他国利益。

第三种，既关心本国利益，也关心他国利益。

第四种，一国纯粹为他国利益而关注其福祉，即使这样做对本国的物质利益和安全毫无裨益。[④]

---

① David Lampton, Think Again: China,*Foreign Policy*, No.110, (Spring 1998), pp. 13-27.

② 门洪华：《中国国家战略利益的拓展》，《战略与管理》，2003年第2期，第84页。

③ 基欧汉认为，之所以出现这种情况，并不是因为这类国家大公无私，而是因为我们赖以生存的这个世界相互依赖日益加深，“因为不论别国如何行动，其收益的增长也会促进自身的利益，反之亦然。”

④ [美]罗伯特·基欧汉：《霸权之后——世界政治经济中的合作与纷争》，苏长和译，上海人民出版社2001年版，第147-148页。

在中国实行闭关锁国政策和奉行无产阶级国际主义的时代，中国曾经按照第二种模式和第四种模式来处理本国利益与他国利益的关系。实践证明，这两种模式的实际效用都很低。改革开放之后，中国实际上放弃了这两种模式，转而采取第三种模式，即在关心本国利益时，也关心他国利益，在国际合作中强调双赢，即互惠互利。①因为，在这个相互依存的世界里，谁也离不开谁，“当今世界，紧密交织的贸易与金融网络反映了经济相互依赖的增强，它可以将福利效果，不论是好是坏，直接由一个社会传达到另一个社会中去。在这种情况下，无论具有利己主义倾向的行动者采取何种行动，他们彼此之间的利益都构成了情势性的相互依赖关系。”②

总之，作一个“负责任大国”的深刻含义就在于：中国不仅要把自己的事情办好，而且也要关心整个世界和全人类的福祉，“中国是国际大家庭的一员。中国离不开世界。中国的改革开放和现代化建设，需要一个长期的国际和平环境，需要同各国发展友好合作关系。同时，世界和平与发展，需要中国的稳定与繁荣。”③可见，中国的世界观已由“中国之世界”转变为“世界之中国”，即由“中国中心论”转变为“中国一员论”。

（二）伙伴关系、新安全观：角色示范作用的发挥

“角色示范”是由行为者通过树立正面或负面的榜样作用来影响其他行为者的发展，同时形成国际社会对“自我”的印象评价。其作用的发挥除依靠宣传外，更多依赖于社会实践，即体现“其身正，不令而行；其身不正，虽令不从”。

改革开放之后，中国集中精力进行经济建设，因此中国领导人主要考虑的是如何借助联合国为核心的国际组织发展壮大中国，而关于中国向世界的承诺和对于整个人类的贡献问题尚未提上议事日程。进入90年代，中国领导人亲身感受中国与国际社会的相互依存与多向互动，更加看重中国的国家形象及外部评价。对于他们来说，中国如何在世界舞台履行责任，是一个无法回避的重大课题。

① 曹云华、徐善宝：《睦邻外交政策与中国——东盟关系》，《当代亚太》，2004年第2期，第59页。

② [美]罗伯特·基欧汉：《霸权之后——世界政治经济中的合作与纷争》，苏长和译，上海人民出版社2001年版，第148页。

③ 《让我们共同缔造一个更美好的世界——在联合国成立五十周年特别纪念会议上的讲话》，《人民日报》，1995年10月25日，第1版。

由此，中国外交的指导思想由“革命造反”到“建设优先”，直至“责任不可回避”。而中国与联合国的关系也经历了“从拒绝到承认、从观望到参与、从扮演一般性角色到力争重要发言权”的重要转变。①

在“负责任的大国”身份作用下，中国采取了主动融入世界的外交政策，主要表现在：“伙伴关系”的建立；“新安全观”的倡导。而这些外交政策与实践毫无疑问地有利于中国在世界范围内发挥角色示范作用。

冷战后，中国所建立和发展的“伙伴关系”，意在“寻求发掘本国和其他国家间潜在的共同利益、弥合与其他国家的利益矛盾，从而将本国和其他国家的冲突性关系转化为友好的伙伴关系，”②其核心是“三不”，即不对抗、不结盟、不针对第三方。“伙伴关系”的实质是摈弃传统的零和博弈，强调以平等、互信为基础，最终实现互利双赢。1994年，中俄建立“建设性伙伴关系”，并于1996年提升为“战略协作伙伴关系”。1997年，中法建立“面向21世纪的全面伙伴关系”，2004年提升为“中法全面战略伙伴关系”。1997年，中美建立“建设性战略伙伴关系”。1998年，中英建立“全面伙伴关系”。同年，中日建立“致力于和平与发展的友好合作伙伴关系”。2004年，中德宣布建立“具有全球责任的伙伴关系”。除此之外，中国还与一些重要的非国家行为体建立伙伴关系。例如，1997年，中国与东南亚国家联盟建立了“面向21世纪的睦邻互信伙伴关系”，2003年提升为“面向和平与繁荣的战略伙伴关系”。同年，中国与欧洲联盟建立了“全面战略伙伴关系”。2006年，中非合作论坛北京峰会宣言郑重宣布建立和发展中非“新型战略伙伴关系”。

“伙伴关系”是新型的国际关系，也是国际文化结构优化的客观反映。它与冷战时期的结盟关系完全不同，这一关系吸取了冷战时期，“将己方的安全建立在对方的不安全上”的教训，突出国家利益的相互依赖性。必须指出，保证“伙伴关系”成功的关键因素是“远景”（Vision），这一因素回答了“为什么要建立伙伴关系”的问题，是参与者对未来前程所持有的共享理念，即“伙伴关系”有利于增进参与者的了解与信任，有利于促进参与者共同承担责任。因此，中国与其他“伙伴”必须规划远景，在共同前途指引下增强彼此利益的“亲密性”

① 王逸舟主编：《磨合中的建构——中国与国际组织关系的多视角透视》，中国发展出版社2003年版，第28页、第11页。

② 俞正梁：《大国战略研究》，中央编译出版社1998年版，第338页。

（Intimacy），不断明确各自的角色、责任，以期共建和平、和谐。

中国是新安全观的积极倡导者。1997年3月，中国在同菲律宾共同主办东盟地区论坛信任措施会议上，首次正式提出了“新安全观”主张。中国提倡树立以互信、互利、平等、协作为核心，以通过对话增进相互信任、通过合作促进共同安全为宗旨的新安全观，其实质就是超越单方面安全范畴，以互利合作寻求共同安全。营造共同安全是防止冲突和战争的可靠前提，中国认为，“各国的安全是相互依存的，再强大的国家，离开国际合作也难以有真正的安全。新安全观代表着中国在安全问题上与国际认同的深化、合作型战略文化的内化。”①

同时，新安全观反映了世界和平、发展潮流的客观要求，不仅符合各国的根本利益，也将成为构建全球化时代国际“互助”安全结构的重要基础。按照建构主义理论，在霍布斯文化结构下，“生存竞争”、“权力欲望”、“适者生存”为行为体的哲学基础。这种文化结构形成了：行为体对不利的生存条件与敌对的“他者”之间的外部斗争和行为体内部为争夺权力资源而进行的内部斗争。在康德文化结构下，“互助”、“互援”为行为体的主要行为趋向；在这种状态下，行为体维护和平的本能被激发出来，贡献与责任成为行为体社会实践的内在自觉性。

的确，文化结构会改变国家对安全的认识。今天，安全的涵义已演变为一个综合概念，其内容由军事和政治扩展到经济、科技、环境、文化等诸多领域。寻求安全的手段趋向多元化，加强对话与合作成为寻求共同安全的重要途径。为发挥角色示范作用，中国也是新安全观的积极实践者。例如，中国积极寻求通过和平谈判解决与邻国的争议问题，并已同绝大多数周边国家解决了陆地边界问题。在未决争议问题上，中国与有关各方就在争议地区保持和平稳定、通过和平手段解决问题达成共识。此外，中国努力推动地区安全对话合作机制的建设，高度重视并积极参与上海合作组织和东盟地区论坛，并在朝核问题六方会谈中发挥重要作用。

当然，我们必须强调中国现在是具有世界影响力的地区性大国而非世界性强国。中国在许多领域的国家排序中仍然居于比较落后的位置。这不仅是指“硬件”方面，如人均国民生产总值和国民的富裕水平、中国参与国际援助的程度

① 唐世平：《国际政治理论与时代性》，《中国社会科学》，2004年第1期，第140-150页。

等。而且包括"软件"部分，如自主创新能力、教育资源均衡程度、国民的幸福指数、对世界的了解和自我宣传水平、对国外资源的吸引力、科技成果的转化能力及对经济增长的贡献能力等。因此，中国发挥大国责任仍需苦练"内功"。①

第三节　中国的国家利益及其对联合国的外交行为特点

"责任利益"决定了中国在联合国事务中将高举和平、发展、合作的旗帜，始终不渝地恪守《联合国宪章》的宗旨和原则，旗帜鲜明地反对霸权主义和强权政治，积极参与联合国各个领域的活动，为维护世界和平和促进国际合作作出重要贡献。今天，中国在联合国的地位和影响与日俱增。

一、中国国家利益突显"责任利益"，重视国家形象

与"责任利益"密切联系的是国家对自身形象的关注。对于"形象"的含义，《现代汉语词典》解释为"能引起人们思想或感情活动的具体形状或姿态。"《朗文当代英文词典》则解释为"某人或某事在他人脑海里所留下的图像；多数人对某人、某组织或某一事物所持有的普遍判断和看法。"②在《伯罗奔尼撒战争史》一书中，修昔底德就曾论证过国家声誉给雅典人与米兰人之间的战争带来的影响。③托马斯·谢林（Thomas C. Schelling）在《武器及其影响》中指出，"声誉是值得国家为之而战的为数不多的因素之一。"④可见，国家形象、国家声誉是国家利益的重要组成部分，而欲塑造良好的国家形象必须积极参与国际事务，履行相应的国际责任。

① 《2006年：全球政治与安全报告》表明，中国的综合国力在世界主要大国中排名第6，美、英、俄、法、德分别排在中国前面，日本和加拿大位列中国之后。不过，对综合国力的排序历来争议颇多，其重要原因在于指标的选取不可能尽善尽美。其实，重要的不在于中国能排第几，而在于能够从中找到自身发展的优势和劣势。以大国国民的平和心态审视自己，的确"改变自己是中国力量的主要来源"。梁启超先生在《五十年中国进化概论》中写到，"我觉得这五十年来的中国，正像蚕变蛾蛇蜕壳的时代……把那不可逃避的艰难苦痛经过了，前途便别是一个世界。"虽然中国目前还未满足某些大国"标准"，但具有大国传统的中国注定洋溢"大国魅力"，今天的中国正在给梁启超先生一个满意的回答。

② *Longman Dictionary of Contemporary English*，外语教学研究出版社1999年版，第709页。

③ [古希腊]修昔底德：《伯罗奔尼撒战争史》下册，商务印书馆1960年版，第417-419页。

④ Jonathan Mercer, *Reputation and International Politics* (Ithace and London: Cornell. University press, 1996), p. 2.

（一）“责任利益”的历史必然性

全球化的快速发展，各国相互依存程度的提高，客观上要求大国履行更多的国际责任。这一时期，中国国家利益更多突显“责任利益”，完全顺应了时代潮流的需求，主要是因为：

第一，全球化趋势推进各国因全球性问题而形成“休戚与共”命运共同体。人类生活的各个领域正日益成为一个联系更为紧密的整体，任何一国的内部问题几乎都具有世界性的影响，他国的所作所为也必将影响到本国利益。中国所提倡的“责任”，主要体现在两个方面：1．按照规则履行责任。以《联合国宪章》为核心的国际法准则是各国履行国际责任的法治准绳。遵守规则本身就是国家对国际社会应尽的重要责任。2．以负责任的集体安全为主要手段。全球化时代，人类面临着一系列需要共同协商、共同行动才能解决的全球性问题，如气候变化、环境污染、跨国犯罪、毒品走私、疾病流行等。这使得国家安全只有在全球安全的背景下才能真正实现，其实现途径就在于采取负责任的集体行动。

第二，国际制度[①]的不断完善增强了国家必备的责任意识。进入90年代，以联合国宗旨和原则为核心的国际制度日益成熟，对国际关系行为体的规范作用更加明显。国家不再处于游离状态，而是真正与国际组织、国际制度进行有机的“化合”。由于国家与国际制度的互动，国际规范被不断“内化”到行为体中，它们不只是限制了国家行为，更重要的是改变了国家的偏好——作“遵纪守法”的“公民”。所以，国家不可能随心所欲地获取利益，必须使用负责任的、正当体面的手段，诸如借助国际规则、国际惯例、国家间的条约或协议、积极有效的外交谈判、建设性对话，等等。同时，实现责任利益要求在认同体系上与国际接轨，进一步认同国际社会所共有的认知符号、价值标准和观念形态，同时在认同生成方面做出世界贡献。[②]作为地处亚洲、具有世界影响力的大国，中国不可能在“桃花源里”独享太平，必须参与全球治理，进行相关“游戏规则”的制定，甚至要在国际新秩序的构建过程中体现具有中国特色的“话语权”。对国内政治

① 《说文解字》对“制度”有如下解释：“制，裁也。从刀未。未物成有滋味。可裁新。一曰止也。”“制，法也。君行制，臣行意。”“制，法度也。必告之以其制。”“度，分寸尺丈引也。所以度长短也。”从上述记载中可知，中国古代“制度”一词含有人们行为标准、尺度的意思。在英文中，一般认为与汉语中“制度”一词对应的是“institution”，指人类社会经过较长时间形成的行为规范及社会运行准则。“国际制度”也就是国际社会的行为规范和运行准则。

② 郭树勇：《全球化时代文化对国家利益的多重意义》，《现代国际关系》，2003年第2期，第36-41页。

而言，要求有一个法治政府的存在，逐步形成文明法治、安定有序的社会氛围。就国际政治层面，中国应积极推出具有中国特色的全球治理新主张，推动建设一个持久和平、共同繁荣的“和谐世界”。

第三，履行责任是国家利益演进的必然阶段。“仓廪实而知礼节，衣食足而知荣辱”。当国家满足主权与安全利益，发展利益得到保障之后，以“国家声誉”和“国际威信”为核心的国家“责任利益”便突显出来。在一定程度上，“责任利益”体现了政权的合法性，影响国内民众对政权的接纳程度，决定国际社会对政权的尊重程度，进而决定该政权的道德水准。因此，国家在发展与繁荣时期会更加注重“责任利益”的实现与维护。尤其是在全球化时代，基于人类共同属性、道德追求的观念评价体系逐步形成。例如对政府的评价，全球化时代不同国家民众对于“好”政府的看法相当一致：民主的、开放开明的、尊重人权的、赋予媒体言论自由的、视法治高于人治的、公平负责的、廉洁高效的政府才是“好”政府。①这种共同价值评价体系如同孟子所说的“道”。②可见，“责任利益”已成为国际政治博弈的重要变量。

（二）塑造良好的“国家形象”是履行“责任利益”的基本内涵

“国家形象”指“国家的外部公众和内部公众对国家本身、国家行为、国家的各项活动及其成果所给予的总体评价和认定。”③在全球化时代，国家形象具备下列内涵：1．国家形象的基础是主权国家的综合国力。形象是对具体事物的印象，事物大小、美丑、善恶是产生印象的基础条件。就国家而言，由政治实力、经济实力、军事实力、外交实力、民族凝聚力等要素构成的综合国力是产生国家形象的基础条件。2．国家形象是外部行为体对国家特性的“主观判定”。在国际社会中，国际关系行为体之间保持互动实践，每一个行为体的行为及特性都在其他行为体的观察、感受之中。众多观察者对该行为体的行为进行评判，国家形象便产生了。3．国家形象的判定标准是国际社会的主流舆论。国际社会公

① 傅新：《全球化时代的国家形象——兼对中国谋求和平发展的思考》，《国际问题研究》，2004年第4期，第13页。

② 孟子说：“人之有道也，饱食暖衣，逸居而无教，则近于禽兽。圣人有忧之，使契为司徒，教以人伦：父子有亲，君臣有义，夫妇有别，长幼有序，朋友有信。”（《孟子·滕文公上》）人之所以不同于禽兽，在于有人伦以及建立在人伦之上的道德原则。而国家、政府的好、恶同样源于有无正义性及是否遵守道德原则。

③ 管文虎：《国家形象论》，电子科技大学出版社2000年版，第23页。

认的制度规范和行为准则就是对当事国行为特征进行评价的基本标准。①

就中国而言，“国家形象”与中国政治文化的精髓相一致。中国古代先贤思考如何建立“德治”和“仁政”，以此必能使“远人不服，则修文德以来之”。新中国成立后，国家领导人都十分重视国家形象的塑造。毛泽东在世界上塑造了一个独立自主、不信邪、不怕鬼的东方大国形象。②邓小平指出，“希望在国际、国内树立一个好的形象，一个安定团结的形象，而且是一个安定团结的榜样。”③江泽民同样强调要“树立我国的良好形象”。④胡锦涛对内主张立党为公、执政为民，对外提出“以邻为伴、与邻为善”，高举和平、发展、合作旗帜，强调中国应站在民主、正义、进步一边，赢得国际声誉，正在展示全新形象。⑤

另一方面，改革开放以来，随着综合国力的增长，中国国际地位显著提高，但是，“中国威胁论”事实上是一种外界对中国“国家形象”的负面评价，反映出国际社会对中国快速发展的某种疑虑与不安。对此，中国若想扭转此局面，必须将打造良好的国家形象放在“软实力”建设的重要组成部分而加以整体谋划与安排，通过交流搭建沟通各国人民心灵的桥梁。事实上，中国的国家形象已经大幅改善，用邓小平的话来概括就是：“主要是我们这个国家这几年发展起来了，是个兴旺发达的国家，有力量的国家，而且是个值得信任的国家，我们是讲信用的，我们说话是算数的。……我们国家的形象变了，国内的人民看清了这一点，国际上也看清了这一点。”⑥

1999年2月26日，江泽民在全国对外宣传工作会议上发表讲话指出，新形势下的对外宣传工作的地位和作用更加重要。应站在更高的起点上，审时度势，在国际上形成同我国地位和声望相称的宣传舆论力量。他强调，“继续向世界说明我国改革和建设的伟大成就，说明邓小平同志开创的建设有中国特色社会主义道路的正确性，充分展示中国人民坚定不移地走自己的路、实现社会主义现代化的形象；继续向世界说明我国改革开放的方针政策，充分展示中国人民坚持实行改

① 汤光鸿：《论国家形象》，《国际问题研究》，2004年第4期，第19-21页。

② 管文虎：《国家形象论》，电子科技大学出版社2000年版，第316页。

③ 《改革开放政策稳定，中国大有希望》，载《邓小平文选》第3卷，人民出版社1993年版，第317-318页。

④ 《江泽民在全国对外宣传工作会议上强调，站在更高起点上把外宣工作做得更好，要在国际上形成同我国地位和声望相称的强大宣传舆论力量，更好地为改革、开放和现代化建设服务》，《人民日报》，1999年2月27日，第1版。

⑤ 汤光鸿：《论国家形象》，《国际问题研究》，2004年第4期，第19页。

⑥ 《在中央顾问委员会第三次全体会议上的讲话》，载《邓小平文选》第3卷，人民出版社1993年版，第85页。

革开放的形象；继续向世界说明我国反对霸权、维护和平、支持国际正义事业的立场，充分展示中国人民爱好和平的形象；继续向世界说明我国政治稳定、经济发展、社会进步、民族团结的局势，充分展示中国人民为维护安定团结和实现繁荣富裕而不懈奋斗的形象；继续向世界说明我国社会主义民主法制建设的成就，充分展示中国人民依法治国，建设社会主义法治国家的形象。”①

的确，自20世纪90年代以来，中国充分参与国际事务，赢得了国际尊重，塑造了明智、大度、自信的大国风范。首先，在国际政治事务中，充分体现责任意识。为在推动中东问题的解决和早日结束巴以冲突方面发挥积极作用，同时也是应阿拉伯国家的要求，中国政府于2002年9月任命资深外交官王世杰为首位中东问题特使。为谈判解决朝核危机，北京六方会谈已成为有效解决朝鲜半岛核问题的多边机制。其次，在国际贸易合作中，积极履行大国责任。中国加入WTO以后，积极履行承诺，不断降低关税和非关税壁垒，加快市场开放。近年来，中国积极参与APEC、亚欧首脑会议、东盟—中国自由贸易区等区域经济合作组织的活动。中国还相继启动了与南部非洲关税同盟、海湾合作委员会、智利、澳大利亚和新西兰的自由贸易区谈判等。1997年亚洲爆发金融危机后，中国宣布人民币不贬值，以牺牲自己的利益为代价，遏制了金融风暴破坏性的加剧。纺织品配额取消后，中国又宣布对纺织品出口征收关税，为维护和协调纺织品国际贸易秩序做出了积极努力。国际舆论认为，中国并不是靠其军事力量取得强国地位，而是其具有在区域经济中领袖风范的表现获取了国际威信。②

（三）履行“责任利益”有助于提升国家“软实力”

“软实力”是综合国力的重要组成部分，是国家通过自身吸引力，而不需要诉诸武力威胁或经济制裁，以实现自身发展的非物质力量。早在20世纪90年代初，美国政治学家约瑟夫·奈就已经发现，国际政治性质的变化已经使国家凝聚力、普世性文化、国际制度等无形的力量变得越来越重要。③他认为软实力主要包括三种力量资源：一、文化；二、意识形态与价值观；三、外交政策。④近年

① 《江泽民在全国对外宣传工作会议上的讲话》，《人民日报》，1999年2月27日，第1版。

② 王朝彬：《高举和平、发展、合作的大旗——中国在国际事务中的大国风范》，《学习导报》，2005年第5期，第37-39页。

③ Joseph S. Nye, Jr., Soft Power, *Foreign Policy*, Issue 80, fall, 1990, pp. 153-171.

④ Joseph S. Nye, Jr., The Changing Nature of World Power, *Political Science Quarterly*, Vol. 105, No. 2, 1990, pp. 177-192.

来，中国凭借自身文化影响力、外交魅力，通过履行“大国责任”，成功地塑造了“负责任的大国”形象。2006年10月，美国历史最悠久的智囊机构之一布鲁金斯学会设立了中国政策中心。这是该学会唯一设立的只针对一个国家的研究中心。该学会表示，此举旨在增进美国对人们心目中这个全球最重要新兴大国的理解。此外，法国总统希拉克在2006年10月访问北京前夕，多次向媒体表示，“法国未来在世界事务中能扮演多大角色，在相当大程度上，都要取决于法国能够与中国建立特别稳固的关系。”法国是一个荣誉感、优越感十分强烈的国家，但其元首把自己国家与另一个国家的未来紧密地维系在一起，这是极其罕见的。可见，中国软实力提升为世人瞩目。具体而言，中国的软实力主要体现在以下几个方面：文化外交、多边外交、对外援助政策。

1．中国软实力的核心——文化外交

文化因其特质似水，柔而有力，故潜移默化、沁透人心。中国文化历史悠久，且其发展脉络从未断裂，几千年以来，中国文化的独特魅力吸引着商人、使节、学者和传教士纷纷前来寻求财富、权力、真理和灵感。这种历史造就了一个文化大国，也使中国文化具有深邃之气、厚重之质。因此，中国在开展文化外交方面有着无与伦比的优势。

“文化外交”是国家特质的柔性传播，指充分利用文化资源，通过文化交流与沟通，使国家达到彼此理解与尊重，从而提升国家影响力的外交活动。近年来，中国在三方面积极推进文化外交：加强汉语传播；建立海外文化基地；开展“文化年”等形式多样的文化活动。

语言是文化的基础、民族的象征，人们对语言的接纳程度表明对该语言所属民族的认同程度。在一定意义上，“一种语言变成世界的大量增长的需求，本身就表明这个国家、这个民族在世界的地位，它的综合国力以及它在世界的形象，更重要的是表明各国对这个国家未来的预测。”进入新世纪，中国平稳、快速的发展进一步激发了世界各国对汉语学习的兴趣。参加汉语水平考试（HSK）的人数每年增加40%至50%，这与美国托福考试头十年的增长速度相当。面对全球范围内日渐升温的“中国热”，作为新强势语言的汉语带来了中华民族文化自信心的回归。2004年4月15日，中国正式推出了“国际汉语教师中国志愿者计划”，希望5年内使全世界学习汉语的人数达到1亿人。根据联合国公布的2005年主要语言实力调查报告，汉语排名世界第二。目前，海外学习汉语的人数已超过3000

万，100多个国家超过2500余所大学在教授中文，能讲一口流利的汉语意味着更容易把握“中国机会”。

开展文化外交，必须弘扬具有民族特质的精神理念，而其物质载体就是海外文化基地的建立。从这个意义上讲，文化必须流动。如果文化资源只限于本国、本民族或是本地区，则不论她多么古老、多么辉煌，其社会价值也是不可能充分体现出来的。①2004年11月21日，中国第一所海外孔子学院在韩国正式成立。在不到两年的时间里，全球新增100多所孔子学院，覆盖了50多个国家和地区。到2010年，全球将建成500所孔子学院和孔子课堂。孔子再次“周游”世界。现在，全世界孔子学院正以每4天诞生1所的速度增加。孔子学院的命名寓意深远，以孔子为代表的儒学传统是“中国名片”的关键要素。②今天，儒家思想的精要之语不仅对世人起到警醒作用，其“己欲立而立人，己欲达而达人”的思想也充分展现中华民族之大仁、大智、大善的气魄。

除孔子学院外，中国政府还在毛里求斯路易港、贝宁科托努、韩国首尔、埃及开罗、法国巴黎、马耳他瓦莱塔以及德国柏林设立了7个中国文化中心。截至目前，墨西哥、蒙古、印度、泰国、日本、俄罗斯、英国、西班牙、哈萨克斯坦、罗马尼亚、波兰、丹麦、比利时、巴西、新加坡等十多个国家要求与我国互设文化中心。可以说，建立孔子学院、中国文化中心，已经成为中国领导人国事访问的重要议题。

以文化信息和价值观点的流通为核心的文化外交，其手段多种多样。在实践中，中国政府积极开拓文化外交的各种渠道。例如，正在举办的“中俄文化年”，即将在中国举办的“西班牙文化年”。在此之前，仅2006年就相继举办了“奥地利中国年”、“中国意大利年”、“中印友好年”等。这些大型对外交流活动，既宣传了中国，也有利于实现文化外交的重要目标，即通过文化及价值观的跨界传播，从而塑造良好的国家形象。文化外交与政治外交、经济外交已经被视为中国外交的三大支柱，成为国家总体外交战略的重要组成部分。

衡量文化外交的成功与否，可以看它能够赢得多大程度的国际尊重与向往。

① 王志章：《对外文化传播学引论》，武汉测绘科技大学出版社1991年版，第197页。

② 中央电视台中文国际频道《今日关注》栏目于2006年3月14日联合八家媒体、网站举办一次特别节目，探讨“什么最能够代表中国的文化形象？”调查结果显示，排在第十位的是京剧；第九位，中国功夫；第八名，中国菜；第七名，瓷器；第六名，中国针灸；第五名，书法；第四名，春节；第三名，故宫、长城；第二名，中国龙；第一名，孔子。

2004年1月24日是中国的春节，法国的标志性建筑埃菲尔铁塔安装了红色聚光灯，并挂上丝绸灯笼，“中国红”映照整个香榭丽舍大街。设想一下，法国人会以同样的热情庆祝其他国家的节日吗？目前，到中国体验5000年文明的游客不计其数。2006年赴中国旅游的外国游客人数共计4960万人次，与美国并列成为世界第三大旅游目的地国。世界旅游组织预测，中国到2020年可能超过法国，成为全球最受青睐的旅游首选地。为此，国际舆论高度赞赏中国文化外交所取得的成果，他们指出，“今天的中国，不仅仅有着悠久的历史、古老的文化，更是一个充满着朝气的少年，我们从中国文化中看到了中国的力量和雄心。”

2．中国软实力的舞台——多边外交

“多边外交”主要包括两个层次的内容：一是中国参与由三个以上的主权国家或其他国际关系行为体所组成或参加的固定的或临时的，全球性或地区性的国际组织、国际会议、或为缔结协定、解决共同面临的问题而进行的多边国际谈判等开展的对外关系；二是中国参与以上多边组织、会议所通过的国际公约、条约、协定、规范、规则等制度（regimes）的活动。[①]目前，中国外交的总体布局十分明确，即“大国是关键、周边是首要、发展中国家是基础、多边外交是重要舞台”。上述外交布局特别突出了多边外交的重要意义。迄今，中国已加入130多个政府间国际组织和国际机构，签署了300多个国际多边条约。从1949年到1978年，中国的领导人出席多边外交活动大约也就是6次；然而，2005年一年，中国领导人出席多边外交活动多达13次，一年内出席多边外交活动的次数就相当于从1949年到1978年这30年间的两倍以上。[②]尤其是2006年，中国在多边舞台演绎了三场令人炫目的外交大戏：上海合作组织成员国元首理事会第六次会议、中国—东盟建立对话关系15周年纪念峰会、中非合作论坛北京峰会。期间，有近60位国家元首（约占全世界国家总数的30%）踏上了中华大地。在多边舞台，中国正以和平、正义形象实现“近者悦，远者来”。

首先揭开帷幕的是2006年6月15日在上海举行的上海合作组织成员国元首理事会第六次会议。这次会议是5年来上海合作组织举办规模最大的一次峰会，也是首次纪念峰会。上海合作组织是迄今为止唯一在我国境内成立、以我国城市命名、总部设在我国境内的多边的、区域性的政府间国际组织。以“互信、互利、

① 张清敏：《冷战后中国参与多边外交的特点分析》，《国际论坛》，2006年第2期，第56页。

② 吴建民：《多边外交是构建和谐世界的平台——重新认识多边外交》，《外交评论》，2006年第4期，第13页。

平等、协作、尊重多种文明、谋求共同发展”为核心的“上海精神”正吸引着蒙古、巴基斯坦、伊朗、印度等国家跃跃欲试，甚至连美国也想成为其观察员国。

金秋十月，中国—东盟建立对话关系15周年纪念峰会在广西南宁举行，这是东盟10国首次在中国举行纪念峰会，也是中国首次主办的“10+1”峰会。外界积极评价此次会议，认为“15年来，东盟与中国已从建立对话机制发展到开展多领域的密切合作。未来4年，东盟与中国的最大目标就是建立自由贸易区，把拥有广阔土地和众多人口的11个国家变成东亚地区、乃至世界上最具活力和最具发展潜能的经济共同体之一。”

最后，也是最引人注目的是，2006年11月4日，48个非洲国家代表（其中有42位国家元首和政府首脑），参加中非合作论坛。北京峰会的规模受到世界的广泛关注。因为由一个大国与一个大洲几十个国家的领导人会聚一堂，在世界外交史上是没有先例的。一位非洲官员说：“想不到非洲元首的聚会是在中国，即使是非洲联盟开会，参加的首脑也从来没有这么多。”来华的非洲领导人并不只是为了获取经济援助和贸易机会，他们更加着迷于中国的发展模式，想通过广泛接触从而洞悉中国作为全球增长最快经济体的奥秘。事实上，中国的经济奇迹为发展中国家开具了一个成功良方，西方人将其称之为“北京共识”。该共识尊重不同的社会制度，鼓励自主创新，强调发展中国家的团结。

除自行举办多边国际会议外，中国也积极参与国际组织的领导工作。例如，2006年11月，陈冯富珍当选世界卫生组织总干事，这是中国人历来在权威国际组织所担任的最高职位。不久，沙祖康出任联合国副秘书长一职，负责经济和社会事务。上述事例均表明中国在国际社会的强劲影响力。人们有理由相信，中国将以更饱满的热情和更积极的心态参与多边外交活动。

3．中国软实力的基础——对外援助政策

“对外援助”是指一个国家的人民或机构对另一个国家的人民或机构所实施的帮助或计划进行帮助的行为。[①]中国的对外援助实践体现了国际关系中真诚合作的精神，博得了受援国政府和人民的高度赞扬。2006年8月21日至23日，中央外事工作会议在北京举行，胡锦涛在讲话中指出，“随着国家实力的增长适当增加对外援助，尤其要支持发展中国家加快发展、改善人民生活。”由此，中国政

① John White, *the Politics of Foreign Aid* (London: Bodley Head, 1974), p.7.

府将对外援助纳入提升国家软实力工作的整体框架。广义上讲，对外援助包括人道主义援助、经济技术援助、维持和平援助。①

半个世纪前，每年发生的自然灾害在100次左右，现在则多达每年500次以上。海啸、飓风、地震、暴雪等自然灾害的频繁发生使各国人民的命运从未像今天这样紧密相连、休戚与共。“君子莫大于与人为善”，援助危困者既是中华民族传统美德的一贯延续，也是中国政府盼望国际社会共同发展和致力创建“和谐世界”的具体体现。2005年是中国对外援助比较突出的一年，中国政府共向20个国家提供了26笔人道主义援助。在印度洋地震海啸、美国飓风灾害、巴基斯坦大地震等国际重大紧急救援行动中，中国都身先士卒。其中，向印度洋海啸受灾国提供援助，是迄今中国最大规模的对外援助。特别是中国政府还向世界上最大的发达国家美国提供援助。接受中国救灾物资的美国空军基地，在十分醒目的位置上打出了“欢迎，我们的中国朋友，感谢你们的支援！”的字样。此外，中国政府还向朝鲜、越南提供了防治禽流感紧急援助，向罗马尼亚水灾、伊朗地震、几内亚比绍蝗灾和霍乱、厄瓜多尔登革热、乌拉圭飓风提供了物资或现汇紧急援助，并向尼日尔、布隆迪、莱索托、吉布提、赞比亚、莫桑比克提供了紧急粮食援助。中国的救援虽在金钱方面比不上发达国家，但评论指出，中国参与救灾没有政治目的，也不讲求报答，显得落落大方。②

经济技术援助是最常见的对外援助手段。尽管中国还不富裕，但作为世界上最大的发展中国家，中国始终把援助发展中国家、帮助它们实现可持续发展作为己任。2006年，中国政府同90个国家和国际组织签署援助协议共229笔。在37个国家新承担了51个成套项目，主要有：巴基斯坦中巴友谊中心、蒙古乌兰巴托体育馆、汤加首都中学、塞内加尔国家剧院、埃及投资服务大楼、几内亚比绍政府办公大楼、非洲联盟会议中心等。新开工项目23个，主要有：柬埔寨政府办公楼、塔吉克斯坦沙尔－沙尔隧道、也门外交部办公楼、布隆迪高等示范学校、马达加斯加国际会议中心、萨摩亚阿皮亚公园体育设施维修扩建等。竣工项目18个，主要有：巴基斯坦瓜达尔港一期、加纳公路改扩建、佛得角水坝、科特迪瓦议员之家、圭亚那国际会议中心等。多年“润物细无声”的援助，让世界人民切

① 国际关系学者摩根索认为主要有六种对外援助形式：人道主义援助、生存援助、军事援助、名望援助、贿赂、经济发展援助。见Hans Morgenthau, A Political Theory of Foreign Aid, *American Political Science Review*, June 1962, pp.301-309.

② 欧阳五：《中国南亚救灾积极而真诚，展示大国风范》，《香港明报》，2005年1月11日。

实感受到中国的对外援助是真诚的、值得信赖的。

中国的人均GDP仅过2000美元，而且是一个面临一系列大规模发展难题的发展中国家。那么，为什么中国政府要广开援助之门呢？首先，扶危济困、雪中送炭历来是中华民族的传统美德，乐善好施、与人为善也是中国人民的自觉意识。尤其作为“负责任的大国”，中国必须对全球事务承担相应责任与义务。第二，对外援助特别有助于提升国家软实力。软实力发挥作用的前提是要通过善举和美德争取民心。中国的对外援助已经赢得了良好的口碑。2004年12月，英国广播公司（BBC）在全球22个国家对2.3万多人进行的一项调查显示：中国得到了世界的尊重。总体而言，近一半（48%）人认为“中国国际影响力”具有积极意义，比对美国的支持率高10%。全世界年轻人（18至29岁）当中对中国怀有好感的人所占比例则更高达58%。东南亚，对中国持积极态度的人在菲律宾占70%，在印度尼西亚占68%。2003年底在泰国进行的民意测验显示，3/4以上的调查对象认为中国是泰国的最亲密朋友，而选择美国的人只占9%。

当然，在对外援助的同时，中国仍需坚持“韬光养晦”政策。事实上，中国的财力还不足以充当有求必应的“财神爷”。对外援助可能得到受援国的欢迎和颂扬，但也增加了自身压力，甚至引起部分发展中国家对我不切实际期望的增加或国内弱势群体的不理解、不支持。因此，必须在量力而行的基础上做到内外兼顾。此外，中国政府也应避免“中国威胁论”的无限扩张。约瑟夫·奈曾指出，“与中国的军事力量相比，体现文化和形象凝聚力的软实力更值得警惕。”他于2005年12月9日在《华尔街日报》刊登了一篇题为《中国软实力的崛起》的文章。文章强调，中国软实力的崛起威胁美国利益，并呼吁美国采取措施遏制中国软实力的发展。可见，软实力威胁成为继政体威胁、能源威胁、军事威胁之后，“中国威胁论”的又一新版本。“木秀于林，风必摧之”。在软实力提升的同时，中国政府要避免锋芒太露，要避免成为众矢之的。总之，面对自身成就、外界评价，中国必须头脑冷静，切不可“图虚名而招实祸”。

二、中国对联合国的外交行为特点：维护、扩展

积极履行“责任利益”决定了中国对联合国的外交行为以“维护、扩展”为主要特点。中国开始在国家稳定、经济发展的基础上寻求精神层面的安全与满足

感。有学者评价，中国实力的增强表现在各方面——经济实力、军事实力甚至是思想观念。中国的政策走向更倾向于使用感召手段而不是威胁，更倾向于利用国际规则而不是打破国际制度。的确，这一时期，形象、口碑、声誉成为中国在国际舞台实施“感召”的最有效手段。

（一）中国与联合国建构“规范合作”

从建构主义角度讲，中国与联合国的互动本身就是学习过程，即双方通过新知识的获得、旧知识的改造、检验知识是否适用，不断调整或修正其战略判断、价值偏好和行为倾向，以期制定最有利于双方利益的外交政策。“学习”本身也是“社会化”过程。“社会化”一般是指，行为体进入新的环境，通过学习和适应，然后把环境中的社会规范和价值加以内化。对于国家来说，由于它是团体行为体（Corporate Agent），其社会化的过程在两个层面上展开：一个是国际社会方面，即国家的跨国社会化过程；另一个是国内社会方面，即社会社会化（Societal Socialization）。外交决策的制定者在国际层次上，通过社会化过程把由国家间所共享的国际规范加以内化；在国内层次上，把国家内部公民所享有的社会规范加以内化。[①]通过这两个层面的消化、吸收，国家将会按照“规则”行事。

通过“社会化”进程，国际规范与国内规范共同作用，最终使中国政府更加明确自身的大国身份定位。1996年，中国常驻联合国代表凌青在谈到中国在联合国的特殊地位和作用时提到了四点：第一，中国是一个大国，尽管还是一个发展中国家，但是有自己的分量。第二，中国是联合国安理会常任理事国，中国在其中有着特殊的发言权。第三，中国是安理会常任理事国中唯一的发展中国家，可以维护发展中国家整体的利益。第四，中国是一个社会主义国家，奉行独立自主的和平外交政策，不跟任何大国结盟，同时也不以意识形态划线，在国际舞台上有较大的回旋余地。可见，“大国”是中国的首要身份定位。而安理会常任理事国、安理会常任理事国中唯一的发展中国家、社会主义国家是大国属性之外的其他特征。而且正因为后三项特性，决定了中国能够发挥与美国、俄罗斯等其他国家不同的特殊作用。

---

① 袁正清：《建构主义与外交政策分析》，《世界经济与政治》，2004年第9期，第5页。

这一时期，中国与联合国的交往逐步进入“规范合作”阶段，[①]即双方摈除简单的工具主义想法，开始相信合作本身既是道义的，是一种积极的义务，也对地区及全球安全、发展有益，即在实现“利己”目标的同时自然流露出“利他”情怀。[②]在这种情况下，中国领导人不仅注重利用国际组织平台实现自身国家利益，同时也呼吁国际社会应对国际组织有积极的推动与促进作用。为此，中国领导人强调在联合国履行大国责任的同时，要培育维护联合国权威的“大国气质”。与此形成鲜明对比的是，在此之前，中国并不完全认同联合国规范。表现在中国对修改《联合国宪章》极为活跃，这是因为中国将修改《联合国宪章》视为建立国际新秩序的组成部分。“中国一直将自己塑造成为联合国安理会常任理事国中唯一愿意对不发达国家给予道义和政治支持，以建立一个更加合理的国际新秩序的国家，即便牺牲其在联合国的特权地位也在所不惜。”[③]然而，进入90年代，中国却一直在极力维护联合国体制，很少提及《联合国宪章》的修改问题。

必须指出，“规范合作”强调行为体双方的互动逻辑：一方面，中国在不断学习联合国的组织规范；另一方面，联合国将其组织规范传授给中国，使之内化为国家的自觉意识。联合国作为一种催化剂，促使中国在国家政治体制内建立相关机构，以更好地在国际舞台上维护自身利益。

例如，1972年6月5日至16日，由联合国发起，在瑞典斯德哥尔摩召开“第一届人类环境大会”，这是环境保护事业正式引起中国政府重视的开端。1973年8月5日，国务院召开全国环境保护会议，通过了《关于保护和改善环境的若干规定（试行草案）》。1974年10月25日，国务院环境保护领导小组正式成立，领导小组下设办公室，由国家建委代管。由此开始，中国建立了专门的环保机构。

---

① 江忆恩将合作类型分为：被迫合作（Coerced）、被购买合作（Bought）、低代价合作（Costless）、规范合作（Normative）。相关论述见[美]江忆恩：《中国参与国际体制的若干思考》，《世界经济与政治》，1999年第7期，第7页。

② 《大英百科全书》中“利他主义”的概念为，一种将他人之善作为道德行为目标的伦理学的行为理论。现实主义理论强调：“人不为己，天诛地灭”是国家自私性的思想精髓。但我们不能就此否认个人、国家所拥有的“利他主义”本性。就个人来说，由以色列西伯莱大学心理学家爱伯斯坦领导的研究小组通过长期研究，从遗传学角度，首次发现了促使人类表现“利他主义”行为的基因，其基因变异发生在11号染色体上。在自然界中，虽然存在生存竞争的“利己主义”行为，但比如在膜翅目（蜜蜂、黄蜂、白蚁）社会性昆虫中，“利他主义”行为普遍存在。就国家而言，道德感、共同命运等因素决定国家拥有“利他”天性。达尔文在发表《物种起源》后的1871年出版了《人类的由来》，在解释人类道德感时指出，“道德水准较高，多数人奉行道德规范的部落，绝对比其他部落更为有利。无疑地，一个部落若有许多热爱群体、忠于群体、服从群体，既勇敢又体恤他人，随时准备互相支援并为共同利益自我牺牲的人，必能战胜其他大多数部落。这便是天择。”

③ [美]伊莉莎白·埃克诺米、米歇尔·奥克森伯格主编：《中国参与世界》，华宏勋等译，新华出版社2001年版，第63页。

1979年9月13日，全国人民代表大会常务委员会公布了中国第一个综合性的环境保护法律——《中华人民共和国环境保护法（试行）》，中国的环境保护管理工作从此纳入法制化轨道。1982年5月，国务院机构改革时成立了城乡建设环境保护部，内设环境保护局，同时撤销国务院环境保护领导小组及其办公室。1984年5月，国务院环境保护委员会成立。同年12月，国务院设立国家环境保护局，由城乡建设环境保护部管理。1988年，国家环保总局从原国家城乡建设环保部独立为国务院直属局，1993年升格为副部级直属局，1998年升格为正部级直属，更名为国家环境保护总局。

又如中国政府积极参与联合国气候变化问题的框架建设。有关气候变化问题的全球治理与联合国有着很深的渊源，早在1988年的第四十三届联大上，气候变化就成为联合国的一项重要议题。在筹备1992年联合国环境与发展大会的过程中，气候变化是一项核心议题。联合国第四十五届大会于1990年12月21日通过了第45/212号决议，成立气候变化公约政府间谈判委员会，制订了《联合国气候变化框架公约》。该公约规定了国际社会应对气候变化的目标、基本原则和有关承诺，确立了“共同但有区别的责任”原则和国际合作的原则，要求发达国家根据这些原则率先采取减少温室气体排放的具体行动，并向发展中国家提供资金和技术，加强发展中国家应对气候变化的能力建设，共同提高全球应对气候变化的能力。在公约的框架下，公约缔约方会议于1997年通过了《京都议定书》，主要是规定了发达国家2008-2012年温室气体减排的量化指标。公约及其京都议定书是国际社会共同应对气候变化所产生不利影响的法律基础，是各国就气候变化问题开展国际合作的权威和有效框架。

中国政府以积极和建设性的态度参加了应对气候变化的国际行动。早在公约谈判时，中国就提出了关于公约条款的全面建议，成为公约谈判的重要基础。中国是最早签署公约及其议定书的国家之一，并随后予以及时批准，是促成公约和议定书生效的重要力量。从1990年起，中国政府就设立了跨部门的气候变化对策协调小组，开展了应对气候变化的研究和对策协调。作为公约和议定书的缔约国，中国政府认真履行《联合国气候变化框架公约》和《京都议定书》的有关规定，已根据《联合国气候变化框架公约》要求提交了《初始国家信息通报》，并正在加紧制订国家气候变化战略。积极应对气候变化，发展低碳经济，节约能源、提高能效，是中国走可持续发展道路的重要内容，也是我国建设资源节约型社会战略的重要组成部分。在可持续发展战略的整体框架下，中国采取了大量应对气候变化的措施，包括制定《中国二十一世纪议程》，促进中国经济、社会和环境协调发展；积极调整产业和能源结构，有效提高能源效率和节约能源；鼓励开发可再生能源和新能源，减少对化石能源的依赖；大力开展植树造林活动，增加森林覆盖率。在1980到2000年的二十年中，中国经济总量翻了两番，而能源消费只翻了一番。这是中国为国际社会共同应对气候变化所做出的重大贡献。

此外，为解决与联合国相关领域的具体合作事务，中国有关部委逐渐出现了专家团体，如外交部的军控专家、商务部的贸易专家、国家环境保护总局的环境问题专家、农业部的农业技术合作专家，等等。在专家团体的基础上，中国有关部委成立了处理联合国事务的专门职能司局。除此之外，中国政府还就特殊合作领域成立跨部门的专业组织。例如，中国联合国教科文组织全国委员会是由教育部牵头领导的跨部门政府机构，归口负责中国与联合国教科文组织之间的合作事务。教科文全委会目前由以下28个国务院职能部门、国家级公共机构和全国性非政府组织和机构组成：

国务院职能部门：教育部、外交部、科学技术部、文化部、国土资源部、建设部、水利部、信息产业部、商务部、财政部、国家广播电影电视总局、国家体育总局、新闻出版署、国家海洋局、国家文物局、国家地震局；

国家级公共机构：中国科学院、中国社会科学院、新华社以及中央电视台；

全国性非政府组织和机构：中华全国总工会、中华全国青年联合会、中华全国妇女联合会、中国科学技术协会、中国作家协会、中华全国新闻工作者协会、中国教育学会、中国国际文化交流中心、中国对外翻译出版公司。

为使合作规范化、科学化，中国对联合国相关事宜采用归口管理办法。以联合国无偿援助为例，商务部负责联合国人口基金会、联合国儿童基金会、联合国救灾协调员办事处提供的无偿援助项目；教育部负责联合国教科文组织提供的无偿援助项目；科学技术部负责联合国有关科技组织提供的无偿援助项目；财政部负责世界银行提供的无偿援助项目；农业部负责联合国粮食及农业组织、世界粮食计划署、国际农业发展基金会和世界粮食理事会提供的无偿援助项目；卫生部负责联合国世界卫生组织提供的无偿援助项目；中国国际经济技术交流中心负责联合国开发计划署提供的无偿援助项目。但就某些特殊领域，中国政府与联合国采取跨部门协调管理的办法。例如，联合国艾滋病规划署于1996年初在华设立办事处，为推进这一重要公众健康事业，联合国难民事务高级专员署、联合国儿童基金会、世界粮食计划署、联合国开发计划署、联合国人口基金会、联合国毒品与犯罪事务办公室、联合国国际劳工组织、联合国教科文组织、世界卫生组织、世界银行，以及我国相关部门，如卫生部、外交部、商务部、铁道部、公安部、国家教委、全国妇联等，都以合作的方式全面参与此项事业。

可见，联合国及其所属机构将中国相关部门连接起来，形成庞大的联合国利益群体。不仅有利于促进中国的经济与社会发展，而且在很大程度上推动了联合国规范在中国范围内的传播。这些专家团体、职能部门、专业组织的出现本身就是联合国利益对中国国家利益的渗入和体现，并使相关部门产生了要求继续深入参与联合国体制的强烈欲求。

到目前为止，联合国系统的绝大多数机构，如联合国儿童基金会、联合国人口基金会、联合国世界粮食计划署、联合国粮食及农业组织、联合国国际劳工组织、世界卫生组织、联合国教科文组织、联合国工业发展组织、世界银行、联合国难民事务高级专员公署、联合国开发计划署、联合国艾滋病规划署、联合国环境规划署、联合国毒品和犯罪问题办公室、联合国农业发展基金、联合国妇女发展基金、联合国贸易与发展会议等，都在华设有办事处专门处理或跨部分协调处理有关双边、区域、全球合作事宜。

在“规范合作”阶段，中国与联合国逐渐形成“制度性环境”。在此环境中，利益共享者所构建的规范与价值会成为“看不见的推力”将双方思维趋同化，从而使利益体现“相似性”特征。一个典型的例子是，2005年3月24日，联合国开发计划署与中国政府合作建立的“支持中国全面建设小康社会（2005-2009）”项目于3月23日在北京启动，该项目启动资金为1000万美元。联合国官员在启动仪式上表示，“中国全面建设小康社会的承诺在许多方面都与联合国千年发展目标一致，两者之间巨大的趋同性为中国将小康目标和联合国千年发展目标相结合提供了独特契机。”[①]此观点表明了联合国愿与中国深入合作的积极态度，同时双方的良性互动将会继续强化业已形成的利益认同：一方面，中国的长治久安离不开联合国；另一方面，联合国的明天需要中国献力。

在利益趋同进程中，联合国加大了对中国的援助，并全面参与中国各项建

① 《开发计划署协助中国全面建设小康社会》，联合国网站新闻中心，2005年3月24日，http://www.un.org/chinese/News/fullstorynews.asp?newsID=3357.

设事业。具体以联合国开发计划署为例，该组织已经在华完成了800多个项目。1978年随着党的十一届三中全会决定实行改革开放政策，经国务院批准，中国于1979年6月与联合国开发计划署签订了《合作基本协定》，采取“有给有取”的合作方式接受其援助。目前，开发署在中国推广的项目84%是与十多个政府部委、非政府组织和私营机构合作执行的全国性项目，双方合作成果主要有：

1. 开辟学习和引进国外先进技术的渠道

开发署援助为中国在短时间内迅速了解和学习科技领域的国际先进技术，培训人才，起了积极作用。如：帮助中国建设第一家为公众服务的计算机中心并引进第一台大型计算机；帮助中央气象局引进卫星气象预报技术，培训了一批卫星气象预报技术人员，为中国卫星气象预报事业的建设和发展起了重要作用；帮助引进遥感技术及其在农业、地质勘探、自然灾害监测等领域的应用技术，培训了一批人才，为中国遥感事业的发展发挥了关键作用等等。

2. 引进新思路、新方法，推动经济和社会的全面发展

开发署援助的中立性、普遍性、不附带条件以及广泛的国际渠道，为中国学习借鉴国外经验创造了有利条件。至今，国家体改委、国务院法制办、中组部、中央编委、国务院发展研究中心、国家计委，财政部、商务部、人事部、劳动部、国家税务局、海关总署、中央银行、外汇管理局、卫生部以及海南特区政府等都曾通过开发署援助项目，就国家行政机构设置、经济体制、金融体制、价格体制、人事制度、财税制度、计划管理体制、经济法规建设、社会保障制度、海关管理、资本市场、引进外资、建立保税区等重大课题，展开深入研究。

3. 探索扶贫新路子

用7年时间使我国剩余的8000万贫困人口脱贫，是中国政府1993年做出的庄严承诺。为实现这一目标，当时面临的突出问题是如何使扶贫资金能到真正的贫困户手里。通过开发署援助，引进了小额信贷扶贫方式，并结合各地实际情况，对科技+小额信贷扶贫、公司+农户+小额信贷扶贫等模式在全国40多个县进行试点，解决了扶贫到户问题，取得了成功经验并在全国推广。另外，如何使下岗女工再就业，成为中国各级政府关心的问题。开发署援助项目在天津进行试点，将再就业培训和提供小额信贷结合起来，为帮助下岗女工再就业探索了新路子。

4. 引进可持续发展新观念，推动中国的环保工作

随着大规模经济建设的开展，中国的环保问题日益突出。联合国开发署援

助从一开始就重视环保领域，从国际上引进可持续发展新观念，并在公众环保意识，发展环保教育，提高环境监测技术,发展洁净能源,防治大气和海洋污染，保护水资源，提高垃圾和污水处理技术等方面提供帮助。12005年6月6日，联合国开发计划署和中国政府就一个为期12年，投入资金为8000万美元的减污节能项目达成了协议。②

此外，联合国开发计划署、国务院扶贫办和商务部于2005年5月共同发起并组建了中国国际扶贫中心。该中心的工作职能是：1．实施减贫能力建设项目，为全球范围内从事扶贫事业的各类机构和人员提供技术支持和培训服务。2．开展减贫交流协作，实现全球范围内共享减贫领域知识、信息和经验，为决策者、研究者和实践者搭建沟通与交流的平台。3．收集、整理国际社会扶贫领域的政策信息、研究成果与实践经验，与各类研究者合作开展应用性减贫专题研究。4．与有关国际组织和国别机构合作实施针对中国贫困地区的减贫项目，并承担中国政府相关援外项目。中国将充分利用国际扶贫中心这个平台，加强与联合国发展援助系统的合作，通过政策研究、培训等方式，吸收利用国际和国内专业知识，提升各国的扶贫能力，促进千年发展目标的实现。

除上述合作成果外，2004年7月12日，联合国开发计划署还与中国政府签订协议，共同出资400万美元，在北京举办为期3年的“为小康社会培养高级领导人才”的培训项目。该项目是为了帮助中国培训高级领导人员，提高中国领导层管理能力。③通过培训，这些国家精英一方面可以获取管理所需的知识、技能，同时这些由联合国培育成长的“学生”，也必然对“老师”充满感激、崇敬之情，为日后中国与联合国关系的良性互动储备“人力资本”。

目前，积极宣传中国与联合国发展援助系统的合作成果十分必要。联合国发展援助系统的援助对我国加快改革开放进程、促进社会经济发展，特别是在实施国家西部大开发战略和促进贫困地区发展方面，起到了“种子钱”和“催化剂”的作用。今后，中国政府应扩大联合国采购机构在华的直接采购业务。2005年，联合国在全球的直接采购金额达83.3亿美元，但直接从中国采购的产品只占其总

① 《中国与联合国开发计划署》，新华网，2001年5月23日，http://news.xinhuanet.com/zhengfu/20010523/583567.htm.

② 《开发计划署和中国签署为期12年的减污节能项目》，联合国网站新闻中心，2005年6月6日，http://www.un.org/chinese/News/fullstorynews.asp?newsID=3781.

③ 《开发计划署支持中国为平衡发展培养高层领导》，联合国网站新闻中心，2004年7月12日，http://www.un.org/chinese/News/fullstorynews.asp?newsID=1946.

金额的1%。经过20多年与国际社会的合作，中国的产品有了长足的进步，无论从质量，还是从价格，都基本能满足联合国援助项目的需要。因此，加强在对华直接采购方面的合作，将有利于中国与联合国利益互进的进一步扩展。

"规范合作"的另一个突出表现是：行为体不仅仅是合作机制的单纯"受益者"，更是积极的"贡献者"。在联合国恢复了中国合法席位以后，联合国人口基金同中国的关系也不断发展，迄今为止向中国提供了2亿多美元的援助，而中国也向该组织捐款1500多万美元。在过去20多年中，中国仅从联合国开发署得到的发展援助累计达5.5亿余美元，对中国改革开放和现代化建设发挥了积极作用。随着中国的经济发展和大国气质的勃发，中国对联合国的贡献也在不断增加。截至2006年底，中国共向联合国开发计划署捐款7412万美元和4480万元人民币。2006年中国向该署捐款395万美元和250万元人民币。此外，中国政府于2005年2月24日向联合国儿童基金会捐款650万美元，以支持联合国儿童基金会的印度洋海啸救灾活动。

除经济贡献外，中国政府还积极参与联合国领域的其他援助工作。1997年12月，江泽民在访问加拿大时郑重宣布，中国十分重视扫雷和有关国际援助问题，将积极为参加国际扫雷而努力，包括向国际扫雷基金提供捐赠，在扫雷培训、技术和设备方面提供国际援助。为了履行我国政府向国际社会做出的庄重承诺，中国政府在向联合国扫雷机构捐款10万美元的同时，又决定与联合国合作，分别于1999年和2000年在我国举办两期扫雷培训班，来自安哥拉、波黑、柬埔寨、埃塞俄比亚等7个国家的学员接受了培训。2001年，中国政府向安哥拉、柬埔寨、厄立特里亚、埃塞俄比亚、莫桑比克、纳米比亚、卢旺达等7个国家援助了一批价值为126万美元的探、扫雷器材。为帮助有关国家增强自身扫雷能力，中国政府于2002年和2003年先后两次派出专家组赴厄立特里亚，进行扫雷培训和指导，共为厄方培训了120人次扫雷技术人员。2002年，中国向黎巴嫩捐赠了一批扫雷设备。

2004年7月，中国政府积极响应联合国粮农组织关于南南合作的呼吁，派出36名农业经济学、灌溉、家畜和渔业的专家和技术人员到8个太平洋岛屿支援当地建设。①中国此前根据粮农组织南南合作方案已派遣专家赴孟加拉国、加纳、

① 这8个太平洋岛屿国家包括：库克群岛、密克罗尼西亚联邦、斐济、瑙鲁、纽埃、萨摩亚群岛、汤加、瓦努阿图。

马里和毛里塔尼亚。在尼日利亚，目前有340名中国专家在帮助约23000农家。① 2005年4月8日，世界粮食计划署援助中国的最后一批粮食运抵深圳港口，②这批价值720万美元的4.3万吨小麦来自加拿大，将用于甘肃、广西、宁夏、山西4个内陆省份的扶贫项目。粮食署指出，中国在接受粮食署援助的同时，也在自己的能力范围内进行了对外援助。2003年、2004年的认捐额都达150万美元左右。中国政府表示，“中国还是一个发展中国家，并不富裕，贫困人口还有2900万。考虑到世界上还有8.5亿人口未解决温饱问题，中国将根据自己的能力，逐步增加向世界粮食计划署的捐助。捐助的主要方式是资金。中国愿与世界粮食计划署共同努力，为消除世界贫困作出贡献。”③教育领域，2005年12月，在联合国教科文组织的柏林会议上，中国领导人表示，“中国将为1万名外国学生提供奖学金，支持其留学中国。”④

另一个值得关注的事项是，中国的非政府组织有望更多地参与联合国的活动。众所周知，非政府组织（NGO）已经成为联合国的重要资源，各国NGO正在联合国框架内发挥着越来越大的作用。20世纪90年代以前，中国的NGO极少参与正式的国际活动。直到1995年，全国妇联才成为中国第一个获得联合国咨商地位的非政府组织。目前，已有16个非政府组织得到了联合国经社理事会的咨商地位（Consultative Status with ECOSOC），⑤这表明中国社会内部的联合国声音在不断增强。⑥尽管这一数目与其他国家相比还是微不足道的，但中国的NGO已经开始走上国际舞台，将在人权、环发、妇女、扶贫等不同领域发挥越来越大的作用。未来增强与联合国合作，仅限于中国政府是不够的，还需要其他行为体在不同领域、不同层次发挥作用，以弥补政府能力的局限性。

---

① 《中国再派专家参加粮农组织南南合作》，联合国网站新闻中心，2004年7月12日，http://www.un.org/chinese/News/fullstorynews.asp?newsID=1944.

② 粮食署在2001年与中国政府达成协议，鉴于中国政府在扶贫工作上已取得了相当大的成果，并且自身已具备了很好的解决贫困问题的能力，决定在5年内逐步停止对中国的援助。因此，到2005年底，援助将全部停止。自1979年以来，中国一直与粮食署保持着密切的合作关系，接受粮食署的无偿粮食援助9.25亿美元，使中国3000多万人直接受益。

③ 《2005年4月7日外交部发言人秦刚在例行记者会上答记者问》，中华人民共和国驻美利坚合众国大使馆网，2005年4月7日，http://www.china-embassy.org/chn/FYRTH/t190608.htm.

④ [德]乔恩·斯达拉：《中国——从受援国到援助国》，《莱茵时报》。转引自《环球时报》，2005年12月19日，第6版。

⑤ 这些组织分别是：中国联合国协会、中华全国妇女联合会、中国人权研究会、中国人民对外友好协会、中华环境保护基金会、中国绿化基金会、中国光彩事业促进会、中国残疾人联合会、中国女企业家协会、中国民间组织国际交流促进会、中国科学技术协会、中国可持续发展研究会、中国关爱协会、中国人民和平与裁军协会、中国国际交流协会等。

⑥ 以上部分观点和数据是笔者于2005年9月13日采访中国联合国协会周欲晓前副会长后整理而成，这里向周会长及中国联合国协会的其他同志表示感谢。

（二）联合国对中国作用的“正面激励”——“信任机制”的产生

中国与联合国的互动实践，强化了中国“负责任大国”的身份定位。因为，中国领导人清楚，依照以联合国为核心的国际规则行事，可以使国家威望最大化，并且可以通过国际社会的赞扬言辞、积极评价等方式反映出来。而“正面激励”可以建立起行为体之间的“信任机制”，[①]大大增强中国政府对联合国的信任度。激励机制通常分“正面激励”和“负面激励”。“正面激励”可以激发参与者获得自我定位、自我判断的成就感、满足感。一定意义上讲，“正面激励”是国家与国际组织建立“信任机制”的必要条件，而“信任”有利于国家与国际组织建立基于共同利益基础之上的“集体身份”认同。

中国与联合国正在形成双方都十分珍视的“信任机制”。这一机制包含三个关键要素：努力、目标、需求。“努力”要素是强度指标，国家必须同时拥有努力的客观能力与主观意愿。满足国家目标是国家努力的低成就需求，而同时满足国际组织目标是国家与国际组织建立“信任机制”的高成就需求。在建立“信任机制”过程中，既要有主动满足需求的内在驱动力，也要有组织奖励的外在推动力。其逻辑可通过图12表示：

图12 中国与联合国建立“信任机制”要素图

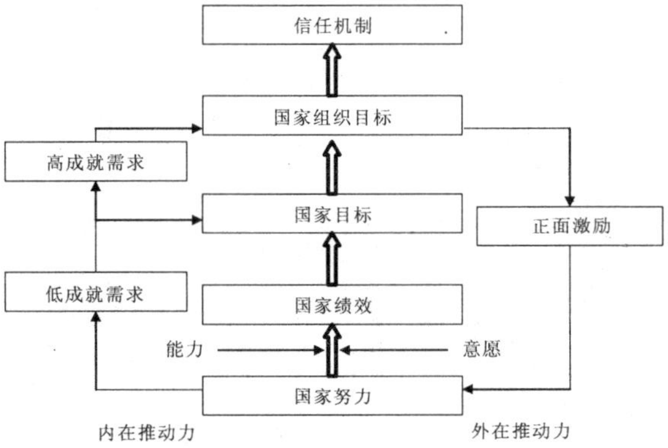

① “信任机制”能够在国家与国际组织间激发动机、形成动力、规范行为。其产生途径主要有3种：一是由“声誉”产生信任，根据对行为者过去的行为和声誉的了解而决定是否给予信任。声誉好的得到信任。二是由“利益相似性”产生信任。相似性越多，信任度越高。之所以如此，是基于如下的信念：相似的社会背景往往意味着有相近的行为规范，容易相互理解，在交往中容易达成共识。三是由法则产生信任，即由非个体性的组织规则制度的保证而给予信任。相关论述见Zucker. Lynne G, *Production of Trust: Institutional Sources of Economic Structure, 1840-1920*, in L. L. Cummings and Barry Staw, eds., *Research in Organizational Behavior*, Vol. 8. (Greenwich, CN: JAI Press).

上一节我们总结了中国政府不仅具有与联合国“规范合作”的客观能力，而且拥有主观意愿，而这些努力正转化为“国家绩效”。作为“负责任的大国”，中国在实现国家崛起的进程中，也有义务维护联合国体制下的国际和平与稳定。可见，中国有满足国家自身目标与联合国组织目标的双重“成就需求”。而联合国适时地“正面激励”中国，将使中国政府在内在驱动力与外在推动力共同作用的基础上，逐步与联合国建立“信任机制”。

90年代至今，中国政府的确不断获得联合国与国际社会精神层面的“正面激励”。例如，1992年，联合国前秘书长加利指出，“中国可以在联合国发挥突出的、影响深远的作用。中国政府和人民在这方面的主动精神和能力，对联合国战胜日益增多的全球性挑战，将是一种巨大的帮助。”①1996年，时任美国联合国协会主席约翰·怀特海德（John Whitehead）在评价中国作用时指出，“我赞赏中国在联合国的作用和行事方式。中国明了世界所面临的问题，并以开阔的眼光对待这些问题，而不是从中谋求私利。在安理会中，中国深知成员国共同工作、就世界问题达成共识的重要性。中国十分慎重地使用否决权。中国的所作所为受到欢迎。”②与此同时，第五十一届联合国大会主席拉扎利·伊斯梅尔（Razali Ismail）在谈到中国在联合国的作用时说：“二十五年来，中国作为安理会常任理事国，主持公道、仗义执言，受到各国赞赏，声望日高。”③2005年，联合国前秘书长安南指出，“中国是一个非常重要的国家，不仅在经济方面如此，政治方面也是如此。作为一个重要国家，中国能为世界的发展和减少贫困做出重要贡献。”④2006年12月15日，联合国新任秘书长潘基文表示，“很高兴中国在国际事务中发挥的作用越来越大。中国是联合国的重要成员，是安理会常任理事国，已经在朝核问题六方会谈等方面发挥了建设性的作用。中国在政治、经济、社会等领域的飞速发展，赢得了国际社会的尊重。我赞赏中国对联合国工作所给予的支持，期待中国在国际政治事务和帮助发展中国家的发展方面继续发挥重要作用。”⑤

① 《加利秘书长访华前对记者说，中国可在联合国发挥突出作用》，《人民日报》，1992年4月3日，第6版。

② 《我赞赏中国的作用——访美国联合国协会主席怀特海德》，《人民日报》，1996年1月20日，第3版。

③ 《联大主席伊斯梅尔说，中国在联合国作用重大》，《人民日报》，1996年10月19日，第3版。

④ 《负责任的大国，可信任的伙伴——联合国各方人士谈中国在联合国的作用》，《新民晚报》，2005年10月21日，http://xmwb.news365.com.cn/hqfm/t20051021_691728.htm.

⑤ 《希望与中国密切合作》，《人民日报》，2006年12月17日，第3版。

赢得上述正面赞誉，使中国领导人获得了“精神酬劳”，并进一步增强了国家领导人对国际形象评判的渴求度、敏感性。美国学者江忆恩认为，“这可能是因为个人心理幸福感的体验——正面的自我印象、自信、自我期许（self-efficacy）以及渴望社会赞赏与喜爱——而这种个人幸福感又是通过被他人视作行为‘不愈矩’（即遵循国际规则而行动）[①]的行为者而获得的。[②]也就是说，心理幸福感和参与国际制度程度之间有内在关系：参与国际制度导致更高的心理幸福感，高心理幸福感反过来又导致更高与更深层次的参与。

2005年9月14日，联合国成立六十周年首脑会议在纽约开幕，中国国家主席胡锦涛庄严阐述了“和谐世界”理念。这是具有重大世界意义的主张，针对的是世界所面临的和平与发展等共同问题，是关于全球治理的根本目标，与联合国对当今世界形势的看法是基本一致的。[③]胡锦涛同时宣布，中国将为支持发展中国家加快发展而采取5项重大援助计划：

第一，中国决定给予所有同中国建交的39个最不发达国家部分商品零关税待遇，优惠范围将包括这些国家的多数对华出口商品。

第二，中国将进一步扩大对重债穷国和最不发达国家的援助规模，并通过双边渠道，在今后两年内免除或以其他处理方式消除所有同中国有外交关系的重债穷国2004年底前对华到期未还的全部无息和低息政府贷款。

第三，中国将在今后三年内向发展中国家提供100亿美元优惠贷款及优惠出口买方信贷，用以帮助发展中国家加强基础设施建设，推动双方企业开展合资合作。

第四，中国将在今后三年内增加对发展中国家特别是非洲国家的相关援助，为其提供包括防疟特效药在内的药物，帮助他们建立和改善医疗设施、培训医疗人员。具体通过中非合作论坛等机制及双边渠道落实。

① 孔子曰：“七十从心所欲不愈矩”。意思是，只有到这个时候，一个人的思想和行为才能符合外界的客观规律，左右逢源，得心应手。按照“规范合作”理论，进入90年代中国对联合国体制的维护由“良心”走向“规范”。中国经过长时间对联合国规则的社会学习，接受联合国组织的“教化”，将组织目标、价值观、组织规则转化为自身内在的利益需求，形成自身稳定的行为反应模式。中国“不愈矩”行为的一个突出事例是90年代以来，中国在联合国大会的投票模式。这一时期，中国更愿意以大多数国家可以接受的方式投票。因为，在具有高度合法性的制度内，中国不希望自己成为绝大多数国家实现意愿的障碍：当赞同某一项方案的成员国相当多时，中国更可能对其所不喜欢的解决方案投弃权票。从1989年到2000年，当联合国成员50%投票赞同时，中国的弃权票是20%，但是当赞同数是2/3或者更多时，中国的弃权票超过90%。由此可见，在联合国体制内，中国是联合国“游戏规则”的恪守者。

② 江忆恩：《中国和国际制度：来自中国之外的视角》，载王逸舟主编：《磨合中的建构——中国与国际组织关系的多视角透视》，中国发展出版社2003年版，第352页。

③ 庞中英：《全球化与“和谐世界”》，《世界知识》，2006年第1期，第67页。

第五，中国将在今后三年内为发展中国家培训培养三万名各类人才，帮助有关国家加快人才培养。[①]

国际社会用“力度空前”来形容中国的此次表态，“以前在联合国场合没有听到过中国领导人如此力度的援助表态。”[②]中国对发展中国家的援助表明了中国对于联合国改革的支持，并为其他国家起到一定的模范作用，是积极垂范之举，表明中国不尚虚言，而是要身体力行地推动各国共同为实现联合国的崇高目标而努力。随着中国的崛起壮大，中国不仅拥有一颗维护联合国体制的真诚之心，还日益拥有扩展联合国利益的助人之力。中国对联合国承担更多的责任，就可以对人类社会作出更大的贡献。

三、中国否决权实践（Ⅱ）：以负责任大国身份慎用否决权

中国战略文化的核心就是“谋统一”。[③]因此，主权原则是中国外交政策不可撼动的灵魂。进入20世纪90年代，中国积极捍卫联合国处理国际事务的权威性，严格按照宪章的宗旨和原则办事，为了使国际争端能在联合国框架内得到公正、合理、有效的解决，中国对否决权的使用是严肃与慎重的。中国对危地马拉及马其顿议案的否决，不仅源于国家对统一的希冀，还源于建立公正、合理世界秩序的奋斗目标。

（一）中国对有关危地马拉议案的否决

国际社会曾经认为，在1981年的16次否决权记录是中国更多使用否决权的信号。但中国此后在行使否决权问题上十分克制，直到1997年才再次使用否决权，已时隔十七年。中国政府克制使用否决权，其外因是国际政治大环境趋于缓和，内因则是中国以负责任的精神采取照顾多数意见的务实态度，以使本国利益与联合国利益在互利双赢的基础上协调发展。

中国政府在1971年8月20日致联合国的信中就台湾问题指出，“世界上根本

---

① 《胡锦涛出席联合国成立六十周年首脑会议开幕式，在首脑会议发展筹资会上宣布中国为支持发展中国家加快发展而采取的重大举措》，《人民日报》，2005年9月15日，第1版。

② 舒泰峰：《中国新“援助大战略”浮出》，《瞭望东方周刊》，2005年第38期，http://www.china.org.cn/chinese/zhuanti/heping/976733.htm.

③ 李际均：《军事战略思维》，军事科学出版社1998年版，第237-238页。

不存在‘两个中国’，只有一个中国，台湾是中国领土不可分割的一部分，是中国的一个省。”任何制造“两个中国”、“一中一台”和鼓吹“台湾地位未定论”的企图都是对中国内政的粗暴干涉。①1971年10月26日，联合国秘书长吴丹致电姬鹏飞代理外交部长，通知第二十六届联大通过了恢复中华人民共和国在联合国的一切权利，电文中明确指出，“恢复中华人民共和国的一切权利，承认她的政府的代表为中国在联合国组织的唯一合法代表并立即把蒋介石的代表从它在联合国组织及其所属一切机构中所非法占据的席位上驱逐出去。”②联合国电文是对中华人民共和国政府立场的承认与尊重。

自20世纪90年代以来，台湾当局积极拉拢“袖珍国家”，以谋取“主权国家”地位。然而，捍卫国家统一与领土完整是中国核心利益，中国政府决不容忍国家主权被用来交易，必将用一切必要手段阻止任何可能导致“两个中国”或“一中一台”后果的行径。1997年1月10日，在安理会审议关于向危地马拉派遣维和军事观察员的决议草案时，中国投了否决票。

危地马拉内战的国内根源就是印第安土著民族争取平等权利而进行的斗争。自1960年危地马拉爆发大规模内战以来的三十六年中，共17.5万人死亡，7.5万人失踪，数十万人沦为难民。③在联合国的调停下，危地马拉政府与反政府的民族革命联盟终于在1996年12月29日签署了标志内战结束的《永久和平协议》，使中美洲地区最后一个有内部冲突的国家走上了和平之路。联合国秘书长根据当事双方的要求，建议安理会同意联合国驻危地马拉核查团增加一个军事部门。这个军事部门任期为3个月，任务是核查《停火协定》的实施情况，监督危地马拉双方在核查停火、部队撤离、解除武器和战斗人员复员方面的工作。④

危地马拉与中国虽无邦交关系，但中国在安理会一直积极支持和推进和平进程，并连续四次在联大投票赞成联合国的有关和平决议。与中国顾全大局的行为和友好态度形成强烈反差的是，作为台湾当局“邦交国”的危地马拉自1993年开始，每年都在联合国与他国一起签署有关“支持台湾重返联合国”的提案；还不顾中国政府的警告，执意邀请台湾当局“外交部长”章孝严参加和平协议的签字

① 王杰主编：《大国手中的权杖——联合国行使否决权纪实》，当代世界出版社1998年版，第438页。

② 张树德：《中国重返联合国纪实》，黑龙江人民出版社1999年版，第376页。

③ 沈安、杨文正：《危政府和游击队签署和平协定》，《新华每日电讯》，1996年12月31日，第6版。

④ 陈伟雄：《中国在安理会行使否决权》，《政府法制》，2002年第7期，第50页。

仪式，而台湾当局则借这个场所从事“建交”和“重返联合国”等分裂活动。

尽管危地马拉政府做出了损害中国利益的事情，但为了妥善解决问题，中国还是采取了负责任的态度，提出了合情合理的解决办法，希望危地马拉政府采取实际行动纠正错误。在安理会正式表决前，中国政府还于1月7日和9日两次发表声明阐述就此问题的观点。但是这些努力均未能促使危地马拉政府做出令中国满意的答复，迫使中国对此议案行使否决权。

1997年1月10日，安理会第3730次会议表决由阿根廷、智利、哥伦比亚、哥斯达黎加、墨西哥、挪威、葡萄牙、西班牙、瑞典、英国、美国和委内瑞拉提交的S/1997/18提案。该提案建议安理会“授权在联危核查团内设立一个包括155名军事观察员和所需医疗人员的小组，为期三个月，目的是核查《最后停火协定》。”[①]在审议过程中，危地马拉代表马丁尼·埃雷拉提出，“安理会成员在履行职责时绝不能让与审议问题无关的双边问题障碍它们的决议……通过错误使用否决权滥用常任理事国地位是不能接受的。”[②]以此，达到向中国政府施压的目的。最终，该提案因中国否决而未被通过（见表15）。

表15 S/1997/18提案表决情况

提案	关于向危地马拉派遣军事观察团的S/1997/18提案
提案国家	阿根廷、智利、哥伦比亚、哥斯达黎加、墨西哥、挪威、葡萄牙、西班牙、瑞典、英国、美国、委内瑞拉
投赞成票国家	智利、哥斯达黎加、埃及、法国、几内亚比绍、日本、肯尼亚、波兰、葡萄牙、韩国、俄罗斯、瑞典、英国、美国
投弃权票国家	——
投否决票国家	中国
表决结果	未能通过

秦华孙大使在解释性发言中指出，中国一贯支持危地马拉的和平进程，支持联大通过的有关决议。但令人遗憾的是，连续四年来，危地马拉政府不顾中国

① 资料来源：S/1997/18：阿根廷、智利、哥伦比亚、哥斯达黎加、墨西哥、挪威、葡萄牙、西班牙、瑞典、英国、美国、委内瑞拉提交的决议草案，联合国安理会会议和行动网站，1997年1月9日，http://daccessdds.un.org/doc/UNDOC/GEN/N97/012/38/IMG/N9701238.pdf? OpenElement.

② 资料来源：S/PV. 3730：联合国安理会第3730次会议逐字记录，第5页，1997年1月10日，联合国安理会会议和行动网站，http://daccessdds.un.org/doc/UNDOC/PRO/N97/850/10/IMG/N9785010.pdf?OpenElement.

再三劝告，公然违背《联合国宪章》的宗旨和原则，在联合国内竭力支持分裂中国的活动。更有甚者，危地马拉政府不顾中国政府的严正警告，执意邀请台湾当局参加危地马拉的和平协议签署仪式，为其从事分裂中国的活动提供场所。其行为损害了中国的主权和领土完整；干涉了中国的内政，伤害了中国人民的感情。“危地马拉当局不能指望一方面悍然违反《联合国宪章》的基本原则与宗旨，做有损中国主权和领土完整的事，另一方面又要求中国在联合国安理会与其合作。”①

中国此次行使否决权，在联合国内引起了很大的震动。《华盛顿邮报》撰文称：“中国在处理国际关系时，开始采取积极反对的立场。”“积极”两字足以反映中国在应用外交艺术、捍卫国家主权方面有了更好的战略和策略。路透社评论说：“长期以来，中国在联合国被视为一条沉睡的巨龙，但台湾问题不同于其他任何问题，它能把中国从沉睡中唤醒。”②

“世界和平是不可分割的，不能只要本国、本地区的和平与稳定而不顾别国的和平与稳定。不能一方面积极营造本国和平与稳定的环境，另一方面帮助他国分裂主义势力从事破坏别国和平、安全的行动。”③中国的否决在联合国引起了相当大的震动。美国代表表示，“我们对一个安理会成员不能给予区域和平与安全更大利益的优先考虑感到遗憾。”④尽管如此，中国政府还是强调，如果危地马拉真诚地采取实际行动改正错误、排除障碍，中国愿意重新考虑向危地马拉派遣维和军事观察员问题。

最终，经过中国和危地马拉代表在墨西哥驻联合国使团驻地的多轮磋商，危政府许诺遵守联合国2758号决议，从而恢复了两国在联合国合作的政治基础。中国于1998年1月20日，投票同意第1094号决议授权安理会向危地马拉派遣联合国军事观察员。⑤中国的否决实践表明中国在涉及联合国宗旨和主权原则问题上是认真的、毫不动摇的。

① 《外交部发言人就危地马拉问题答记者问》，《人民日报》，1997年1月10日，第4版。

② 《否决权，超级大国手中的权杖》，《环球时报》，2002年7月8日，第6版。

③ 《解铃还须系铃人》，《人民日报》，1997年1月10日，第6版。

④ 资料来源：S/PV. 3730；联合国安理会第3730次会议逐字记录，第27页，1997年1月10日，联合国安理会会议和行动网站，http://daccessdds.un.org/doc/UNDOC/PRO/N97/850/10/IMG/N9785010.pdf?OpenElement.

⑤ 中国代表秦华孙在表决时指出，“近十天来，我们正是抱着诚意，与危地马拉方面进行了多轮富有成效的磋商。双方在《联合国宪章》宗旨和原则的指导下，本着向前看的务实态度，终于找到了双方能够接受的解决方案，从而消除了中国支持有关决议草案的障碍。我们对危方采取的建设性行动给予积极评价。”

（二）中国对有关马其顿议案的否决

马其顿是前南斯拉夫联邦解体后独立出来的共和国之一，地处多事的巴尔干地区，为帮助新独立的马其顿共和国维护和平和稳定，联合国打破了以往只是在冲突发生后才派维和部队的惯例，于1992年首次派出了一支预防性部署部队进驻马其顿。1995年，该部队更名为“联合国预防性部署部队”（UNPREDEP），这支维和部队的使命将于1999年2月28日到期。1997年1月29日，马其顿外交部长写信给联合国秘书长，要求把即将到期的联预部队任期再延长6个月。

然而，马其顿外交部于1999年1月27日采取了“双重承认”的政策与台湾当局签署“建交公报”。次日，中国外交部发言人表示，中国坚决反对与中国建交国同台湾发展官方关系，希望马其顿有关当局做出不承认所谓“建交公报”的明智决定。但1999年2月8日，马其顿政府还是批准了其外交部关于“与台建交”的报告。2月9日，中方宣布终止与马其顿政府的外交关系，并指出其行为“严重地干涉了中国内政，损害了中国主权和领土完整，破坏了中马两国之间的合作关系，有悖于两国人民的根本利益和愿望。”①

中国常驻联合国代表秦华孙2月24日宣布，由于驻在马其顿的联合国预防性部署部队已经完成了自己的使命，中国将于25日在联合国安理会就有关延长该部队任期的决议草案表决时投反对票。中国代表团以前曾多次表示联预部队在完成任务后即应结束在马其顿的部署，只是考虑到马其顿政府的要求，中国才对联预部队的任期一再延长采取了“灵活与合作的态度”。秦华孙指出，“目前情况发生了变化。现在中国在考虑联预部队的问题时，将根据自己对有关问题本身的判断采取相应的立场。”②

1999年2月25日，安理会第3982次会议就S/1999/201提案进行表决。该提案建议，延长联合国预防性部署部队的驻扎期限至1999年8月31日，任务包括继续驻留以遏止威胁和预防冲突，监测边界地区，以及将可能对前南斯拉夫的马其顿共和国构成威胁的任何事态发展报告秘书长。③在审议过程中，马其顿代表查洛

① 《马其顿已与台湾建立了所谓的“外交关系”。中国对此将作何反应？》，中华人民共和国外交部网站，1999年2月9日，http://www.fmprc.gov.cn/chn/1141.html.

② 《我常驻联合国代表宣布，中国反对驻马其顿维和部队延期》，《人民日报》，1999年2月26日，第6版。

③ 资料来源：S/1999/201：加拿大、法国、德国、意大利、荷兰、斯洛文尼亚、英国、美国提交的决议草案，1999年2月25日，联合国安理会会议和行动网站，http://daccessdds.un.org/doc/UNDOC/GEN/N99/051/74/IMG/N9905174.pdf?OpenElement.

夫斯基表示，“在联预部队问题上，应十分强有力地指出，延长其任务期限得到除一国之外的全体——我重申是全体——会员国的支持，而这种情况是因为双边的考虑，我们都认为这是完全与本组织宪章相矛盾的”，[①]以使马方抢占舆论上的优势。该提案获得了13张赞成票和俄罗斯的1张弃权票，但由于中国行使否决权而未被通过（见表16）。

表16 S/1999/201提案表决情况[②]

提案	关于延长驻扎马其顿联预部队使命期限的S/1999/201提案
提案国家	加拿大、法国、德国、意大利、荷兰、斯洛文尼亚、英国、美国
投赞成票国家	阿根廷、巴林、巴西、加拿大、法国、加蓬、冈比亚、马来西亚、纳米比亚、荷兰、斯洛文尼亚、英国、美国
投弃权票国家	俄罗斯
投否决票国家	中国
表决结果	未能通过

中国代表在解释性发言中肯定了这支维和部队曾起到的积极作用，但还认为“联合国维和行动应当有始也要有终，不应无限期延长。”当时，马其顿国内局势已明显缓和，与邻国关系也得到了改善，该地区有关的事态发展并未影响到马其顿的和平与稳定，安理会在马其顿建立预防性部署行动的初衷已经实现。在此情况下，显然没有必要再继续延长联预部队的任期。目前在非洲大陆等地区，还有不少冲突和动荡，更加需要联合国的关注和投入。联合国财政现面临严重困难，联合国应当把有限的资源用到更需要的地方去。让广大会员国继续为联预部队支付摊款，既不合理，也不公平。

中国对联预部队问题的立场光明正大，这对避免联合国维和行动发生偏差具有积极的意义。但少数国家对此表示不理解甚至遗憾，个别国家还在发言中指责中国因为与马其顿的双边关系而使用否决权。加拿大代表指出，“中国似乎迫于同联预部队无关的双边考虑作出这项决定，该决定构成不幸和不适当地使用否决权”，并认为中国行使否决权“为正处于关键时刻的巴尔干地区的和平与稳定设

① 资料来源：S/PV. 3982：联合国安理会第3982次会议逐字记录，第5页，1999年2月25日，联合国安理会会议和行动网站，http://daccessdds.un.org/doc/UNDOC/PRO/N99/851/48/IMG/N9985148.pdf?OpenElement.

② 资料来源：S/PV. 3982：联合国安理会第3982次会议逐字记录，第6-7页，1999年2月25日，联合国安理会会议和行动网站，http://www.un.org/chinese/aboutun/prinorgs/sc/pv/scact1999.htm.

立了一个消极的先例"。斯洛文尼亚代表指出，"对安全理事会而言，今天也是悲哀的一天。由于多种因素，安理会的权威削弱了，安理会成员应作出特别努力扭转目前的消极趋势。"①

然而，正如秦华孙在安理会表决后的发言中所说的，按照事件本身的是非曲直决定自己的立场，是一个国家主权范围内的事，对中国的指责是毫无根据的。事实上，在安理会常任理事国中，继续延长联预部队在马其顿的任期，并非只有中国对此持有异议。俄罗斯代表拉夫罗夫在表决前表示，S/1999/201号决议草案未能体现俄的修正意见，俄无法支持其通过。

中国两次使用否决权的出发点都是为了维护国家主权与尊严。中国用否决权捍卫国家主权利益的行为是正当、合理的。中国没有简单地把问题"一否了之"，当中国在安理会所承担的职能与自身国家利益相冲突时，中国总是以"负责任的大国"姿态来顾全大局、化解矛盾、弥合分歧，尽量使事态向符合各方利益的良性方向发展，以期相关问题的解决能在联合国的框架内得以顺利推进。的确，中国在联合国行使否决权"立场清楚、明了、在理，得到了许多国家的理解。"②

（三）中国对有关"缅甸问题"的否决

进入21世纪，中国因"缅甸问题"再次行使否决权。联合国安理会于2007年1月12日对美国和英国提出的有关缅甸问题的决议草案进行表决，由于中国和俄罗斯两个安理会常任理事国投了反对票，该决议草案未能获得通过。

早在2006年9月，在美国推动下，"缅甸问题"就列入安理会议程。2007年1月，美国和英国又联合起草了关于缅甸问题的S/2007/14号决议草案，该草案强烈谴责缅甸国内状况，其具体内容为：

深为关切缅甸民族和解进程实际进展缓慢，政治犯继续被拘留，包括对昂山素季长期软禁，强调一个包容各方的国民大会是开展有效对话的好机会。谴责缅甸军人在少数族裔地区继续袭击平民，包括妇女和儿童，尤其是袭击克伦邦的平民，造成国内流离失所者人数增加，引起难民潮。

回顾大会第61/232（2006）号决议，在这方面对特别报告员2006年9月21日

① 资料来源：S/PV. 3982：联合国安理会第3982次会议逐字记录，第9页，1999年2月25日，联合国安理会会议和行动网站，http://www.un.org/chinese/aboutun/prinorgs/sc/pv/scact1999.htm.

② 陈伟雄：《亲历安理会——一个现役中国外交官的自述》，经济日报出版社2001年版，第108页。

的报告所述的在缅甸境内发生的大规模侵犯人权事件深为关切，这些事件包括缅甸军人对手无寸铁的平民的暴力行为、非法杀害、酷刑、强奸、强迫劳动、难民营军事化以及招募儿童兵。

深为关切缅甸政府对人道主义行为体的限制使平民更加困苦，特别是使居住在偏远和冲突频繁地区的最弱势群体更加困苦。又深为关切缅甸局势，尤其是艾滋病毒/艾滋病、禽流感以及毒品和人口贩运所造成的跨国风险。

强调缅甸总体局势必须取得具体进展，使该区域和平与安全方面的风险降到最低程度。1. 表示坚决支持秘书长及其代表为执行秘书长的"斡旋"任务而做出的努力，并欢迎联合国所有相关机构在这方面的不懈努力。2. 敦促缅甸政府具体、全面和及时地对秘书长的努力做出回应，使秘书长能够全面执行"斡旋"任务。3. 呼吁缅甸政府停止对少数民族地区平民进行军事袭击，尤其立即终止武装部队成员针对少数民族的相关的侵犯人权和违反人道主义法行为，包括普遍的强奸和其他形式的性暴力。4. 又呼吁缅甸政府允许国际人道主义组织不受限制地开展工作，以满足缅甸人民的人道主义需求。5. 还呼吁缅甸政府同国际劳工组织及其代表充分合作，消除强迫劳动的做法。6. 呼吁缅甸政府毫不拖延地开展促成真正民主过渡的实质性政治对话，让所有政治利益攸关方、包括少数民族的代表和政治领袖参加。7. 又呼吁缅甸政府采取具体步骤，无条件释放昂山素季和所有政治犯，解除对所有政治领袖和公民的限制，让全国民主联盟和其他政党自由开展活动，允许享有充分的言论、结社和行动自由……[①]

事实上，美国等西方大国并非真正关心缅甸民生疾苦，他们对缅甸的敌意由来已久，并将缅甸列入6个"暴政前哨国"。[②]美国指责缅甸"试图谋求核武器"，还利用东盟向缅甸施压。2006年，缅甸主动放弃了东盟轮值主席的位置，不仅使自己的国际形象得到提升，还使美国处心积虑的打压逊色了不少。美国之所以看缅甸"不顺眼"，更多的还是出于地缘战略的考虑，缅甸位于中南半岛的西部，在西藏高原和马来半岛之间，西北与印度和孟加拉国接壤，东北与中国为邻，东南与老挝、泰国毗邻，西南濒临孟加拉湾。缅甸是中南半岛国土面积最大的国家，也是中南半岛自然资源秉赋条件最好的国家，最为重要的是，缅甸是连

① 资料来源：联合国安全理事会S/2007/14号决议草案，联合国官方网站，http://daccessdds.un.org/doc/UNDOC/GEN/N07/208/47/PDF/N0720847.pdf?OpenElement.

② 这6个国家是古巴、缅甸、朝鲜、伊朗、白俄罗斯和津巴布韦。美国未来就是要想方设法在这些国家"推行民主，对抗专制"。

接南亚次大陆、中南半岛和东亚大陆的桥梁，其战略通道价值不言而喻。

中国始终强调，缅甸问题本质上仍是一国内政，缅甸国内局势并未对国际与地区和平与安全构成威胁。这是缅甸所有直接邻国、东盟成员和绝大多数亚太国家的共识。《联合国宪章》赋予安理会的主要职责是维护国际和平与安全。安理会强行介入缅甸问题不仅逾越安理会职责，而且无助于联合国其他机构对缅甸问题进行正常讨论，更不利于联合国秘书长继续开展斡旋活动。

在联合国安理会第5619次会议就缅甸问题的决议草案进行表决之前，中国代表王光亚提前申请发言，他指出：

中国坚决反对安理会通过缅甸问题决议草案。中方对此曾与安理会各成员、特别是提案国进行了广泛的沟通与协商，力争避免表决。令人遗憾的是，中方的建议和善意未获响应，出现今天的局面是中方所不愿看到的。在正式表决前，中方愿重申以下原则立场：

第一，同国际社会一样，中方希望看到一个经济发展、社会和谐、法制健全、政治民主的缅甸。这符合缅甸人民、东南亚各国以及国际社会的共同利益。不可否认，缅甸目前在政治、经济、社会发展方面确实面临着诸多挑战，而且其中的一些问题相当严重。但没有任何一个国家的状况是完美的，都处在一个不断改进的过程。因此，中国支持缅甸政府和各方各派加快对话与和解进程。迄今，国际社会、特别是东盟先后向缅甸政府提出了许多建设性意见，对改善缅甸局势具有重要参考价值。中方真诚希望并期待缅甸政府予以积极、认真考虑，顺应国内民心和国际潮流，加快对话进程与改革步伐，争取早日实现国家繁荣富强，造福于本国人民，为东南亚的和平、稳定与发展做出积极贡献。

第二，中方鼓励和支持秘书长根据联大授权就缅甸问题积极开展斡旋活动……

第三，缅甸问题本质上仍是一国内政，缅甸国内局势并未对国际与地区和平与安全构成威胁。缅甸当前确实面临着难民、儿童、艾滋病、人权、毒品等一系列严峻挑战，但世界上许多国家同样存在类似问题。如果因为缅甸在上述领域存在这样或那样的问题，就要人为地视之对地区安全造成现实或潜在威胁，需要列入安理会议程并通过决议，那么联合国其他191个成员国可能都需要在安理会接受审议。这样显然不合逻辑，也有悖常理。事实上，缅甸所有直接邻国、东盟成员和绝大多数亚太国家无一认为缅甸局势对地区和平与安全构成威胁。《联合国宪章》赋予安理会的主要职责是维护国际和平与安全。加之联合国各相关机构已在讨论缅甸问题，安理会就不应强行介入并试图采取行动。否则，不仅逾越安理会职责，而且无助于其他机构进行正常讨论，更不利于秘书长继续开展斡旋活动。

需要特别指出的是，中国作为缅甸直接邻国和亚太地区的安理会成员，对缅甸局势的关注丝毫不亚于其他任何国家。缅甸国内政治进程及成果或许未如外界期望之快，但其进展与势头是不争事实。中国有句话叫急性子吃不了热豆腐。国际社会帮助缅甸的意愿是真诚、美好的，同时还须辅之以务实、可行的方式，应尊重并适合缅甸的具体国情，否则可能造成事与愿违的后果。倘若缅甸局势因外部强行介入而发生动荡，首当其冲受其之苦的将是缅甸人民和缅甸各邻国。因此，中国比其他任何域外国家都更希望看到缅甸政治稳定、经济发展、民族和睦。中国也一直以负责任的态度，积极协助、推动缅甸政府逐一解决面临的问题。中方始终认为，缅甸内部事务应主要由缅甸政府与人民自主协商解决，国际社会可提供建设性帮助，但绝不能强行干预。

基于上述原则立场，中方明确反对安理会将缅甸问题列入议程，更坚决反对安理会通过任何形式的缅甸问题决议。因此，中方只能对决议草案投反对票。①

如此详尽、充分的解释性发言在中国行使否决权的历史上是绝无仅有的，可见中国的确以负责任的态度来实践大国权利。在就S/2007/14提案进行表决过程中，中国与俄罗斯共同投了否决票。中俄同时投否决票的情况也颇为罕见，这是自1972年以来的第二次，时隔三十五年(见表17)。

表17 S/2007/14提案表决情况②

提案	关于缅甸问题的S/2007/14提案
提案国家	英国、美国
投赞成票国家	比利时、法国、加纳、意大利、巴拿马、秘鲁、斯洛伐克、英国、美国
投弃权票国家	刚果、印度尼西亚、卡塔尔
投否决票国家	中国、俄罗斯、南非
表决结果	未能通过

① 资料来源：S/PV.5619：联合国安理会第5619次会议逐字记录，第2-3页，2007年1月12日，联合国安理会会议和行动网站，http://daccessdds.un.org/doc/UNDOC/PRO/N07/208/79/PDF/N0720879.pdf?OpenElement.

② 同上。

俄罗斯、卡塔尔、刚果（布）、印度尼西亚和南非代表均发言支持中国立场，他们表示，安理会讨论缅甸问题将侵蚀联合国其他机构的职权范围，通过缅甸问题决议将使缅甸国内局势进一步复杂化。特别是，1月11日，在菲律宾开会的东盟各国部长再次重申，缅甸不对国际和平与安全构成威胁。缅甸政府代表觉丁瑞在表决后发言，“缅甸基本结束了将近五十年来骚扰我国的叛乱活动，得以对区域稳定作出贡献。在18个主要叛乱团体中，有17个团体现已回归法制，其人数约为10万。缅甸同所有5个邻国和区域内外的其他国家保持密切和友好的关系。”事实上，不结盟运动118个成员也采取了支持缅甸政府的立场，不结盟运动协调局主席2006年7月给安理会主席的信指出，“本运动不认为缅甸境内局势对国际和平与安全构成威胁，并反对安理会某个理事国试图把缅甸归为此类。”

综上所述，中国24次否决权实践充分表明中国不是狭隘的利己主义者，不是肆意将自己的利益凌驾于宪章和国际道义原则之上的特权主义者，而是努力维护联合国权威的体系维护者，并流露出大国必备的责任意识。这种责任意识可以概括为：1．不会仅仅为了自己的国家利益，而置人类的正义原则于不顾。中国历来反对以己私利而牺牲、损害大局利益。要努力塑造联合国健康发展的良性氛围。2．在投票进程中，中国从不与其他国家结成投票同盟去左右联合国的判断。中国相信成熟的联合国组织会依据事实本身性质做出令人信服的判断。3．中国一向主张安理会各成员国慎用否决权，更不会因为与安理会决议有不同意见，而去制造障碍阻挠联合国决议的执行。当一些议案出现与中国观点矛盾之时，中国尽量与安理会有关国家进行磋商，使之理解中国的立场，尽量取得谅解。总之，中国行使否决权有理有据，令人信服。例如，1972年在否决“孟加拉国”加入联合国的申请后，中国代表黄华对中国的行为进行了详尽的解释，并引述了1949年《日内瓦公约》、安理会第307号决议，联大第2793号决议以及宪章第4章的有关内容。今天，中国所持的原则立场不断为各国所熟知、尊重。

四、“收敛锋芒”与“施展抱负”的角色冲突

1989年“六四风波”以后，西方对中国进行集体制裁，而苏联东欧国家一

溃千里，中国所面临的外交压力骤然增加。1989年9月4日，邓小平在与中央几位负责人谈话时提出了对国际形势的三句话：冷静观察、稳住阵脚、沉着应付。在其后的几次讲话中，又陆续加入了几句话：善于守拙、决不当头、韬光养晦、有所作为。邓小平提出的这一系列政策思想，我们将其统称为“韬光养晦”战略。

“韬光养晦”战略要求在处理国际事务时，在坚持原则的前期下，不对抗、不树敌，在一些与我国利益直接关系不大的地区热点问题上持相对超脱的态度。但是，“有所作为”本身也是“韬光养晦”战略的重要内涵，因此，中国在进入新世纪后，放眼世界，树立了负责任的大国形象。今天，中国很难对国际事务持“事不关己，高高挂起”的“超脱”态度：一方面，中国政府希望在联合国承担更多的责任，因为中国“能够和敢于说其他国家不能或不敢说的话。中国在联合国享有极高威望，而且朋友众多。”①另一方面，中国必须要“遮掩锐气”，即“不随便批评别人、指责别人，过头的话不要讲，过头的事不要做。”在外界来看，“要不是人权、台湾或制裁……中国从不参与起草联合国决议”，“中国从不在与己无关的重要问题上浪费任何时间。”②显然，中国面临“收敛锋芒”与“施展抱负”的角色冲突。

角色冲突指国家在特定历史条件下有不同的角色需要扮演，而这些角色对国家行为体的要求又是相互矛盾的，这就有可能使得国家行为体的决策者无所适从而深感矛盾。③中国面临上述角色冲突有其深层原因：20世纪90年代以来，中国对自身角色认知有固定的模式。中国人普遍认为，中国外交奉行独立自主的和平外交政策，实行防御性的国防政策，并带有不事张扬的理性主义特征。总体上，中国外交哲学表现出“围墙文化”特质，④即按照大多

① 《变化中的联合国——访外交部副部长李肇星》，《人民日报》，1995年10月23日，第7版。

② [美]伊莉莎白·埃克诺米、米歇尔·奥克森伯格主编：《中国参与世界》，华宏勋等译，新华出版社2001年版，第67页。

③ 依据角色理论，造成角色冲突一般有微观和宏观两方面的原因：从微观层面来看，他人对角色的期望过高和多重群体同时对行为体产生不同的角色期望都易导致行为体的角色冲突。从宏观层面来看，社会规范的含糊不清会使行为体对扮演角色应该做什么、不应该做什么和怎样去做，心中没有明确的行为标准。换言之，行为体在社会中的权利、义务和行为规范的不明确容易产生角色冲突。相关论述见丁水木、张绪山：《社会角色论》，上海社会科学出版社1992年版，第150-159页。

④ 有学者认为，20世纪90年代以来，中国社会存在文化保守主义倾向。该文化乃是对支配中国20世纪社会进程的主导性观念的批判性反思。其核心，就是“实事求是”精神，表现为一种从浪漫向现实、从狂热向理智、从对抗向和解、从独断向审慎的思维方式。保守的倾向，往往相对于暴力的、对抗的、一次性的、迅疾的、全盘的、强硬的、痛快淋漓等特点，而显出审慎的、和平的、逐步的、具体的、克制的、妥协等特点。从这一意义而言，“围墙文化”体现文化保守主义特征。

数中国人的理解，中国只有在与切身利益相关的国际事务上才有必要采取行动。

当然保持克制在某种程度上是因为，中国的国际影响力依然有限：第一，中国还不是一个世界性大国，只是地区性大国。第二，中国的国际影响往往不能“处置”、“决断”国际事务，而是体现在原则性建议上。第三，中国太大，自己的事情太多。在中国，多么小的问题乘以13亿，都会变得很大；多么大的经济总量，除以13亿，都会变得很小。①

除上述限制条件外，中国在联合国也处于相对劣势。中国“作为一个发展中国家，又是一个与西方制度和价值观大相径庭的社会主义国家，在动议及决策方面多采取以静待动、以守待攻的策略，自然也没有打算与美国等国一争高低。”而“这种实力和态度上的差别决定了决策权（包括动议权）方面的差别。”因此，安理会大权基本落入美国为主的西方国家手中，“美国既是西方世界的盟主，也是常任理事国中的‘常任理事’，在多数场合均能得到英法两国无保留的支持，因此它包揽了大部分动议权。”②

20世纪90年代，由于经济贡献有限，中国在联合国明显感到“底气不足”。1991-1999年间，中国对联合国的自愿捐款只占美国的0.9%，英国的5.2%，法国的11.7%（见表18）。一些西方学者曾经认为，中国从联合国获得的多边财政和技术援助远远超过了向联合国缴纳的会费和承担的维和费用。中国对于联合国机构改革问题，只是泛泛而论，缺乏实质性的具体内容。在有关安理会改革的讨论中，除原则性提议外，“把所有问题都推给了其他四个常任理事国。”③在投票模式上，弃权票成为中国经常选择的方式，这样做一方面可以表明立场，一方面又可避免树敌太多。例如，1990-1996年间，中国共投了29次弃权票，占联合国安理会五大常任理事国45票弃权票的64%。④可见，以国际影响力为评价标准，“韬光养晦”仍具有存在的客观合理性。

① 2003年11月21日，中国国务院总理温家宝在接受《华盛顿邮报》总编辑昂纳德·唐尼专访时首次谈及“乘除法”公式。

② 王逸舟：《当代国家政治析论》，上海人民出版社1995年版，第404页。

③ [美]伊莉莎白·埃克诺米、米歇尔·奥克森伯格主编：《中国参与世界》，华宏勋等译，新华出版社2001年版，第72、62页。

④ U.N. Docs. S/PV/2904, January 11, 1990 to S/PV/3729, December 30, 1996.

表18 常任理事国与其他国家对联合国的自愿捐款情况（1991-1999年）①

常任理事国1991－2000年对联合国的捐款		1999年有关国家的捐款	
	单位：亿美元		单位：亿美元
美国	135	美国	18.5
英国	25	日本	5.91
法国	11	荷兰	3.78
中国	1.29	挪威	3.22
俄罗斯	0.44	瑞典	2.88
		英国	2.75
		丹麦	2.53
		加拿大	2.10
		德国	1.95
		意大利	1.38
		法国	0.97

然而，中国的大国地位和大国能量是一种客观存在，无法回避。英国历史学家汤因比早就断言，“中国肩负着不止给半个世界而且给整个世界带来政治统一与和平的命运。”②汤因比深信中国有很多遗产，“这些都可以使其成为全世界统一的地理和文化上的主轴。”除了中华民族拥有几千年来始终保持走向世界王国的经验，以及培育了世界精神的这些遗产之外，汤因比还特别指出了中国传统文化中的一些优良品质，即儒教世界观中存在的人道主义、儒教和佛教所具有的合理主义以及中国人对宇宙神秘性持有的敏感，即“人的目的不是狂妄地支配自己以外的自然，而是有一种必须和自然保持协调而生存的信念。”③另一方面，随着国家地位上升，无论是国际社会还是国内社会，都对中国在国际舞台上的角色扮演产生新的期待、予以厚望。

进入21世纪，中国在联合国舞台可以说是“光芒四射”。中国是所有联合国成员中第一个就联合国改革问题发表文件阐述自己立场的国家，表明了中国对

① 资料来源：A/55/525 Budgetary and Financial Situation of Organizations of the United Nations System.

② [英]汤因比、[日]池田大作：《展望21世纪——汤因比与池田大作对话录》，荀春生等译，国际文化出版公司1985年版，第289页。

③ 《君子和而不同》，人民网，2005年8月29日，http://military.people.com.cn/GB/8221/51757/52478/52506/3651489.html.

联合国改革的积极态度，并提出了建设性主张，切实推动改革。到目前为止，中国先后参加了联合国16项维和行动，是联合国五大常任理事国中派出维和人员最多的国家。为了异国人民的安宁生活，先后有8名中国维和人员在执行任务时牺牲。2007年1月，为了维护中南半岛“小国”缅甸的主权及《联合国宪章》精神，中国又一次在联合国动用否决权。作为常任理事国，只有敢于主持正义，才会赢得国际社会的尊重，包括对手的尊重。上述行为充分体现了中国作为大国所必备的责任意识。

可见，中国对联合国的外交政策不在于是否废弃“韬光养晦”战略，关键是要处理好“韬光养晦”与“有所作为”的关系：把握“谦虚、谨慎、克制”与“自信、大度、负责”的“火候”——既不过分优柔寡断、示人以弱，也不过分锋芒毕露、趾高气扬；尽可能形成中国“重合作”、“易相处”、“负责任”的大国形象，并且逐渐发展国际社会强烈的对华认同感。①随着国际、国内文化结构的良性发展，中国与联合国的双边关系也自然会向和谐的“康德状态”演进。

目前，中国已经做好了“负责任大国”的心理准备。中国领导人一直以“中国人民要对人类作出更大贡献”作为一种庄严的自我要求，并推动“建设持久和平、共同繁荣的和谐世界”。这体现出中国人追求天下大同、对外协和的精神。如孟子言：“以力假仁者霸，霸必有大国。以德行人者王，王不待大……以德服人者，中心悦而诚服也。”因此，宣扬“有所作为”关键看属于正义的“王道”还是非正义的“霸道”。如若前者，不仅不应掩饰，而应更自信、豁达地展示自己的“责任意愿”。当然，突破角色冲突的束缚，关键要将观念转化为实际行动。“道虽迩，不行不至；事虽小，不为不成”。若要成为“负责任的大国”，被动反应模式已经不再适用新的国家身份，必须摆脱“克制文化”的束缚，在重大问题上态度鲜明、明快应对。②中国应利用联合国舞台，在联合国机制框架内充分、合理地发挥大国作用，展现大国魅力，为日后世界舞台的大国角色做预演。③

前面提到，中国对联合国的财政贡献比较低，一些西方学者认为，“中国

① 时殷弘：《关于中国大国地位及其形象的思考》，《国际经济评论》，1999年9月10日，第44页。

② 近年，中国对台推出《反分裂国家法》；邀请国民党主席连战、亲民党主席宋楚瑜赴大陆参访；中国毅然取消了吴仪副总理与小泉首相的会晤；在纺织品等贸易战中针锋相对、据理力争。这在一定程度上表明“韬光养晦”战略发生侧重点偏移，由“内敛、谨慎”的克制层面转向“外向、自信”的积极层面。

③ 中国在联合国体系内发挥大国作用是联合国组织的规范要求，因为联合国赋予中国常任理事国的合法身份，无论中国是否发挥作用，总有联合国的制度保障。如果不发挥大国作用，反而无法获得尊重，甚至会削弱自身价值。在世界体系的无政府状态下发挥大国作用，没有制度保障，要靠中国自身努力，其风险性更大。因此，中国要充分利用联合国舞台，熟悉大国角色、积累大国资源、深化大国理念、规范大国行为。

是联合国财政体制的索取者而不是贡献者。”[①]事实上，随着中国经济的持续发展，中国的联合国会费比额也在不断上涨。第六十一届联合国大会于2006年12月通过了2007-2009年度联合国会费分摊比率的决议。根据决议，中国的会费比额将由目前的2.053%上升至2.667%，涨幅居各国之首。这是中国国力增长后的必然调整，但更是一种象征，表明中国作为联合国大家庭中的一员和安理会常任理事国，十分清楚自己对联合国、对世界和平与安全负有的责任，愿意积极履行对联合国应尽的财政义务。可以预见，根据各国经济发展变化，各国分担的具体会费比率仍会有所变化，围绕这一问题的争论也难以避免。但只要方案符合“支付能力”原则，不带任何政治歧视色彩，有利于联合国的正常运转与世界和平，中国都将予以认真考虑。这体现一个致力于和平发展的负责任大国的宽广胸怀。[②]

“行胜于言”，冷战结束后，在其他常任理事国会费比例明显下降的情况下，中国向联合国缴纳的会费比例却呈逐年上升趋势（见图13）；[③]自2001年起首次超过了俄罗斯的缴纳比例（见图14）。

图13　常任理事国会费缴纳比例图（1971-2007年）

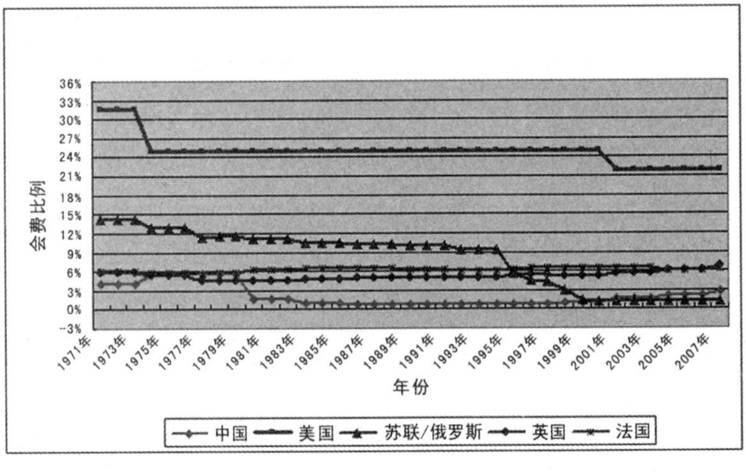

① [美]伊莉莎白·埃克诺米、米歇尔·奥克森伯格主编：《中国参与世界》，华宏勋等译，新华出版社2001年版，第72页。

② 《宽广的胸怀》，《人民日报》，2007年1月4日，第3版。

③ 中国自1971年全面恢复联合国的合法席位以来，就一直认真履行联合国的各项财政义务，依据《联合国宪章》及时、全额缴纳联合国各项摊款。从支付数额看，中国的会费在上世纪70年代一直比较高，维持在4%－5.5%之间，大大超过按照联合国规定的份额。上世纪80至90年代，中国采取了务实的精神，按照支付能力原则缴纳会费，会费的比例份额保持在0.74%－1%之间。随着经济的快速发展，中国的会费比例份额自2001年起有了较大幅度的提高，上升至1.541%，2004年迅速增加到2.053%，列所有会员国的第9位。

图14 中国缴纳的联合国会费比例——与苏/俄比较（1971-2007年）

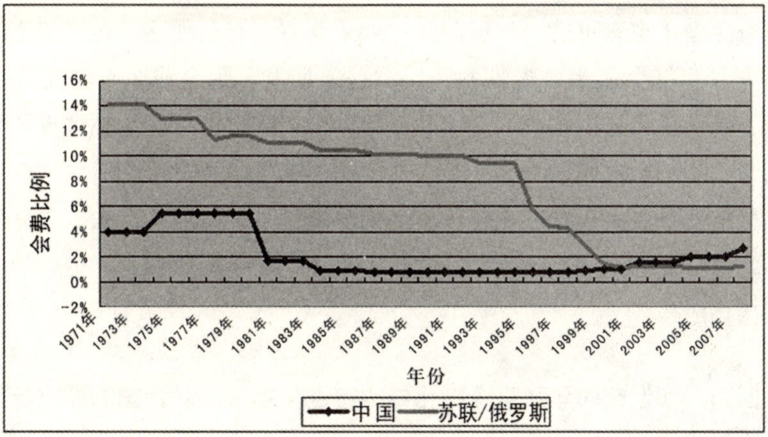

总之，中国在联合国作用的上升，既取决于中国综合国力的发展，更取决于中国在国际事务中作出的贡献和承担的责任。联合国对中国在未来发挥大国作用是重要的，但更重要的是中国能否对联合国作出更大的贡献。①“如果中国不能对世界和平与发展做出应有的贡献，中国就不会在联合国受到尊重，即便我们拥有安理会的席位。”②

小　结

进入20世纪90年代，中国政府积极维护联合国体制，并具有发挥大国作用的责任意识。但这一时期，中国与联合国的关系并没有达到最佳的融洽状态，其原因就是，中国外交面临在联合国“收敛锋芒”与“施展抱负”的角色冲突。以上历史进程完全被演进模型推导的行为逻辑所验证。

按照演进模型的计算，这一时期，中国与联合国身份类型的起点依然是“合作伙伴”，但最后的数值总和为“6”，这表明双方关系的轨迹将围绕洛克状态

① 李东燕：《联合国安理会改革的中国视角》，载王逸舟主编：《磨合中的建构——中国与国际组织关系的多视角透视》，中国发展出版社2003年版，第135页。

② 沈骥如：《中国不当“不先生”——当代中国的国际战略》，今日中国出版社1998年版，第160页。

与康德状态的临界点发展，即联合国有可能继续保持与中国的伙伴关系，也可能演变为“朋友”，或两者兼而有之。但处于临界点上的“朋友”关系并不牢固，随时有可能进化也有可能退化。因此，如果双方都有实现这一良性关系的意愿，“新朋友”可能会成为“老朋友”，“普通朋友”也会成为“密友”。客观地说，这一发展趋势是有基础的，《联合国宪章》的宗旨目标是推进世界的和平，中国哲学推崇的最高境界是“大同文化”、“合和文化”，[①]而作为康德文化结构特征的朋友身份也强调“合”，前后均体现了一种和谐的“求同存异”理念。因此，精神实质的高度一致性十分有利于中国与联合国“朋友”关系的实现与拓展，如图15所示：

图15　20世纪90年代至今文化结构特点与中国对联合国的外交行为

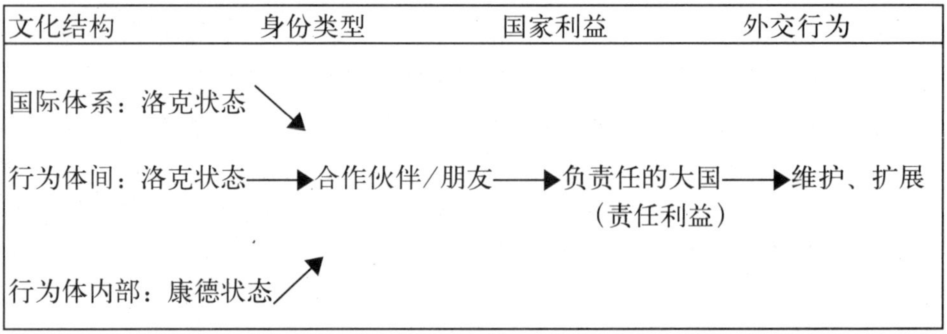

各层次结构特点		分值	加值	分值总和及发展趋向	
国际	相互依存的全球化时代	−1	0	6	关系密切又潜在矛盾的洛克状态“临界于”无矛盾或关系一般的康德状态
双边	充满“好感”	1	2		
国内	安定团结、政通人和	3	1		

① 从文化传统看，重和谐是中国优秀传统文化的核心。“和”是中国传统文化普遍追求的一种最高境界，中华民族对和平、和谐、和睦有一种特殊的偏爱，有学者将之归因于中华民族的农耕文明，“中国人的绝大多数属于农业民族。农耕经济是一种和平自守的经济……植根于农耕经济的中华文化，具有热爱和平的显著特点。”传统文化对“和”有许多精辟的论述，其中以孔子的思想最为精彩，“礼之用，和为贵，先王之道，斯为美，小大由之”，在孔子所建立的“仁学”思想体系中，礼的作用是按“和为贵”的要求调节人际关系，使之圆满和谐，目的是为形成一个和谐的道德社会。

第五章　案例分析：中国与联合国维持和平行动

积极参与维和已经成为中国对外政策的重要组成部分。中国政府先后于1998年、2000年、2002年、2004年和2006年发表国防白皮书。每部白皮书中都单列国际安全合作部分，而其中的重要内容之一就是介绍中国参与联合国维持和平行动情况。本书对维和行动进行地域划分主要依据联合国维持和平行动部的标准，即主要部署在非洲、美洲、亚洲、欧洲、中东五大地区。目前，联合国正在进行的维和行动有16项，其中非洲7项，欧洲、中东均为3项，亚洲2项，美洲1项。已经完成的维和行动共45项，其中非洲16项，亚洲、美洲均为8项，欧洲7项，中东6项。在此期间，中国与联合国维持和平行动经历了曲折的发展历程。

第一节 联合国维持和平行动概述

"集中力量，以维护国际和平与安全"在《联合国宪章》中被确立为首要任务。为了履行这一职责，联合国在一些出现政治危机或军事冲突的地区开展维持和平行动。据统计，自1948年首次向中东地区派出"联合国停战监督组织"以来，联合国投入的维和资金已超过410亿美元，约2300人为此献出了生命。截至2006年底，联合国共进行了61次维和行动，[①]目前在全球的维和兵力已近9万人，达到历史最高水平，这从一个侧面反映了国际社会对维和行动的信任和期盼。

一、联合国维持和平行动的基本内涵

"维持和平"一词的正式使用，始于1965年2月联合国大会建立维持和

① 这些数字不包括那些由联合国授权但不是由联合国指挥的维和行动。

平行动特别委员会。[①]总结维和实践，一般认为，联合国维持和平行动（UN Peacekeeping Operation）是指联合国所从事的、根据联合国安理会或大会决议向冲突地区派遣没有强制力军事人员以恢复和维持和平的行动。[②]然而，《联合国宪章》并没有对维持和平行动作出相关的法律规定，甚至连维和行动的概念都没有明确界定。[③]在《联合国宪章》中只规定了两种制止冲突的办法：一是通过谈判、调查、调停及和解等方式和平解决争端来创造和平（第六章第33-38条）；二是通过封锁、禁运、经济制裁乃至陆、海、空军事行动等强制措施来实现和平（第七章第39-51条）。人们一般把第六章称作“调解条款”，第七章称作“强制条款”。可见，维和行动实质上介于调解方式和强制方式的第三种方式，因此曾被联合国前秘书长哈马舍尔德称为“第六章半之规定”。联合国官方是这样“描述”维持和平行动的，即“以武力作后盾的规劝力量”。[④]可见，对维和行动的定义、解释都是功能性的描述，很少将它置于一个完整的理论框架中去考察，也就是说其定义缺乏完整的理论元素及元素之间严密的逻辑关系。

维持和平行动的具体职责视情况和需要有所不同，一般包括：监督停战或停火、撤军；观察、报告冲突地区的局势；监督执行脱离接触协议；协助恢复治安或维持秩序；防止非法越界或渗透等。近年来，维和行动的任务范围有所扩大，已涉及监督大选、全民公决、提供和保护人道主义援助、解除武装、裁军、协助培训民警等。

维持和平行动的建立一般由安理会决定，在历史上联合国大会偶尔也做出过决定。根据《联合国宪章》精神，维和行动的部署必须征得驻在国政府及当事各方的同意，其具体安排由联合国秘书长商安理会决定。

---

① 刘恩照：《联合国维持和平行动》，法律出版社1999年版，第6-7页。

② W. Durch, ed., *The Blue Helmets: A Review of United Nations Peacekeeping,* 2nd edition (New York: United Nations, 1990), p. 4.

③ 联合国维持和平行动的定义及法律依据一直是颇具争议的问题。有的学者认为维持和平行动是安理会为了防止情势恶化，在依宪章第三十九条规定提出建议或决定采取强制行动以前采取的一种“临时措施”（宪章第四十条），属于“预防性外交”范畴。也有人认为维持和平行动既不同于“预防性外交”又有别于“集体安全办法”，是尚无一定原则及方式、自成一类的行动。联合国前秘书长加利在第47届联大上给“维持和平行动”下的定义是：经冲突各方的同意，运用联合国指挥的部队，从事非武力的行动，以维持世界许多紧张地区的稳定。《联合国手册》（第十版）说在宪章关于调节和强制行动的条款之间有一个空白，维持和平行动发展成为填补这种空白的实际办法。可见，从“法律名份”而言，联合国维持和平行动存在严重的制度化缺失。制度化要靠立法来保障。因此，本文认为，国际法学界及联合国组织应加大对维持和平行动定义及法律依据的确认、规范工作，创立一套见诸于法律文书的行为准则，使得维和行动的指导原则、组织原则及指挥运行机制明确化，从而避免走模糊的、“车到山前必有路”的随意性发展道路。

④ 张学森、刘光本主编：《联合国》，上海财经大学出版社2005年版，第70页。

二、“两代维持和平行动”

概念的扩展随着维和行动的实践而进行，因此才有了所谓的“第一代维和行动”和“第二代维和行动”的说法。[①]联合国最早的维持和平行动是1948年向中东地区派遣的“联合国停战监督组织”，[②]到1988年美苏关系全面缓和以前，联合国共开展了13次维和行动。习惯上，人们将这一时期的维和行动称为“第一代维和行动”。

“第一代维和行动”目标较为明确，即军事上监督停火、隔离敌对武装、维持缓冲区等。联合国维和行动在其长期的实践过程中形成了被国际社会认可的三项基本准则：即同意原则、中立原则和非武力原则。[③]这是联合国维和行动取得成功的基本保证，1988年联合国维和部队荣获诺贝尔和平奖。

冷战结束促成维持和平方式的积极转变，联合国维和行动空前活跃，由此进入了“第二代维和行动”时期。它与传统维和行动相比，其“质的变化比量的变化更加显著”[④]——由“维持和平”（Peacekeeping）发展到“建立和平”（Peacemaking）乃至“缔造和平”（Peachbuilding）。维和任务不仅承担传统的监督停火等职责，还包括：1．监督或组织选举。2．协助裁减军备、军人复员和武器控制。3．帮助排雷。4．进行预防性部署。5．参与行政管理，[⑤]等等。

“第二代维和行动”的实施，对改善纳米比亚、莫桑比克、萨尔瓦多以及柬埔寨等国的局势起到了积极作用，受到国际社会的赞扬。另外，为了支持维持和平的更大需求，1992年创建了联合国维持和平行动部。但与此同时，“第二代维和行动”的实施也暴露出一些令人担忧的问题。特别是1994年前后，波黑、索马里、卢旺达、安哥拉等维和行动的失败，其负面影响导致联合国维持和平行动一

① Steven Ratner, *The New UN Peacekeeping——Building Peace in Lands of Conflict after the Cold War,* (London: Macmillan Press, 1995), p. 17.

② 1948年5月15日，第一次阿以战争爆发，联合国安理会于5月29日通过了第50（1948）号决议，要求中东停火，并由调解专员和停战委员会组成“联合国停战监督组织”监督停战，这是联合国部署的第一次维和行动，也标志着联合国维和机制的诞生。联合国第一次维持和平行动的任务区仅限于埃及、叙利亚、约旦、黎巴嫩、以色列5个国家。

③ 三项基本准则也被称为哈马舍尔德三原则。具体来说，同意原则：维和行动只有征得有关各方的一致赞同才能实施；中立原则：维和行动是《联合国宪章》中规定的临时办法，并不妨碍有关当事国之权利、要求或立场；非武力原则：维和部队只有在自卫时方可使用武力。

④ 李铁城：《联合国的五十年》，中国书籍出版社1996年版，第246页。

⑤ 联合国维和人员参与所在国政府行政管理的事务是在刚果行动开始的，到第二代维和行动期间发展起来。参与行政管理的范围包括行政、财政、外交以及提出对外政策的建议。这种“参与行政管理”是联合国维和的一种新方式。它既给该国带来和平，又使该国有相对稳定的时间去发展经济，但也潜在着干涉内政的隐患。

段时间的缩减和低潮。[①]联合国为之专门建立了“教训汲取小组”，对上述维和行动的经验和教训进行总结。可见，联合国在维持和平的过程中既有成功的经验也有失败的教训。

第二节 中国对维和行动观念的转变

中国对联合国维持和平行动所持有的态度不是一成不变的，其变化动因主要取决于联合国维持和平行动在各个历史时期的客观表现及中国政府对其性质的观念认定。

一、20世纪50、60年代，中国将“联合国军”看做是帝国主义的警察部队

20世纪70年代以前，联合国共进行了10次维和行动，它们分别是：1948年派往中东的“联合国停战监督组织”、1949年派往南亚的“联合国印度/巴基斯坦观察组”、1956年11月-1967年6月派往中东的“联合国第一期紧急部队”、1958年6月-1958年12月进行的“联合国黎巴嫩观察组”、1960年7月-1964年6月进行的“联合国刚果行动”、1962年10月-1963年4月进行的“联合国驻西新几内亚（西伊里安）安全部队”、1963年7月-1964年9月进行的“联合国也门观察团”、1964年3月进行的“联合国驻塞浦路斯维持和平部队”、1965年5月-1966年10月进行的“秘书长特别代表驻多米尼加共和国特派团”、1965年9月-1966年3月进行的“联合国印度/巴基斯坦观察团”。[②]

这一时期联合国的维和行动具有很大的局限性，对国际和平贡献有限，主要表现在以下几个方面：1．美国基本操纵了维和行动的动议权。当时的联合国

① 这一时期，安理会面对日趋复杂棘手的地区冲突时，愈来愈多地援引《联合国宪章》第七章的有关条款，使维和行动从“维持和平”走上“强制制造和平”的道路。90年代初期，联合国频繁地援引、实践上述条款，使维和部队往往由中立的第三方变成直接卷入冲突的当事方，强制执行和平与维持和平间的界限变得模糊。例如，在索马里，维和部队不仅直接向艾迪德派武装发起进攻，而且悬赏捉拿艾迪德，俨然是索马里内战中一支新的武装力量。这些行动损害了联合国的声誉并使维和人员蒙受重大损失。

② 其中，联合国共派出4支维持和平部队，它们是：1956年11月派往中东的联合国紧急部队；1960年派往刚果（利）（现称扎伊尔）的维持和平部队；1962年去印度尼西亚西伊里安帮助印度尼西亚从荷兰手中接管西伊里安行政权的维持和平部队；1964年3月派往塞浦路斯为调解希腊族和土耳其族武装冲突的维持和平部队。

更多体现“西方”色彩，导致了维和行动逐渐沦为美国对他国进行军事干涉的工具。随后，苏联与美国在联合国合作，欲借联合国“共同主宰世界”，他们不断在具有战略价值的国家和地区制造事端，并以维持和平为借口，派出“维持和平部队”干涉别国内政。2．冷战正酣之际，第三世界国家无法有效影响维和行动的性质。联合国初建时，在51个创始成员国中，亚非国家只有13个，几乎占全世界人口三分之一的人民当时正处在殖民统治的枷锁之下。这样，无论是在维和决策还是人员贡献方面都无法撼动超级大国的绝对控制地位。3．维和地区的选取具有明显的政治倾向性。维和行动只对超级大国具有重要战略意义的地区感兴趣，而对那些无利可图地区所发生的冲突则听之任之，联合国的作用至多是赋予其“合法性”外衣，这极大地破坏了联合国维和行动的积极意义和正面形象。4．更为严重的是，1950年联合国公然派“联合国军”侵入朝鲜半岛。期间，中国和“联合国军”成为直接交战双方。此后，联合国并未给中国人民留下任何积极的印象。在中国看来，1971年以前的大多数联合国维和行动几乎都可以被看做是“美帝国主义国际警察部队的分支”。①

因此，中国对联合国维和行动保持高度警惕，并勇敢地揭露其“侵略罪行”，而且措辞严厉。例如，1964年7月2日，《人民日报》发表《“联合国军”在刚果（利）四年侵略罪行》。文章指出，“1960年7月15日，正当刚果（利）爱国军民奋起保卫独立，胜利地抗击着比利时侵略军的时候，一支戴着‘蓝钢盔’的‘联合国军’，以‘维持秩序’为名，开进了这个刚诞生半个月的非洲共和国。四年来，这支人数曾达二万多的装备着美国武器的‘联合国军’，在美帝国主义的控制下，对刚果进行了肆无忌惮的侵略和干涉……‘联合国军’还任意蹂躏刚果主权，肆意干涉刚果内政，俨然成为刚果的统治者。四年来，‘联合国军’在刚果的所作所为，充分暴露了它作为美国新殖民主义工具侵略和干涉刚果的罪恶面目。”②

随后不久，1965年11月19日，《人民日报》再次发表文章，公开指责“联合国军”在亚非地区所从事的“罪恶记录”：1950年，联合国在美国操纵下公然派“联合国军”侵略朝鲜，然后又颠倒黑白，诬蔑朝鲜和中国是“侵略者”；1960年，美

① [美]伊莉莎白·埃克诺米、米歇尔·奥克森伯格主编：《中国参与世界》，华宏勋等译，新华出版社2001年版，第56页。

② 《“联合国军”在刚果（利）四年侵略罪行》，《人民日报》，1964年7月2日，第4版。

国在苏联的赞同下，操纵联合国安理会组织“联合国军”，以“协助刚果恢复法律和秩序，保卫刚果统一”为名侵入刚果（利），颠覆了卢蒙巴合法政府，扼杀了刚果（利）的独立；1964年，美国操纵联合国安理会派遣“联合国维持和平部队”进驻塞浦路斯，假手联合国干涉塞浦路斯内政，镇压塞浦路斯人民反对美英帝国主义的正义斗争。这支部队做了许多罪恶勾当，严重损害了塞浦路斯人民的主权……这些事实都使亚非人民清楚地认识到联合国究竟是个什么东西。①

所以，当印度尼西亚于1965年1月宣布退出联合国时，中国政府已经完全失去了对联合国的信任，相信只有用革命的手段才能维护自己及第三世界国家的利益。周恩来在欢迎印尼第一副总理苏班德里约的宴会上提出，“联合国犯的错误太多了。联合国使亚非国家太失望了。联合国必须彻底改组”，甚至主张“另立一个革命的联合国，与那个被美国帝国主义操纵的因而只可能做坏事不可能做好事的所谓联合国唱对台戏。”②

中国坚决要求对联合国进行改组的原因，首先在于中国领导人认为联合国的性质发生了根本变化：首先，本来希望联合国在维持国际和平及安全、制止侵略行为方面做出应有的贡献。但是，由于美国的操纵，联合国没有起到它应有的作用，而是日益明显地走上了同它的宗旨和原则相违背的道路，越来越成为美帝国主义手中的一个侵略工具。其次，中国政府认为，联合国的现状根本不能反映世界的新形势，其世界性组织的性质更是“有名无实”。联合国在美国的操纵下，顽固地阻挠恢复中国的合法权利；朝鲜民主主义人民共和国、越南民主共和国、德意志民主共和国，也都被无理剥夺了参加联合国的权利；印度尼西亚也毅然地退出联合国。这样，约占世界人口三分之一的国家就被美国操纵的联合国拒之门外。因此，“在美国的把持下，联合国不可能做什么好事。”中国不断目睹、亲历联合国的不光彩行经：美国利用联合国派遣所谓观察员，干涉希腊人民的革命斗争。联合国在美国控制下，就所谓“匈牙利问题”通过一系列诽谤社会主义国家的决议。美国利用安理会派出所谓代表团，到柬埔寨和南越边境调查，把美国和南越进行侵略的罪责转嫁到柬埔寨身上。美国武装入侵多米尼加，联合国非但不予以谴责，反而混淆是非，要多米尼加爱国军民接受“永久停火”，等等。

① 《联合国在亚非地区的罪恶记录》，《人民日报》，1965年11月19日，第5版。

② 《周总理在欢迎苏班德里约第一副总理宴会上发表重要讲话，联合国必须改正错误彻底改组，也可以另立一个革命的联合国》，《人民日报》，1965年1月25日，第1版。

由此，“联合国的所作所为充分证明，它根本谈不上是一个维护国际和平及安全、制止侵略行为的国际机构。恰恰相反，它不折不扣地沦为美帝国主义用来反对社会主义国家，镇压亚洲、非洲和拉丁美洲的民族解放运动，欺负弱小国家，掩护和帮助美帝国主义进行侵略活动，推行美国的新殖民主义的工具。”所以，中国政府认为，“联合国已经病入膏肓”，“联合国必须改正它所犯的一系列错误，洗掉它的满身污垢，进行彻底改组。”①

1967年，中国政府又进一步揭露英美勾结妄图利用联合国维持和平部队来扑灭南也门人民争取民族解放的斗争。并随即评价，“所谓‘联合国代表团’踏上南也门的土地，立足未稳，就被南也门人民轰出去了。南也门人民这个革命行动好得很！”，“南也门人民赶走‘联合国代表团’，大灭帝国主义和修正主义的威风，大长革命人民的志气。”②

同年，中国对联合国特别会议讨论建立“联合国部队”问题，表示坚决反对。中国政府指出，“苏联修正主义领导集团正准备在4月21日开幕的联合国特别会议上，就建立一支镇压世界人民革命斗争的国际宪兵——‘联合国部队’的问题，同美帝国主义加紧进行交易。长期以来，联合国一直是美帝国主义在全世界推行侵略政策的工具，是美苏进行政治交易的场所，而利用联合国这块‘破招牌’，来镇压世界各地的革命斗争，则是美苏交易中的重要项目。早在1965年，美苏策划成立了一个所谓‘联合国维持和平行动特别委员会’，来筹划建立充当国际宪兵的‘联合国部队’。但是，由于双方在经费等具体问题上讨价还价，这项计划一直难产。现在，随着美苏在共同对付越南人民抗美救国斗争方面越勾越紧，其他方面的大小交易也一笔接着一笔拍板成交，双方都急于赶快实现这个阴谋。正是在这种情况下，苏联政府在4月5日就联合国使用军队‘维持国际和平和安全’的问题发表一个备忘录，在大肆宣扬《联合国宪章》的同时，竭力鼓吹要加强联合国‘维护和平和安全问题上的效能’，以便使它能‘迅速地和有效地采取行动’……苏联修正主义领导集团在伙同美帝国主义建立国际宪兵——‘联合国部队’问题上如此积极，又一次暴露了它与世界革命人民为敌的叛徒嘴脸。”③

综上所述，这一时期，在与联合国的交往过程中，中国政府所持的观念是：

① 《联合国必须彻底改组》，《人民日报》，1965年6月26日，第5版。

② 《大灭帝修的威风》，《人民日报》，1967年4月13日，第5版。

③ 《美苏勾结急于建立国际宪兵，库兹涅佐夫赶到纽约与美国谈判“联合国部队”问题，费德林表示苏愿为镇压世界革命的国际宪兵提供军费》，《人民日报》，1967年4月20日，第6版。

"多年来，联合国一直被美国利用来推行它的侵略政策和战争政策。苏联为了推行'苏美合作主宰世界'的路线，加紧在联合国与美国联合，欲把联合国当作苏美合作的政治交易所；美苏控制联合国，通过了一个又一个的干涉和侵略亚洲、非洲和拉丁美洲国家的决议。"①所有这些负面的感受、痛苦的经历不断深化、验证中国对联合国维和行动的最初判断："联合国军"是帝国主义的警察部队、侵略工具，同时坚定了中国政府采取对抗甚至革命手段的正确性。

二、20世纪70年代，中国对维和行动采取了冷静观察的态度

1971年联合国恢复了中国政府的合法席位。但由于中国对维和仍有提防，且对维和机制缺乏足够的了解，中国对此采取了冷静观察的态度。这种状况一直持续到1981年底。在此期间，联合国共进行了3次维持和平行动，分别是：1973年10月-1979年7月的"联合国第二期紧急部队"、1974年6月开始的"联合国脱离接触观察员部队"、1978年3月开始的"联合国驻黎巴嫩临时部队"。中国政府既没有参加安理会对上述维和行动决议的投票，同时声明对维和行动不承担任何财政义务。②中国政府在表达上述态度时，始终强调捍卫主权原则，可见中国当时对联合国维和行动仍存戒心。

1972年10月9日，中国首次参加联合国第五（行政和预算）委员会工作，在审议"1973年会计年度概算"问题时，中国代表刑松鹤指出，"联合国的财政困难主要是由于联合国在过去一个长时间里，在一、两个超级大国的操纵下，几次派出所谓'联合国部队'，进行干涉别国内政的所谓'维持和平行动'。在1973年的联合国预算中，列有所谓'联合国韩国统一复兴委员会'、'韩国联合国军纪念公墓'以及为所谓'维持和平行动'而发行的公债还本付息的开支。我们认为这是毫无道理的。"③

1973年11月，中国代表王伟才在联合国第五委员会发言时指出，"安理会派

---

① 《联合国是美帝苏修镇压人民革命的工具》，《人民日报》，1967年6月14日，第6版。

② 相关论述见《庄焰同志关于建立联合国脱离接触观察部队问题的决议草案表决前的发言》，载《我国代表团出席联合国有关会议文件集（1973.7-1974.7）》，人民出版社1974年版，第38-39页；《葛夏村副代表关于联合国中东维持和平部队经费筹措问题的解释性发言》，载《我国代表团出席联合国有关会议文件集（1978.7-12）》，人民出版社1978年版，第18页。

③ 《刑松鹤同志关于"一九七三年会计年度概算"问题的发言》，载《我国代表团出席联合国有关会议文件集（1972续集）》，人民出版社1973年版，第173-177页。

遣联合国紧急部队去中东将留下无穷后患。它将把阿拉伯主权国家变成国际管制地区，它将捆绑其阿拉伯国家和人民的手脚，遏制他们反侵略、反霸权主义的正义斗争。”[①]黄华在谈到中东决议草案时说：“派遣联合国紧急部队也将无济于事，而只能留下无穷的后患，把中东的阿拉伯主权国家变成国际管制的地区……什么‘联合国维持和平紧急部队’，说穿了，这是企图占领阿拉伯领土。中国是历来反对派遣所谓‘维持和平部队’的。对现在的中东，我们的主张仍是如此。这种做法只能为以超级大国为后台进一步进行国际干涉和控制，铺平道路。这种做法所引起的后患必将逐步为亿万阿拉伯人民所识破，从而激起他们更加强烈的反抗。中国只是为了照顾被侵略者的一方一再提出的要求，才不便对此予以否决。中国决定不参加对上述草案的投票。”[②]

然而，在世界进步力量的共同努力下，20世纪70年代末联合国的和平性质真正显现，中国对联合国维和行动的认同感不断增强，中国政府主动改变“不参与”政策，开始深入了解、学习维和事务。

三、20世纪80年代，中国政府认同维和作用，主动参与维和行动

从20世纪80年代初开始，随着与外部世界接触和联系的增多，中国的视野更加开阔，对维和行动采取了“区别对待的灵活立场”，并在相应领域表达了愿意作出贡献的合作态度。

1981年11月27日，中国常驻联合国代表凌青在第五委员会会议上发言时明确表示，“出于对联合国组织、对世界和平和人类进步事业的责任感，中国政府准备对今后联合国维持和平行动采取区别对待的灵活立场。中国将从1982年1月1日起开始交纳现存两支中东联合国部队的摊款，并指出对今后凡是严格按照《联合国宪章》的宗旨和原则建立的、有利于维护国际和平与安全、有利于维护有关国家主权和独立的联合国维持和平行动，中国都将本着积极支持的立场，予以认真

① 《王伟才同志关于反对将派遣联合国紧急部队的费用列入联合国经常预算问题的发言》，载《我国代表团出席联合国有关会议文件集（1973续集）》，人民出版社1974年版，第187页。

② 《安理会继续讨论中东问题并通过一项决议，决定派联合国紧急部队去中东“监督停火”，黄华代表阐明中国政府的原则立场，没有参加投票，讨论过程暴露苏美力图利用阿拉伯国家暂时困难从中渔利争夺势力范围》，《人民日报》，1973年10月27日，第5版。

研究和对待。”[①]

1981年12月10日，联合国大会就中国联合国维持和平部队费用问题，以115票赞成、13票反对和零票弃权通过了第五委员会提交大会审议的一项决议草案。对中国自1982年1月1日起交付驻扎在中东地区的“联合国脱离接触观察员部队”和“联合国驻黎巴嫩临时部队”的摊款表示欢迎，要求联合国秘书长将中国自1971年10月25日至1981年12月31日未付的联合国维持和平行动的款项转入特别账户，并不涉及沿用《联合国宪章》第十九条之规定。[②]12月14日，中国第一次投票赞成增派联合国驻塞浦路斯维和部队。

到1984年，中国政府对联合国维和行动的看法已经发生了实质变化。10月15日，中国常驻联合国副代表梁于藩在联大特别政治委员会上发言时强调，“作为联合国的创始国和安理会常任理事国之一，中国决心和其他国家一道，为维护《联合国宪章》和加强联合国的作用尽自己最大努力。”“当今世界局势十分动荡不安，人们普遍要求加强联合国维持和平的能力。对此，联合国应当不负众望。”最后，他代表中国政府对联合国维持和平行动提出了七点原则看法。[③]

20世纪80年代末期，冷战即将结束，国际形势出现了对话代替对抗的新潮流，联合国在解决地区冲突方面的作用日益突出，一切积极变化都促使中国政府以更加务实合作的态度对待维和行动。

首先，从观念判定上，中国开始高度赞扬联合国维持和平行动。中国政府于1988年9月指出，“近年来，联合国一改以往沉闷的状况，在政治解决地区冲突的过程中，发挥着越来越重要的作用，取得了明显的积极成果，为世人所瞩目。阿富汗问题经过联合国秘书长及其特别代表的多年穿梭斡旋，终于在今年4月达成协议，苏联军队开始撤走。长达8年之久的两伊战争在去年7月安理会一致通过的598号决议的基础上，经过秘书长的艰苦调解，双方同意实现了停火。联合国

---

① 《凌青关于我对联合国部队费用立场的发言》，载《中国代表团出席联合国有关会议文件集1981.7-12》，世界知识出版社1982年版，第130页。

② 《联合国宪章》第十九条内容：凡拖欠本组织财政款项之会员国，其拖欠数目如等于或超过前两年所应缴纳之数目时，即丧失其在大会投票权。大会如认拖欠原因，确由于该会员国无法控之情形者，得准许该会员国投票。

③ 七点原则看法为：1．中国支持符合《联合国宪章》原则的维持和平行动，认为这种行动是联合国维持国际和平与安全的有效手段之一。2．维持和平行动必须应当事国的请求或获其同意，并严格尊重其独立、主权和领土完整。3．当事国或当事各方应与维持和平行动的努力合作，充分利用维持和平行动所争取到的时间和有利条件，尽快地寻求有关问题的政治解决。4．每项维持和平行动都必须有明确的任务权限规定，任何国家或方面都不得利用维持和平行动谋取私利或干涉别国内政。5．维持和平行动的授权归安理会。在维持国际和平与安全方面，安理会、大会和秘书长应按《联合国宪章》规定各尽其责。6．维持和平行动费用应当贯彻公平分摊、合理负担的原则，可视各种不同情况在会员国中分摊、自愿捐款或由有关国家支付。7．为了加强联合国维持和平行动，拟订指导方针和采取实际措施都是必要的，维持和平行动特委会可同时从以上两方面进行工作。

的调停努力也给西撒哈拉和塞浦路斯问题的解决带来了新的转机。这些已经受到国际社会的普遍赞赏和支持。”[①]1989年4月，中国发表成为维和特委会成员后的第一份正式声明，敦促国际社会给予联合国维和行动更加有力的政治支持。

其次，从组织属性上，中国对联合国的和平性质予以肯定。中国政府认为：1．联合国是当今世界上影响最大、代表性最广的政治组织。广大第三世界国家获得独立并纷纷加入联合国，使这个国际组织在维护和平、谋求发展的事业中起着重要作用。它连续多年以压倒多数通过决议，要求外国军队全部撤出阿富汗和柬埔寨，就是它伸张正义、反对侵略的一个明证。2．联合国在解决冲突方面作用的上升同它所具有的独特地位不无关系。诚如联合国前秘书长佩雷斯·德奎利亚尔所说：“任何一国都不可能单独解决现有的冲突。需要采取多边行动才行，而联合国正是对维护和平负有全球责任的唯一世界性工具。”实践证明，联合国在维护世界和平的事业中有着其他任何个别国家、地区集团、国际组织所不可替代的作用。

最后，在外交政策上，中国对维和行动采取了积极参与的态度。1988年9月22日，中国常驻联合国代表李鹿野致函联合国秘书长，提出加入联合国维持和平行动特别委员会的请求，表示“维持和平行动已成为联合国维护国际和平与安全的有效手段，有助于地区冲突的缓和及争端的和平解决，中国愿意与维持和平行动特别委员会一道，对维护和平行动做出贡献。”[②]同年12月，第四十三届联合国大会一致通过决议，同意接纳中国为维和行动特别委员会成员。从此，中国开始参加联合国对维和行动的审议工作。1989年11月，中国代表俞孟嘉大使在第四十四届联大特别政治委员会会议上呼吁加强联合国维持和平行动的作用，提高其效能，并宣布，中国政府已决定派遣少数人员参加维持和平行动，希望得到各方的支持与合作。随即，中国政府派遣20名文职人员到纳米比亚参加“联合国过渡时期援助团”。由此，中国正式走上了维和之路。

四、20世纪90年代至今，维和行动成为世界和平支柱；中国在维和行动中扮演重要角色

从1948年到1989年的42年间，联合国共进行了18次维和行动，而此后的近

① 《联合国的作用在加强》，《人民日报》，1988年9月10日，第6版。

② 谢启美、王杏芳主编：《中国与联合国——联合国成立五十周年》，世界知识出版社1995年版，第88页。

17年间（截至2006年底），安理会批准进行的维和行动就达43次之多，占总数的70.5%。这在某种程度上表明冲突国家、热点地区对联合国维和需求的增加及对其作用的认可，同时昭示联合国已经成为维护世界和平的重要力量。由此吸引了越来越多国家的积极参与，各国均将参与维和行动视作参与国际事务和展示自身形象的手段。例如，1991年4月，联合国对西撒哈拉采取的维和行动就得到了36个国家的支持。1992年联合国倡议对柬埔寨采取维和行动时，也得到了23个国家的积极响应。[1]为此，联合国前秘书长加利自豪地宣称："维和是最为显耀的联合国行动，四大洲冲突峰线上的'蓝盔'象征着联合国对国际和平与安全的承诺。"②

中国政府也以更积极的态度全面、深入参与维和行动，并在此进程中扮演重要角色。根据国务院新闻办发表的《2006年中国国防》白皮书，截至2006年12月，中国已参加16项联合国维和行动，共派出维和军事人员5915人次，有8名维和军事人员在执行任务中牺牲，数十人负伤。2000年以来，中国向7个任务区派遣维和警察893人次。目前，中国有1487名维和军事人员在联合国9个任务区和联合国维和部执行任务。其中，军事观察员和参谋军官92人，赴刚果（金）工兵分队175人，医疗分队43人；赴利比里亚工兵分队275人，运输分队240人，医疗分队43人；赴苏丹工兵分队275人，运输分队100人，医疗分队60人；赴黎巴嫩工兵分队182人。中国现有180名维和警察在利比里亚、科索沃地区、海地和苏丹执行维和任务。

期间，中国于1990年4月首次向"联合国停战监督组织"派遣了5名军事观察员。1992年4月，中国政府应联合国秘书长的请求，派遣由47名军事观察员和一支400人组成的维和工程大队赴柬埔寨，这是中国第一支成建制的"蓝盔部队"。1997年5月，中国原则同意参加联合国"维和待命安排"。③2000年1月，中国向"联合国东帝汶过渡行政当局"派遣民事警察执行特定任务，这是中国首次派遣民事警察参加联合国维和行动。④2001年1月，中国民事警察赴波黑执行维和任务，这是中国首次向亚洲以外的地区派遣维和民事警察。同年12月，中国正

① 黄光耀：《冷战后联合国维和行动发展评析》，《南京师大学报（社会科学版）》，2004年第3期，第49页。

② Boutros Boutros-Ghali, *Empowering the United Nations, Foreign Affairs, In The Politics of Global Governance: International Organizations in an Interdependent World,* ed. Paul F. Diehl (Boulder: Lynne Rienner Publishers, 1997), p. 363.

③ 联合国维和待命安排机制分为三级：一级待命机制规定所派遣维和人员和装备必须90天内部署完毕，二级待命机制规定部署时间为60天，三级待命机制为30天。

④ 中华人民共和国外交部政策研究室编：《中国外交》，世界知识出版社2002年版，第602页。

式成立国防部维和事务办公室，统一协调和管理中国军队和警察参与联合国维和行动的工作。2002年1月，中国正式参加联合国维和行动一级待命安排机制。[①]2002年10月，国务院、中央军委批准了参加联合国维和待命分队组建方案，可以在联合国需要时派遣1个联合国标准工程营（525人）、1个联合国标准医疗分队（35人）和2个联合国标准运输连（各80人）。自此，中国参加联合国维和行动第一级待命安排机制正式启动。

此后，2003年4月，中国向刚果（金）派遣了一支175人的工兵连和一个43人的医疗分队，这是中国精兵首次远赴万里之遥的非洲。[②]同年7月，中国又决定向利比里亚派遣550人的维和部队，其中包括一个240人的运输连、一个275人的工兵连和一个35人的联合国标准二级医院，这3个分队分别隶属于中国人民解放军总后勤部、沈阳军区和南京军区。[③]2004年，中国共向东帝汶、利比里亚、阿富汗、塞黑科索沃等地区派遣59名维和警察，并应联合国请求，向联合国海地稳定特派团派遣首支125人的成建制防暴警察部队。显而易见，中国政府在这一时期积极而又高质量地参与维和行动。

由上述情况看出，尽管中国参与维和行动的历史较短，却迈出了坚实的步伐，尤其是进入90年代以后不论是在规模还是在程度上，都进入了快速发展的阶段。为了适应冷战后国际局势的变化，中国对参与维和行动表现出更为积极和灵活的姿态。可以断定，参与联合国维和行动已经成为中国维护世界和平、实现国家利益的重要手段。

观念的转变导致参与行为的积极调整，突出表现在中国派遣维和人员数目的迅速攀升。根据联合国维和行动部2001年、2002年对维和人员的历次月度统计，中国向联合国维和任务区派遣的人员总数一般维持在100多人的水平，明显少于美、英、法、俄等国家。但是从2003年开始，中国维和人员总数由100多人上升到300人左右。而从2004年开始，总人数立即上升并稳定保持在1000多人。上升的幅度之大、速度之快，已引起世人的注目，见表19。

---

① 2002年1月，在安理会就非洲局势举行的公开辩论中，中国常驻联合国代表王英凡表示，“中国政府决定提升中国参与联合国维和行动待命安排的级别，更积极地参加维和行动。”

② 中华人民共和国外交部政策研究室编：《中国外交》，世界知识出版社2003年版，第329页。

③ 同上，第278页。

表19　中国参与联合国维和行动人数统计（2001.7-2006.7）[①]

统计时间	维和警察	军事观察员	维和部队	总计	排名/总数
2001.7	60	51	–	111	45/88
2002.7	84	50	1	135	45/88
2003.7	40	44	221	305	28/89
2004.7	62	58	787	907	17/100
2005.7	193	58	794	1045	15/106
2006.7	168	63	1417	1648	12/108

需要强调的是，20世纪70、80年代，中国政府曾经认为大国参与维和部队是“别有用心”的谋求私利、争夺势力范围之举，并坚决反对大国参与维和部队。[②]甚至到90年代初，中国政府仍然表态，中国可以参加联合国维持和平行动，但不会参加其维持和平部队。钱其琛于1992年3月接受德国《商报》记者采访时指出，联合国有维持和平的义务，可以派维持和平部队，但不是干预部队。联合国不能成为一个超级国家，到处进行干涉。他特别强调，中国已参加联合国维持和平的行动，但不会参加其维持和平部队，这是中国的政策。但随后不久，即同年4月，中国政府应联合国秘书长请求，立即决定派出400人组成的军事工程大队参加柬埔寨过渡时期联合国权力机构的维持和平行动。派遣部队参加联合国维持和平行动，在我国历史上是第一次。外交行为的剧烈变化折射出中国对维和行动的观念变迁，中国领导人对此的解释是，“联合国在维护世界和平与安全、推进解决地区冲突等方面发挥了重要作用，从而提高了联合国及其安理会的地位，增强了人们对联合国的信任。”[③]正是出于信任，中国政府的维和行为在很短时间里发生了巨大变化，今天中国已成为常任理事国中提供维和人员最多的国家。据联合国维和行动部2006年7月对维和人员的月度统计显示，在联合国同期

① 资料来源：联合国维持和平行动网站，http://www.un.org/chinese/peace/peacekeeping/index.asp.

② 1956年苏伊士运河危机期间，时任联合国秘书长的哈马舍尔德提出常任理事国军人不得参加维和部队。该提议得到第一届紧急特别联大1000号和1001号决议批准，1973年安理会340号决议对此加以确认。故冷战期间，联合国维和实践遵守“大国不介入原则”，即维和部队应来源于安理会常任理事国以外的中小和中立国家，“大国不参加维和部队。而主要是提供后勤支援。”冷战后，许多大国投身维和行动，俄罗斯建立维和步兵营，日本通过《协助联合国维持和平行动法案》，法国出兵卢旺达，美国出兵索马里，德国加入波黑维和部队，中国参与柬埔寨维和等事实均说明，维和已经打破“大国不介入原则”，不仅参加，而且常常主导维和行动。相关论述见慕亚平、陈晓华：《世纪之交议维和——对冷战后联合国维持和平行动的评价与思考》，《法学评论》，2001年第6期，第67页。

③ 《李鹏总理在联合国安理会首脑会议上的讲话》，载《中国的声音——中国领导人和政府代表在联合国系统重大国际会议讲话专辑（1990-1997）》，世界知识出版社1999年版，第26页。

19项维和行动中，中国共参与10项，维和人数列五大国之首（见表20），在108个提供维和人员的国家中排名第12位。由此可见，在充分认定联合国和平性质后，中国政府对参与联合国维和行动的积极态度。

表20　常任理事国维和人员的月度统计（2006.7）

国家	维和警察	军事观察员	维和部队	总计	排名
中国	168	63	1417	1648	12
法国	150	33	404	587	22
英国	64	17	289	370	31
美国	311	16	13	340	33
俄罗斯	93	88	124	305	36

特别提出注意的一点是，20世纪80年代中期以后，中国向联合国提供维和人员的数目不断增多，而中国人民解放军却在经历裁减军队的过程。[①]中国自身国防部队人数减少的同时，对维护世界和平却源源不断提供高素质的中国军人。这“一降一升”从一个侧面表明中国政府对维和行动的重视，见图16。

图16　中国1985年后裁减军队过程

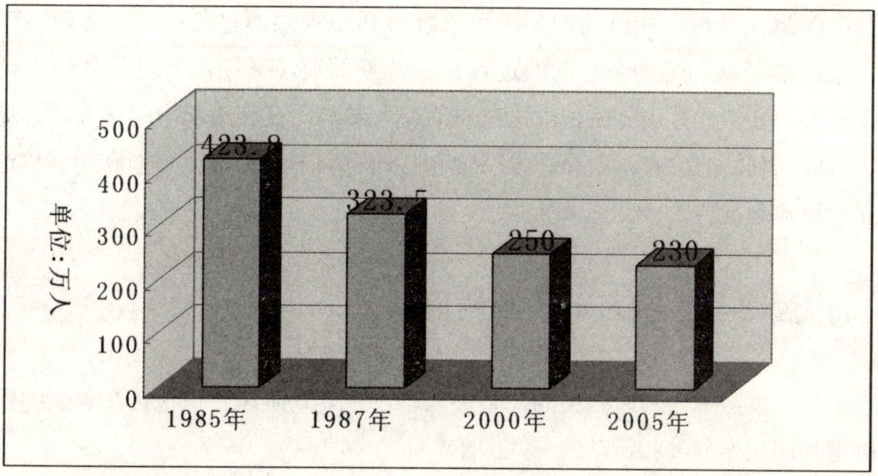

① 1987年我国军队人数为323.5万人。1997年，我国决定在3年内裁减军队员额50万。2000年，我国又决定再裁减军队员额20万。截至2005年12月31日，人民解放军圆满完成军队体制编制调整改革方案确定的任务，如期裁减员额20万，军队总员额下降为230万。其中全军精简干部17万，陆军部队占全军总员额的比例已下降至历史最低点。

此外，中国对联合国维持和平行动的资金支持也逐渐增多。曾经在较长时间里，中国对维和费用的摊款占总额比例不足1%，其中1998-2000年度为0.9%。[①]这一情况从2001年起有了较大改观。2000年12月23日，联合国第五十五届大会以协商一致的方式通过了新的联合国维和行动经费的分摊办法。根据这项决议，中国2001-2003年的维和经费分摊份额上升到1.91%。[②]2006年12月22日，联合国大会全体会议一致通过了有关192个成员国在2007至2009年应当承担的联合国会费分摊比例的决议。根据新的比例表，中国的会费分摊比例从的2.053%上升为2.667%，在所有联合国会员国中列第九位，[③]中国所分摊的维和经费比例大致与此相同。必须指出，中国政府的积极参与有助于保持维和行动的代表性和活力，有利于维和行动未来的健康发展，但我们必须注意到有很多制约因素影响中国政府更加深入地参与维和行动。

第三节　中国参与维和行动的制约因素及国家利益分析

中国深入参与维和行动的制约因素既包括主观层面也包括客观层面。应该说，中国参与维和是磨合互动的过程，在此期间要不断明确自己的身份定位，维和行动的复杂性并不能阻止中国政府的深入参与，反而激起中国军人“排除万难，争取胜利”的决心。因为，参与维和行动有利于维护中国及世界和平与正义事业的根本利益。

一、中国参与维和行动的制约因素

虽然，目前中国与联合国的关系进入了良性互动阶段，但也存在着制约中国政府更加深入参与维和行动的一些因素。

① 刘恩照：《联合国维持和平行动》，法律出版社1999年版，第37、38页。

② 唐永胜：《中国与联合国维和行动》，《世界经济与政治》，2002年第9期，第40页。

③ 分摊比率排在前10名的依次是：美国22.0%、日本16.6%、德国8.6%、英国6.6%、法国6.3%、意大利5.1%、加拿大2.98%、西班牙2.97%、中国2.7%、墨西哥2.3%。

（一）观念定位与外交战略因素的影响

上个世纪50年代初，中国与联合国军队在朝鲜半岛兵戎相见，即便是恢复联合国合法席位之后，中国也是唯一对维和行动采取回避态度的安理会常任理事国。当安理会讨论维和事宜时，中国经常选择“不出席”、“不投票”，因为在当时，中国政府所持有的观念是：出兵他国就是“对别国内政的粗暴干涉”。

虽然现在中国对联合国维和行动的认同感已大大增强，但毕竟参与时间不长，对维和行动的切身体验仍然有限，要形成非常清晰的判断十分不易。尤其是冷战后，联合国维和行动的职权明显扩大，随之而来的是维和性质的模糊性、微妙性、复杂性，其结果必然增强中国对维和定位的难度。今天的维和行动常常打破了传统的维和原则，同意原则、中立原则、非武力原则被淡化，“强制和平”被频繁使用，“人道主义”干预开始成为维和行动的重要依据，预防性部署也提到重要日程。因此，中国政府担心会掉进干涉别国内政的陷阱，甚至由此会“引狼入室”，导致别国有朝一日利用联合国来干涉中国内政。

但是，担心“干预”与“被干预”绝不是一个大国裹足不前的理由，当众多中国军人在世界各地执行维和使命时，我们发现中国的维和观念已经发生转变：不干涉他国内政是遵守国际法准则；别国处于危急时刻，在主动提出维和请求的前提下，充分顾及和平大义，及时派遣人员维和同样是捍卫国际道义。所谓大国，中国不仅要坚持和平共处五项原则，也要积极履行参与全球治理的特殊使命。必须指出，任何维和行动必须符合国际法准则、联合国维和原则，并充分尊重当事国主权。在战略上，中国政府在进行维和行动时要始终坚持不干涉内政原则，对联合国维和行动的类型定位要有超前意识，在其欲“变”前有所准备，在其“变”时则应沉着应对，即要对其性质有了解，更要在参与过程中对其性质的变化有所控制、影响，使其能够向符合世界潮流发展的和平方向演进。

此外，因为大国的参与往往直接取决于其政治利益，这也决定了维和行动中难以预测的政治变数。而政治权宜固有的片面性和短暂性往往使维和进程充满波折。汉斯·摩根索在20年前就曾经指出，“维和行动只有在政治利益和国家势力想让它成功，想依靠它时，它才能奏效。”[①]由于五大国在安理会中拥有否决

① V. Fisas, *Blue Geopolitics, The United Nations Reform and the Future of the Blue Helmets* (London: Pluto Press, 1995), p.114.

权，任何一国的否决都将阻止维和行动的启动与展开。所以，维和行动离不开大国的支持，其有效性取决于五大国合作的意愿及实际合作的力度。因此，中国参与维和行动不仅要直接面对世界冲突地区、热点问题，同时还要积极协调大国关系，既参与其中，又要保持相对独立的外交个性，更要有纵横捭阖的外交谋略。在事关全球治理的核心利益问题上要根据情况争取绝大多数国家尤其是其他常任理事国的理解与支持，虽然中国执行不结盟的外交战略，但是在某些具体的外交事务上则要灵活、开放地争取多数，如果大家都站在正义的旗帜下，自然而然属于同一阵营。因此，中国绝对不应排斥“天然盟友”的亲近，甚至在某些情况下要主动创造条件，促成其他大国对中国意图的了解，并争取他们的支持。

（二）参与维和的物质资源、人力支持有限

中国真正参与维和时间较短，维和经验、经费支持和人员培训都不可能与其他发达国家相比。但这一点不会构成限制中国“深入维和”的瓶颈。我国政府已就此展开安排，并希望通过不懈努力将劣势化为优势，同时将此作为向国际社会展现中国维和人员良好素养的国家形象工程。

目前，中国维和警察在中国人民武装警察部队学院接受培训。该学院于1981年4月24日经国务院批准创建，隶属于中华人民共和国公安部。2000年8月8日，中国维和民事警察培训中心在武警学院正式挂牌成立。[①]该中心是亚洲最大的维和民事警察培训中心。维和警察人员的选拔条件极其严格，必须通过英语、驾驶、射击、体能和面试“五关”考核。每年从全国160万名警察中选拔120名佼佼者，入围后进入武警学院维和培训中心进行强化训练。[②]自该中心成立以来，先后有联合国维和行动部、美国、英国、德国、加拿大和挪威等十几个国家和组织的代表团前来参观、交流、讲学。维和培训中心还多次派人或随团赴英国、瑞典、挪威、泰国、芬兰等国访问、培训和参加维和研讨会。

军事观察员的选拔与培训由中国人民解放军总参情报部所属的南京国际关系

① 维和实践中，部分维和任务受挫甚至失败的原因不乏是由于维和人员自身素质不高引起当地人民反感而导致的。针对这一教训，联合国秘书长负责维和行动小组曾于2000年8月起草了一份报告《布拉希米报告》，提出要对联合国的维和人员进行有针对性的培训。此后，2001年4月，联合国正式开始了对维和官员的培训活动，并设置了一系列地区性国际民事警察培训课程，为执行联合国维和使命的民事警官提供高标准的培训。中国成为整个地区系列培训活动的第一个主办国。相关论述见高太存：《建设中的中国维和民事警察培训中心》，《公安教育》，2002年第1期，第6页。

② 《神秘的“橄榄绿”——武装警察部队学院巡礼》，《解放军报》，2002年7月3日，http://jczs.sina.com.cn/2002-07-03/73331.html.

学院负责。选拔程序与维和警察大体相同，首先由各单位推荐人选，然后由南京国际关系学院所属军事观察员训练中心统一组织测试，测试内容包括英语水平、维和相关知识、情况应急处置能力和车辆驾驶等，通过测试者进入培训中心学习。训练时间为90天，训练计划主要针对那些没有维和经历或阅历较少的军官，培训内容主要目的是教会未来的军事观察员一些基本技能和树立完成各项任务的自信心。

联合国维和部队的选派在国防部维和事务办公室的统一指导下进行，由各大军区组织，以建制单位的方式选派，参加人员要在单位内部进行业务素质和综合能力的严格选拔。维和分队组成后，要按照统一安排进行业务培训，培训合格后方可接受派遣。与维和警察和军事观察员不同的是，维和部队还要进行相关装备的准备。目前，中国只向联合国维和任务区派遣工程、医疗和后勤保障等非战斗部队。

二、中国参与维和行动的国家利益分析

国家利益是一切满足民族国家全体人民物质与精神需求的总体资源。在物质上，国家需要安全与发展；在精神上，国家需要国际社会对其国格及国家荣誉的尊重。总体而言，中国参与联合国维和行动有益于国家利益的实现与维护。

（一）中国在维和行动中履行大国责任：改变世界，也在塑造自身

冷战之前，出兵他国以维持和平似乎一直是美国等西方大国最热衷的事情。但从2004年开始，中国已成为安理会常任理事国中派遣维和人员最多的国家。这里必须强调，中国参与的维和实践是在安理会授权下的“合法行为”，而美国等西方大国进行的所谓阿富汗、伊拉克等反恐战争，并不在联合国授权之下。尤其是，美国等西方国家无视联合国的存在，甚至试图役使联合国，使联合国逐渐失去了解决国际问题的主导地位。从这个角度讲，中国的维和实践具有特殊意义：第一，通过维和，中国进一步丰富着“大国责任”的外延。第二，中国是恪守联合国机制的大国。

当今世界面临的威胁已呈多元化趋势。“威胁、挑战和改革高级别小组”在《一个更安全的世界：我们的共同责任》报告中，将当前世界面临的威胁归纳为

六组，即经济和社会威胁，包括贫穷、传染病及环境退化；国家间冲突；国内冲突，包括内战、种族灭绝和其他大规模暴行；核武器、放射性武器、化学和生物武器；恐怖主义；跨国有组织犯罪。上述威胁是联合国面临的迫切挑战，同样是中国等各会员国义不容辞的国际责任。

的确，“现在的这个世界渗透性太大，以至于任何一个国家都无法有效地排除世界的影响。”[①]中国作为安理会常任理事国，作为最大的发展中国家，在获取外界援助的同时，也必须考虑对世界的贡献。维和对世界和中国来说都是一个机会。[②]一方面，在维和任务日益复杂的今天，能否及时、高效地组成适应各种困难环境的高素质维和部队，是联合国维和行动面临的巨大挑战；另一方面，中国只有熟练、自信地参与全球危机处理，才能在国际事务中发挥更大的作用。不论是中国传统文化中“和为贵”的价值观，还是中国今天所倡导的“和谐理念”，与联合国维和行动的出发点都是一致的。[③]可见，中国在维和行动中改变着世界，也在塑造自身，中国与联合国完全可以实现“双赢”。

具体而言，在履行大国责任的同时，中国也在实现多重收益：1．参加维和为中国融入国际机制并参与制定国际规则提供了一个有效的平台。维和行动是全球范围具有特殊效用的国际安全合作机制，中国深入参与会于无形中塑造维和机制性格，在参与制定“游戏规则”的同时，将中国特色与世界需求紧密结合，推动维和作用的全面发挥。2．参与维和就是要主动维护中国发展的战略机遇期，争取长期稳定的国际和平环境、睦邻友好的周边环境、平等互利的合作环境和客观友善的舆论环境。同时，参与维和有利于展示和平、民主、进步的负责任大国形象。3．参与维和有利于锻炼和检验中国军人素质、装备质量，进一步加强国防现代化建设。长期处于和平时代，中国军队和装备很难得到实战环境下的磨炼和考验。借助联合国的统一经费，参与维和行动，就可以丰富中国军队在新军事技术条件下的实战经验（特别是联合作战经验），这实际上等于联合国出资为派

① Zbigniew Brzezinski, *The Grand Chessboard: American Primacy and Its Geostrategic Imperatives* (New York: Basic Books, 1997), p. 162.

② 中国全面参与维和行动，而不像某些大国对与自身利益关系不密切的地区采取“袖手旁观”的政策。据美国史汀生中心（Henry L. Stimson Centre）2004年发表的一份研究报告指出，发达国家对目前在非洲开展的联合国维和行动出兵率只占6%；发达国家对非联合国指挥的多国部队出兵率却快速增长，其中包括“反恐”和“倒萨”战争。与此形成对照的是，中国以世界和平为重，强调维和行动必须经联合国授权，在维和区域选择方面完全服从联合国安排。因此，维和完全可以成为中国施展抱负、塑造和平形象的大舞台。

③ 《联合国官员：中国和世界在维和行动中实现双赢》，新华网，2004年11月3日，http://news.xinhuanet.com/newscenter/2004-11/03/content_2174356.htm.

出国军队提供了一个高水平的近乎实战的军事演习良机。[①]4．参与维和有利于保护中国海外利益。具体包括：保障国人安全，预防维和区域“排华事件”发生；维护经济权益，确保海外中国企业、公司的安全发展环境；保障能源、海路畅通，中国需在维和机制下进行国际合作以保障国际能源、海路安全。5．参与维和有利于压缩台湾谋求独立的国际空间。通过维和获取那些国内局势动荡，缺乏自我防卫能力国家的好感，并以此消减台湾“金援外交”政策的不良影响。

（二）维和行动考验民族承受力，提升国民心理素质

作为“负责任的大国”，中国不仅要直接将维和人员派往指定地区担负具体的维和使命，也要在维和实践中提升国民心理素质，展现大国国民必备的成熟心态，体现实力潜在运用的一方面。这种姿态与心态无疑是中国无形的战略资源。

维和行动，对于参与国来说，是对民族心理承受能力、应变能力、适应能力等综合素质的考验，也是对民族智慧和国家外交技巧的总体检验。随着中国的发展壮大，中国军人将会承担越来越多的维持和平任务。全球环境的复杂突变，地区冲突的根深蒂固，杀伤性武器的扩散，袭击手段的残暴，都会对中国维和人员造成威胁。中国只有熟练、果敢地参与争端和危机处理，沉着、稳健地接受国际社会对中华民族心理素养的磨砺，才能在不断提升国家软实力的基础上，从容、自信地应对各类国际事务的挑战。

从维和行动的实践来看，维和人员面临的风险主要有三种：一是执行维和任务基本上在冲突高发地区，冲突各方交战频繁，雷区交错，维和人员极有可能遭遇误伤的危险。二是某些失去理性的武装组织仇视联合国维和部队，进而发动有目的的袭击。三是由于联合国维和行动本身任务繁重、条件艰苦，因此工作压力和疲劳程度可能导致非战斗减员。在我国8名殉职的维和人员中，上述三种情况都存在。据联合国维和行动部网站统计，截至2003年10月31日，死亡人数最多的国家是印度108人，其次是加拿大106人。常任理事国中，法国94人、英国92人、美国54人、苏联/俄罗斯31人。[②]在遭受严重伤亡后，一些大国已经在派遣维和人员时心有余悸。因此，中国政府在积极参与维和行动时，在任务区、维和类型的选择方面一定要极其慎重，尽量减少中国军人的伤亡，爱护好宝贵的军人财富。

① 冯勇智、曾芳：《蓝箭出击——联合国维和行动大纪实》，辽宁人民出版社1999年版，第405页。

② 资料来源，联合国维持和平行动部网站，http://www.un.org/chinese/peace/peacekeeping/fatalities/totals.html.

我们必须清楚，就中国国力、对世界事物的熟悉度、对维和区域的影响力而言，并不是所有的维和行动都适合中国参与。

维和行动是需要以生命和鲜血为代价才能获得成功的事业，维和行动考验的不仅是国家的国力，同时考验参与国的民族素养。尤其是在本国军队延伸了自己的职责，协助其他国家和地区缔造和平时，能否客观理解这是一种“普世”的国际道义和全球理想，并且对此有政策上、思想上、组织上的准备，敢于承担风险，这是中国不可推卸的责任更是提升国家软实力的难得机遇。

（三）全面展现中国军人光辉形象，有力批驳“中国威胁论”

中国军人自参加维和行动以来，以其良好的作风和高质量完成任务的能力赢得联合国维和行动领导机关和所在任务区人民的广泛赞誉，成为中国军人光辉形象的代言人、宣传队。

1992年4月，中国首支参加维和行动的工程兵大队入柬埔寨后，先后抢修打通了柬埔寨的第四、五、六、七号公路，高质量地修复了波成东国际机场、上丁机场。联合国维和部队司令桑德森中将这样称赞中国军事工程部队的战斗作风，“中国工兵是一支作风勇猛、战斗力强、富有牺牲精神和正义感的精锐之师。”①2002年，在为中国维和民警举行的和平勋章颁奖仪式上，联合国东帝汶任务区维和民警总警监彼特·米勒指出，“中国维和警察的出色工作给我留下了相当深刻的印象。中国是个历史文化悠久的大国，我希望而且相信会有更多的中国警察加入到国际维和行动中来。”②

2003年，联合国刚果（金）特派团发言人在接受《简氏防务评论》采访时说：“中国维和人员获得了极佳的口碑，他们对疟疾、心脏病、牙病的治疗非常有效，他们甚至能够在极其简陋的条件下对死亡的维和人员进行尸体解剖。医疗分队在刚果（金）的主要任务是为联合国派驻任务区的人员提供医疗服务，并不针对当地平民。尽管如此，他们仍然通过捐赠药品等方式向当地的医院提供支援。中国工兵的表现也非常出色，他们在很短的时间内就修复了机场，打通了通往机场的多条道路。他们还协助联合国任务区进行裁减、复员、遣返、安置外国

① 《历程：中国人民解放军首次参加联合国维和行动》，新华网，2005年7月31日，http://news.xinhuanet.com/mil/2005-07/31/content_3283498.htm.

② 丁莉：《中国警察东帝汶维和之旅侧记》，《武警学院学报》，2002 年第6期，第44页。

武装的任务。”在欢送第二批中国维和工兵连官兵回国时，联刚团伊里亚将军在给中国工兵的留言中说：“要使全世界的人们都明白，中国工兵对刚果（金）的和平做出了非常有价值的贡献。你们的幽默，你们出色的工作，你们的坚强意志，你们精湛的技术，不仅使中国在整个联刚团机构中赢得荣誉，也为联刚团在国际社会中赢得了荣誉。作为联刚团司令官，我为拥有这样的一支中国工兵部队而自豪。”①

中国维和部队在利比里亚执行任务时，同样受到了广泛赞誉。巴基斯坦的一位军官直言，他永远不会忘记：在巴军刚刚部署时，中国维和官兵在自己面临许多困难的情况下，却将排队等候五六个小时才灌满的一车生活用水送到了他们的营地；在某国部队以道路艰险为由仅把物资运到半途时，中国运输分队的22辆军车克服重重困难，把物资装备安全运抵420公里外的巴方工兵营地。巴维和部队在向联合国维和军事总部送去的一封感谢信中称赞说：“在国际舞台上，中国是个负责任的大国；在维和任务区，中国维和运输分队是一支负责任的部队！”[2]

2004年，联合国维和行动部官员大卫·哈兰德在香港《南华早报》上发表了题为《为什么联合国欢迎中国维和人员》的文章。他指出，“中国正在准备更积极地参与联合国的维和行动，全世界有理由感到高兴，应当欢迎和鼓励中国这样做。他列举了三个理由：第一，中国能提供联合国维和所需的服务。中国军队训练有素，能吃苦，特别适合维和行动那样的艰苦环境。第二，随着中国日益强大，成为世界大国，她也在致力于消除地区冲突，保持世界局势稳定，这与维和行动的利益是相吻合的。第三，中国正在成为国际事务中越来越重要的角色，这将对21世纪的世界产生重大影响。”③这些分析和评价是比较符合中国参与维和行动的实际情况的。

此外，中国维和人员，无论什么兵种，都配有明显的中国标志，维和任务区政府和人民可以亲身感受到中国军人的和平诚意。利比里亚外长尼梅利看了中国工兵分队雨中抢修桥梁和医疗分队为当地百姓提供医疗服务后，感慨地说：“中利两国关系用友谊来描绘是不够的，至少是兄弟般的伙伴关系，因为你们中国人

① 《架设和平之桥——记第二批中国赴刚果（金）维和人员》，《人民日报》，2004年10月29日，第7版。
② 《令人尊敬的队伍——记中国维和部队在利比里亚》，《人民日报》，2004年7月9日，第3版。
③ 《中国“蓝盔”，为世界和平添彩》，《人民日报海外版》，2004年10月29日，第1版。

把利比里亚当作自己的祖国来建设。”①

中国维和军人所到之处不仅使当地居民看到了和平的希望，更使世界人民亲身感受到中国的强大不是威胁，中国军人是世界人民的友好朋友。

（四）充分表明中国要做世界和平大国的决心和能力

在9月21日“国际和平日”到来之际，2006年9月18日，中国总理温家宝在同来访的意大利总理普罗迪会谈后正式对外宣布，根据联合国决议和黎巴嫩政府请求，中国政府已决定向黎巴嫩派遣1000人的维和部队，同时向黎提供4000万元人民币的物资援助，其中价值2000万元人民币的物资已经运抵黎巴嫩。温家宝说：“我们衷心希望黎巴嫩局势能持久稳定。”消息一经公布，立即引起海内外舆论的高度关注。“这是中国参加联合国维和行动以来，第一次在一项维和行动中，派出如此大规模的维和力量。”军事科学院研究员彭光谦少将在接受新华社记者采访时认为，“中国政府的这一决定，是在中国军事观察员杜照宇遇难之后不久作出的，充分显示了中国维护世界和平的决心与意志，同时也表明，中国作为维护国际和平的重要力量，正发挥着越来越重要的作用。”十多年来，中国参与联合国维和行动，经历了规模从小到大、影响从轻到重的历程。这与中国国际地位的上升、国际责任感的增强是相一致的。而且，这次派遣前后，法国等国家也积极推动中国扩大参与联合国在中东维和的程度。②这从一个侧面表明，其他大国对中国“负责任、和平大国”身份的充分认同。

目前，在黎巴嫩参加维和行动的中国军人约有190人，除180多名中国工兵营官兵外，还有几名联合国观察员和联合国军事参谋团的参谋。其中，2006年年初部署到位的中国工兵营，在7月12日爆发的长达34天的黎以冲突中经受了战火的考验。这支驻扎在冲突前线的工兵部队尽管不断受到双方炮火的误炸威胁，但依

① 《中国驻利比里亚大使林松添谈我维和部队》，新华网，2004年10月16日，http://news.xinhuanet.com/mil/2004-10/16/content_2097500.htm.

② 在中东地区，法国一直试图消除危机。自1967年联合国安理会通过第242号决议，要求以色列立即从巴勒斯坦被占领土撤军开始，法国就不断呼吁执行该决议，并且多次在中东问题上率先采取一些开创性动作：巴勒斯坦解放组织领袖亚塞尔·阿拉法特承诺放弃恐怖主义后不久，1988年，法国在巴黎成为第一个接待他的西方国家。阿拉法特借此之机宣布废除主张毁灭以色列的《巴勒斯坦宪章》。法国承认以色列享有在安全和确认的边界内生存的权利，并且呼吁建立一个名副其实的巴勒斯坦国。法国曾支持《马德里协定》和“奥斯陆进程”，也为联合国安理会通过第1515号决议（2003年11月19日）认可的“和平路线图”的制定作出过贡献。法国同以色列和巴勒斯坦保持着积极的双边合作关系。法国同样致力于解决以色列—叙利亚冲突和以色列—黎巴嫩冲突。中法良好的关系也为中国向黎增兵起了不小的作用。“这次发生在欧洲家门口的军事冲突，美国没有派出维和部队，就是准备看法国和欧盟的笑话。中国增派维和部队也是中国帮了法国和欧盟的忙。”此外，美、英、德等西方大国只承诺向黎巴嫩维和部队提供装备和后勤补给，而以色列曾表示不愿让伊斯兰国家派兵，这也为与伊斯兰世界和以色列都保持不错关系的中国在中东发挥作用提供了机会。

然出色地坚守着自己的阵地，并且第一时间参与救援、修复道路以及排除未爆炸物等工作，在黎巴嫩当地颇受尊敬。

正是工兵营的出色表现以及中国主持正义、保持中立的态度，使得黎以双方以及负责组建维和部队的联合国、欧盟各方都不断恳请中国政府派出更多部队参与黎巴嫩维和。根据联合国安理会通过的1701号决议，部署在黎以边境的维和部队人数将由目前的2000多人增至1.5万人，而且装备也将大大改善。出于对宗教信仰的担心，以色列坚决拒绝原本积极表示参与的马来西亚等伊斯兰国家出兵黎巴嫩。与此同时，美国、英国、德国等不少西方国家或者由于对此前在黎巴嫩受到攻击心有余悸，或者深陷伊拉克、阿富汗等泥潭难以自拔，因此对于出兵黎巴嫩都不积极，这使得担任维和部队指挥权的法国感到不小的压力。①在芬兰赫尔辛基召开的第九次中欧领导人会议上，法国总统希拉克在芬兰同温家宝总理会谈时，就表达了希望中方增加维和部队力量的愿望，并且在会晤后将这一呼吁向媒体公开。

2006年9月19日，中国外交部发言人在例行记者会上指出，“尽快扩大和部署联合国驻黎巴嫩临时部队，对落实安理会第1701号决议、稳定中东局势具有重要作用。中国一直关注和支持中东和平进程。作为安理会常任理事国，中国在这一问题上责无旁贷，中国政府愿为此作出积极贡献。”

国际社会普遍认为这一举动表明中国参与国际事务的愿望越来越强烈。意大利总理普罗迪说，中国愿意向中东地区派遣维和人员反映了这个世界上人口最多的国家发生了重大转变，正向扮演国际事务中更加积极的角色转变。

增派如此大规模的维和部队，将有助于提高中国的声望。中国政府意识到随着自身实力增长，必受到美国等国家的猜疑，所以主动对世界做出和平努力，表明中国的发展是世界和平的强大动力。客观地说，参加维和行动表明中国是个“负责任的大国”，表明中国希望通过集体安全手段维护世界和平。另外，当全球化使中国国家安全与全球安全融合之际，中国“走出去”战略的内涵也在不断扩大，中国的维和人员也将以和平姿态走向世界。

① 西方国家普遍对增派维和人员到黎巴嫩心有余悸。由于大量英军在阿富汗和伊拉克部署，英国不可能派出较大数量和维和部队，只能派遣一个“特别小组”参加维和。法国最初表示，仅同意派出400名兵员。这使国际社会大失所望。迫于压力，法国承诺向联合国驻黎巴嫩维和部队派出2000名军人。原来，法国有前车之鉴，显然不愿重蹈覆辙。1983年，驻贝鲁特的多国部队受到恐怖袭击，其中法国的维和部队死了58名伞兵。在黎巴嫩维和问题上，美国只是鼓动别国多派部队，自己却不愿派出一兵一卒。美国在伊拉克、阿富汗伤亡惨重，国内民众的反战情绪日益强烈，再向黎巴嫩派兵必然引发更大的抗议行动。而且，美国在黎巴嫩的经历较法国来说更为惨痛。在1983年的黎巴嫩首都贝鲁特的爆炸案中，241名美国士兵，其中包括220名海军陆战队队员不幸身亡，不但创下美国自二次世界大战硫黄岛血战以来，单日死亡人数最高的纪录，也是美国本土以外死伤最为惨重的一次袭击事件。此外，对黎巴嫩人民来说，美军在当地的存在恐怕太过挑衅了。如果美国这次再向黎巴嫩派兵，必然成为真主党和当地反美武装攻击的首选对象。

第四节　中国参与维和行动的类型及地域分析

中国是联合国维和行动的坚定支持者和参与者。目前，中国为联合国维和行动第十二大出兵国，在五大常任理事国中名列第一。中国参与维和行动的积极姿态已经引起了全世界的高度关注。2006年11月24日，美国《华盛顿邮报》刊发了题为《中国填补西方在联合国维和行动中留下的真空》的文章。文章指出，“作为一个崛起的大国，中国必然重新思考其外交政策的重点，现在正通过支持维和行动悄然扩展其在国际舞台上的影响。”的确，参与维和充分表明中国是现存体制内“负责任的大国”。

一、中国参与维和行动的类型分析

什么是维持和平行动的类型？迄今，尚没有权威的、统一的分类方法。联合国维持和平行动部1995年发表了《维持和平行动一般准则》。文件规定联合国维和行动的类型包括：维持停火和部队隔离、预防性部署、全面解决方案的执行、在冲突继续期间采取的保护人道主义行动。有学者以维和行动的组织形式来确定其类型，如综合性代表团、军事观察团、维持和平部队、配备有重型武器的维持和平部队等等。①也有学者以时间段来界定维和行动的类型，以1988年为界，在这之前的称为第一代维和行动，此后的称之为第二代维和行动。本书依照维和的任务构成、职能特性，将联合国维和行动分为四类：

1．监督停火及脱离接触。这是联合国早期维和行动所采取的重要形式，其基本构成包括停火观察团、紧急部队或军事观察团。这类行动是在有关各方达成有限协议或谅解的基础上采取的，其作用是监督停火，同时协助战斗人员撤至安全位置以缓和紧张局势，并创造有利于谈判的氛围。1948年，联合国建立了“联合国停战监督组织”，这是联合国的第一次维和行动。

① 刘恩照：《联合国维持和平行动》，法律出版社1999年版，第2页。

2．预防性部署。由联合国派遣维和人员到一个地区抑制跨边界的武装攻击或在一国境内防止敌对行动。1992年11月，安理会通过第795号决议，向马其顿共和国派遣了第一支联合国预防性部署部队。2006年8月，联合国前秘书长安南发表了一份关于预防武装冲突的报告。该报告指出，“在许多情况下，国际社会只是花大量的钱去‘灭火’。如果我们及时采取预防措施，可以不使冲突的火苗发生，这可以挽救大量的生命。”

3．单一任务的维和特派团。特派团是冷战结束后出现的维和形式，它根据具体的需要而设立。目标的明确性、任务的针对性、操作的可控性是该类型维和行动的突出特点。1991年联合国向西撒哈拉派出了一个特派团，全名为“联合国西撒哈拉公民投票特派团”，其任务是组织进行让西撒哈拉人民决定该地区未来地位的公民投票。

4．综合性维和行动。该类型维和行动不仅包括停火和其他军事安排，而且还涉及各种民事任务，如对现有行政机构实行监督；建立新的警察部队，核查尊重人权的情况；设立和监督法制、司法和选举改革；观察、监督甚至组织和进行选举；协调对经济复兴和重建工作的支持。联合国在纳米比亚、安哥拉、萨尔瓦多、柬埔寨和莫桑比克已经部署并在限定时期内完成了这类行动。

就中国而言，在所参加的16项维和行动中，中国只参与了三种类型的维和行动，即“监督停火及脱离接触”、“单一任务的维和特派团”、“综合性维和行动”，详细内容见表21：

表21 中国参与联合国维和行动的类型统计表（至2006年11月30日）

已经完成的维和行动（共4项）			
名称	成立时间	中国参加时间	维和类型
联合国柬埔寨临时权力机构 UNTAC	1992.3	1992.4—1993.9	综合性维和行动
联合国莫桑比克行动 ONUMOZ	1992.12	1993.6—1994.12	综合性维和行动
联合国塞拉利昂特派团 UNOMSIL	1999.10	1999.10—2005.12	综合性维和行动
联合国东帝汶支助团 UNMISET	2002.5	2002.5—2005.5	单一任务的维和特派团

正在进行的维和行动（共12项）			
名称	成立时间	中国加入时间	维和类型
联合国停战监督组织UNTSO	1948.6	1990.4	监督停火及脱离接触
联合国西撒哈拉公民投票特派团MINURSO	1991.9	1991.9	单一任务的维和特派团
联合国埃塞俄比亚-厄立特里亚特派团UNMEE	2000.7	2000.10	监督停火及脱离接触
联合国刚果（金）特派团MONUC	1999.11	2003.4	监督停火及脱离接触
联合国利比里亚特派团UNMIL	2003.9	2003.12	综合性维和行动
联合国科特迪瓦行动UNOCI	2004.4	2004.4	综合性维和行动
联合国科索沃特派团UNMIK	1999.6	2004.4	单一任务的维和特派团
联合国海地稳定特派团MINUSTAH	2004.4	2004.5	综合性维和行动
联合国布隆迪行动ONUB	2004.5	2004.6	综合性维和行动
联合国苏丹特派团UNMIS	2005.3	2005.7	综合性维和行动
联合国驻黎巴嫩临时部队UNIFIL	1978.3	2006.3	监督停火及脱离接触
联合国东帝汶综合特派团UNMIT	2006.8	2006.8	单一任务的维和特派团

如表20所示，中国参与最多的是“综合性维和行动”，共8项。其次是“单一任务的维和特派团”和“监督停火及脱离接触”行动，均为4项。迄今，中国没有参与联合国“预防性部署”。

从结果上看，中国参与的“联合国柬埔寨临时权力机构”、“联合国莫桑比克行动”、“联合国塞拉利昂特派团”、“联合国东帝汶支助团”都在限定时期内完成了任务。前三项属于“综合性维和行动”，后一项属于“单一任务的维和特派团”。与之形成鲜明对比的是，中国仅参与4项“监督停火及脱离接触”行动，而这些行动尚未“结项”。“监督停火及脱离接触”主要发挥军事效用，是希望在冲突各方之间起到一种隔离或缓冲的作用，而且冲突各方往往是相互敌对的国家，再加上外部因素的影响，其任务严峻，情况复杂，维和期限也比较漫长。例如，成立了半个多世纪的“联合国停战监督组织”主要解决巴以冲突、成立了近30年的“联合国驻黎巴嫩临时部队”主要解决黎以冲突，而这些维和行动仍在艰苦的进行之中。特别是这类维和行动基本上都部署在国家边境地区，交战频繁，雷区交错，维和人员极有可能遭遇误伤的危险。如2006年7月25日，以色列空军袭击了黎南部边镇希亚姆，造成包括中国军事观察员杜照宇在内的4名联合国观察员不幸身亡。鉴于上述原因，中国参与此类行动是十分谨慎的。

从统计看，中国政府更倾向于参与“综合性维和行动”。这类维和行动主要具有四大特点：1．维和行动的前提在于当事国政府的同意。2．维和对象主要是发生国内冲突的国家。3．维和行动包含了大量的民事任务。4．维和目的在于谋求争端的最终解决。实践证明，维和行动要获得成功，停火不是最终目的，冲突各方最终还需走向和解，而“综合性维和行动”把停火与政治解决密切结合起来，对解决一个国家的内乱，维护地区稳定能够发挥重要作用，故此种类型的维和方式备受中国政府青睐。中国主张，“维和行动应重在发挥政治优势和综合功能，避免片面强调军事职能。只有这样，维和行动才有利于驻在国和地区的长治久安，赢得广泛支持并获得成功。”①

有限参与“监督停火及脱离接触”行动、积极参与“综合性维和行动”也表明：中国不愿卷入国家与国家之间的冲突，更倾向于参与解决缺少外部势力干扰的国内冲突。其原因首先在于，冷战后联合国维和行动大多是应对国家内部武装冲突，而非国家间的战争与冲突。其次，参与解决国内冲突是中国维和观念成熟性的重要体现。冷战后，维和行动对国内冲突的大量介入，对中国政府长期以来恪守的“主权原则”形成挑战。一些外国学者曾经认为，中国对联合国维和行动采取了谨慎、保守的态度，支持传统的维和行动，而反对非传统的维和行动。认为中国对维和的保守态度来自于对国家主权原则这一规范的维护。②但事实上，随着维和实践的深入，中国开始辩证地看待主权原则与道义原则。可见，中国更多从动态而非静态角度理解国家主权。

在各项维和行动中，中国所承担的主要职责集中在提供人道主义救援、帮助组织和监督选举或公民投票、协助维持社会治安等等，承担这些协调性、服务性

① 《张义山大使在联大维和行动特别委员会2006年例会上的发言》，中华人民共和国常驻联合国代表团网站，2006年2月27日，http://www.fmprc.gov.cn/ce/ceun/chn/xw/t237290.htm.

② Taylor Fravel, China’s Attitude toward U.N. Peacekeeping Operations since 1989. *Asian Survey*, Vol. 11, 1996, pp. 1102-1121.

事务的最大优点在于不易使中国维和人员卷入已经发生或潜在发生的武装冲突。客观地说，中国真正参与维和时间较短，维和经验、经费支持和人员培训也十分有限，因此由承担服务性事务转变为在维和主体事务中发挥重要作用，需要中国政府和人民在心态上有个逐渐适应的过程，这也是中国维和能力逐渐增强的积聚过程。由此，上述职责决定了目前的中国维和人员构成，如表22所示：

表22 中国参与联合国维和行动的人员构成统计表（至2006年11月30日）

正在进行的维和行动（共12项）		
名称	中国派遣人员	总体人员构成
联合国停战监督组织	军事观察员3人	军事观察员150人
联合国西撒哈拉公民投票特派团	军事观察员14人	部队27人、警察4人、军事观察员175人
联合国埃塞俄比亚-厄立特里亚特派团	军事观察员9人	部队2063人、军事观察员222人
联合国刚果（金）特派团	部队218人、军事观察员14人	部队16622人、警察1075人、军事观察员776人
联合国利比里亚特派团	部队566人、警察23人、军事观察员5人	部队14334人、警察1097人、军事观察员207人
联合国科特迪瓦行动	军事观察员7人	部队7849人、警察992人、军事观察员195人
联合国科索沃特派团	警察18人	警察1883人、军事观察员37人
联合国海地稳定特派团	警察130人	部队6668人、警察1692人
联合国布隆迪行动	（当月无人员派出）	部队1656人、警察14人、军事观察员75人
联合国苏丹特派团	部队443人、警察9人、军事观察员9人	部队8732人、警察680人、军事观察员611人
联合国驻黎巴嫩临时部队	部队190人	部队10884人
联合国东帝汶综合特派团	军事观察员1人	警察949人、军事观察员32人

可见，中国派驻联合国的维和人员主要分为3大类：第一类是军事观察员。第二类是进驻任务区的维和警察。第三类是维和部队。在3类维和人员的派遣中，中国更倾向于派遣军事观察员参与维和行动，在正在进行的12项维和行动中，中国参与8项；其次是派遣警察参与维和行动，共5项；在派遣部队参与维和问题

上，中国政府是慎重的，共参与4项，且主要由工程、医疗、运输等后勤保障分队组成。

中国积极派遣军事观察员参与维和的原因主要在于：军事观察员在三类维和人员中的死亡比率最小。按照联合国维和行动部统计资料，截止2003年10月31日，军事观察员、维和警察、维和部队的死亡人数分别为62、75、1559，其死亡比率大约为1.00/1.21/25.16。

二、中国参与联合国维和行动的地域分析

中国全部参与的16项维和行动主要集中在非洲大陆，共9项。其次是亚洲3项，中东2项，欧洲、美洲各1项。

（一）非洲是中国参与维和的重点地域

在联合国机制内，中国的身份具有特殊性：中国既是五大常任理事国之一，又是常任理事国中唯一的发展中国家。因此，中国既要承担作为大国的责任，又要为发展中国家争取更多的利益。非洲是发展中国家最集中的大陆，也是世界发生武装冲突最多的地区。为维护和平，非洲已成为中国参与维和行动最多的区域。一些西方国家尤其担心中国以维和为名，掠夺非洲资源，争夺“势力范围”。因此，我们有必要从维和条件、国家利益等视角客观地解析中国在非洲的维和行动。

中国的维和之路始于非洲，1989年中国首次派出20名文职人员参加了“联合国过渡时期援助团”，帮助纳米比亚实现从南非独立的进程，这是中国第一次参与联合国维和行动。此后，中国政府又于1991年9月派遣军事观察员参加“联合国西撒哈拉公民投票特派团”。据统计，自1990年以来，中国已经参加联合国在非洲的9项维和行动，占中国全部维和任务的56%，先后派出3000多名维和人员，占中国维和总人数的50%。

按照维和类型定义，就中国在非洲的维和行动而言，全部9项任务可以划分为三种类型，即“监督停火及脱离接触”、“单一任务的维和特派团”、“综合性维和行动”。具体而言，中国参与最多的是“综合性维和行动”，共6项。其次是“监督停火及脱离接触”行动，为2项。“单一任务的维和特派团”位列

第三，只有1次。从结果上看，中国参与的“联合国莫桑比克行动”、“联合国塞拉利昂特派团”都在限定时期内完成了任务。这2项都属于“综合性维和行动”。与之形成鲜明对比的是，中国仅参与2项“监督停火及脱离接触”行动和1项“单一任务的维和特派团”，而这些行动尚在艰苦的进行之中。

同样，“监督停火及脱离接触”是中国在非洲维和参与最为谨慎的类型。这些维和行动矛盾错综复杂，维和难度极大。例如，刚果（金）境内的交战方既包括刚果解放运动、刚果争取民主同盟等国内势力，也包括卢旺达、乌干达、津巴布韦、安哥拉等外国武装部队。而“联合国埃厄特派团”主要解决埃塞俄比亚和厄立特里亚因边界问题所引发的国家间冲突。因此，中国参与是十分谨慎的。

冷战后联合国在非洲的维和行动大多是应对非洲国家内部武装冲突，而非国家间的战争与冲突。从全球背景来看，在1990年前的18项联合国维和行动中，属于国内冲突的只有3项；而在1990年后开始的42项联合国维和行动中，属于国内冲突的多达33项。[①]因此，中国要参与维和，就必须顺应时代潮流，在联合国框架内积极参与解决国内冲突。

从维和人员构成来看，中国同样倾向于派遣军事观察员参与非洲维和。例如，2006年11月，中国在非洲的维和人员总数为1317人，军事观察员只有58人，但中国军事观察员参与了全部7项非洲维和行动中的6项。联合国在非洲的维和行动常常是在中央政府已不存在，国内混战不休，平民四处逃难的情势下进行，这对维和人员的业务能力、身体素质、语言和谈判能力要求很高。中国军事观察员都是军中佼佼者，他们军事技术过硬、心理素质好，特别是外语水平强，能够较快地适应并执行非洲维和任务。

2003年4月，中国向刚果（金）派出首批维和部队175人，这是中国第一次成建制派部队执行联合国在非洲的维和使命。可以预计，派遣作战部队参与维和行动将只是时间早晚问题。因为，维和任务领域的扩展，尤其在相应地区的军事和政治安排中发挥作用，可以确保联合国维和行动更多地体现以中国为代表的发展中国家的声音。

目前，中国成建制的维和部队主要集中在非洲，中国已成为非洲维和机制中的主体力量之一。2005年初，时任外交部部长助理的沈国放在“21世纪面临的挑

① 陆建新：《联合国维和行动：现状与挑战》，《世界经济与政治论坛》，2005年第3期，第100页。

战：国际维和研讨会”上特别强调，“维和行动的需求主要在非洲。联合国维和行动应向非洲倾斜。”[①]由此可见，中国对非洲维和的重视程度。

1. 中国参与非洲维和的有利条件

具体而言，中国参与非洲维和具有许多有利条件：第一，中国在国际事务中一贯尊重《联合国宪章》和“维和三原则”，树立了和平、正义的国家形象。同时，中国与绝大多数非洲国家保持着良好的外交关系，在非洲有较高的声誉。此外，中国参与非洲维和具有良好的政治和舆论基础。非洲国家领导人在不同场合都表达了对中国加大在非洲维和力度的希望。历届中非合作论坛所通过的文件，都显现出双方在解决非洲地区冲突问题上加强合作的意愿，加上《中国对非政策文件》的出台，[②]中国扩大参与非洲维和具备了必要的政策条件。[③]

第二，非洲很需要专业的维和人员，而西方国家往往在派兵非洲的问题上缩手缩脚。20世纪90年代初期，西方大国在索马里、卢旺达维和的“不良记录”，使非洲国家对前者普遍缺乏信任，认为西方大国对非洲的干预和介入往往使非洲冲突更趋长期化和复杂化，维护西方大国在非洲的既得利益或插手非洲内部冲突以取得于己有利的政治安排才是它们参与非洲维和行动的根本出发点。[④]而出于对人员伤亡的忌惮，美、法等国家也逐渐对非洲维和失去“兴趣”。他们希望在尽量少投入的情况下保持传统影响并获取更多实惠，在地区和国别选择上更是突出重点。例如，美国政府表明，“投票支持维和的标准就是，联合国介入可增进美国的利益，”[⑤]并表现出重视非洲南、北两头的趋势。法国则优先发展与原法属非洲国家的关系。与之相反，中国出于对非洲和平的真切关注，在量力而行的基础上全面参与非洲维和事务。目前，中国的维和人员主要分布在非洲东北部的埃塞俄比亚、厄立特里亚、苏丹；东南部的莫桑比克；西北部的西撒哈拉；西部的塞拉利昂、科特迪瓦、利比里亚；非洲中部的刚果（金）和中东部的布隆迪。

第三，在由宗教、文化等因素导致的冲突地区中，伊斯兰、基督教等信教民众对中国维和人员没有排斥心理，这便于中国在客观中立的基础上发挥作用。

① 沈国放：《我们为和平而来——“21世纪面临的挑战：国际维和研讨会”上的讲话》，《国际问题研究》，2005年第1期，第5页。

② 2006年1月12日，中国政府发表了《中国对非洲政策文件》，表示支持非洲联盟等地区组织及相关国家为解决地区冲突所做的积极努力，并承诺提供力所能及的援助。同时，将继续支持并参与联合国在非洲的维和行动。

③ 詹世明：《中国参与非洲维和行动具有重要意义》，《中国社会科学院院报》，2006年10月24日。

④ 周琦、张永义：《非洲维和机制探析》，《当代世界与社会主义》，2005年第4期，第83页。

⑤ 陈鲁直：《美国与冷战后的联合国维持和平行动》，《国际问题研究》，2001年第2期，第26页。

非洲各部族在册并予公布的有700多个。这些部族的宗教信仰、文化观念各不相同，矛盾错综复杂。一般来说，非洲北部和东部地区大都信奉伊斯兰教，南部和中部一些地区信奉基督教。在宗教信仰不同的国家或部族发生冲突时，中国所代表的“儒学”传统可以为化解非洲的宗教冲突提供一笔丰厚的资源。此外中国文化的和谐要素也有利于化解矛盾。英国著名历史学家汤因比说：“人类已经掌握了可以毁灭自己的高度技术文明手段，同时又处于极端对立的政治、意识形态的营垒，最重要的精神就是中国文明的精髓——和谐。”可见，无论是儒学传统还是和谐价值观都体现出“化干戈为玉帛”的包容性、多元性，而这正是解决地区冲突所最珍视的精神。

2．中国参与非洲维和的国家利益

中国一贯强调国际社会应从全球和平与发展的高度，关注非洲冲突，注意倾听非洲国家的关切和主张，帮助非洲国家摆脱动荡，实现稳定、和平，走上繁荣之路。中国不断呼吁国际社会应“充分照顾非洲国家要和平、促发展、谋合作的强烈意愿，让亿万非洲人民切实感受到国际大家庭的关心和支持。”[①]对于正在饱受战乱之苦的非洲人民而言，他们能够真切感受到中国维和人员“为和平而来”。同时，积极参与非洲维和行动也有益于中国国家利益的实现与维护。

首先，有利于实现非洲和平。中国虽然已经驶向和平发展的快车道，但非洲依然处于贫穷与战乱之中。仅20世纪90年代的十年间，出现战争、冲突或骚乱的非洲国家即达30多个，占非洲国家的半数以上。[②]当前全世界2200万跨境难民中，有810万生活在非洲。因此，实现非洲的稳定与发展是构建“和谐世界”的重要组成部分。目前，在非洲国家自身维和能力不足和主要西方大国参与意愿不强的情况下，中国的维和实践必将为非洲大陆的冲突解决提供新的动力。迄今，塞拉利昂、布隆迪等非洲国家在联合国维和行动的帮助下，都已实现了和平。

第二，有利于维护联合国形象。近年来，部分维和人员在非洲执行维和任务时“品行不端”已使联合国的声誉蒙受损失。2007年1月，联合国一名高级官员透露，在过去的三年内，联合国已经针对319名维和人员涉嫌性侵犯案展开大规模调查。而中国军人以其良好的作风赢得了任务区人民的广泛赞誉。一位联合国

① 胡锦涛：《维护安理会权威、加强集体安全机制——在联合国成立六十周年安理会首脑会议上的讲话》，《人民日报》，2005年9月15日，第3版。

② 王莺莺：《世纪之交对非洲局部冲突的再认识》，《国际问题研究》，2001年第2期，第41页。

官员曾这样评价中国维和人员，“你们是中国参与国际维和使命的代表，是中国爱好和平并为此而努力奉献的代表。”①

最后，有利于进一步巩固和发展中非友好合作关系。从政治上看，非洲目前有7.48亿人口，56个国家和地区，占联合国会员国总数的1/3。中非加强合作，必将为促进南南合作和发展中国家的团结做出积极贡献。此外，通过维和有利于遏制台湾当局在非洲谋求“生存空间”的企图。目前，在非洲有5个国家与台湾有着所谓的“外交关系”，②这些国家还存在着动荡和冲突，迫切需要通过国际援助以获取社会重建。通过维和行动，有利于争取这些国家“弃台投中”。从经济上看，有利于增进与受援国友谊，在政治互信的基础上推进经贸合作。政治、经济从来是互为一体的，非洲国家更愿意与值得信赖的国家在能源等领域开展合作，因此参与维和的真诚之心也能够使和平的种子开出灿烂的经贸之花。

可以预见，中国还将不断加大在非洲的维和力度，从而为非洲地区的和平与稳定作出更大的贡献。

（二）中国维和人员遍及亚洲、中东、欧洲、美洲

作为亚洲国家，中国积极参与亚洲的维和事务。1992年4月16日，中国派工兵部队参加了“联合国柬埔寨临时权力机构”，这是中国第一次派出成建制非作战部队参加联合国维和行动。中国政府分两批共派遣800名赴柬维和官兵，在18个月内完成了机场、公路、桥梁等多项工程建设和维修任务，其中修复和扩建机场4个，修复公路4条共640公里，新架设或修复桥梁47座，并完成了其他大量的勤务工程，为保障联柬维和部队行动的顺利实施作出了贡献。此外，中国在政治解决东帝汶问题上也发挥了积极作用。2002年5月至2005年5月，中国共派遣207名维和警察参加“联合国东帝汶支助团”，并圆满完成了指定任务。此后，联合国又于2006年8月25日成立了“联合国东帝汶综合特派团”，该特派团主要由一支1608人的警察部队和大约34名军事联络官和参谋组成。其职责是通过提供技术和后勤支持、选举政策咨询等方式，为2007年东帝汶总统和议会选举的顺利举行提供帮助。目前，2名中国军事观察员正在该特派团执行维和使命。

除参与非洲、亚洲维和外，中国也密切关注并积极支持中东和平进程，认为

① 王经国、刘东凯：《中国维和部队最令非洲人“放心”》，《新华每日电讯》，2006年10月13日，第4版。
② 这5个国家是：布基纳法索、斯威士兰、马拉维、冈比亚、圣多美和普林西比。

尽快落实联合国相关决议，对稳定中东局势具有非常重要的作用。如前文所述，过去中国对联合国的中东维和行动介入较少，甚至对其持批评态度。而今天，中国已经成为中东维和的重要力量。目前，联合国在中东地区同时部署三项维和行动，即“联合国脱离接触观察员部队”、“联合国驻黎巴嫩临时部队”、“联合国停战监督组织”，中国已经参与了后两项维和行动。

2004年4月，中国派遣12名维和民警赴“联合国科索沃特派团”执行任务。这是中国第一次向欧洲派遣维和人员。中国支持联合国在科索沃开展维和行动，希望各方切实执行联合国相关决议，保障科索沃地区各民族的平等权益，并强调科索沃问题的最终解决有赖于科索沃在政治、经济、社会等各领域取得全面进展。此次维和行动表明，中国愿与国际社会一道为欧洲冲突地区问题的妥善解决作出贡献。正是在中国与其他国家维和人员的共同努力下，科索沃在政府建设、难民返回、经济改善、打击有组织犯罪等领域取得了可喜的进展。

2004年4月30日，联合国安理会通过1542号决议，决定在海地部署维和行动。应联合国请求，2004年5月，中国政府向“联合国海地稳定特派团”派遣了一支125人的维和警察防暴队，这是中国维和人员第一次出现在西半球，第一次在非建交国部署维和人员，也是中国警察第一次成建制参与维和行动。中国警察在海地主要承担以下任务：1．配合和支援维和警察或当地警察的执法工作。2．处置群体性治安突发事件。3．参与重大公共活动的现场警卫。4．组建、培训当地警察防暴队。2006年8月，联海团通令嘉奖中国驻海地维和人员，在嘉奖令中指出，“在海地维和任务区，中国防暴队是一面旗帜，是一支有着坚强战斗力的队伍，在各个方面都走到了最前面。”①

可见，中国维和人员正以“威武之师、文明之师、和平之师”的姿态走向五湖四海。简而言之，非洲是中国参与维和的重点区域，其次是亚洲。由于中国并非欧洲、美洲的直接利益相关者，且这两大洲都存在能够发挥主导作用的大国，再加上区域内本身所具有的和平因素较为稳定，都决定了中国目前在上述地域所进行的维和行动数量有限，但这已充分表明，中国政府关注的重点不只局限于与自己利益密切相关的周边地区，中国对世界和平的贡献是全方位的。

① 《联合国驻海地维和中国防暴队受到嘉奖》，新华网，2006年8月3日，http://news.xinhuanet.com/newscenter/2006-08/03/content_4913067.htm.

第五节　主权原则与道义原则结合的典范——解析中国参与苏丹维和

苏丹局势长期引人关注，其达尔富尔地区已被联合国列为目前世界上人道主义危机最严重的地区。中国始终在联合国关于苏丹问题的解决中发挥着积极作用，并在维和行动中扮演重要角色。2006年11月27日，“联合国苏丹特派团”在苏丹南部瓦乌市的中国维和部队营地举行了隆重的授勋仪式，正在苏丹执行维和任务的435名中国军人，全部被授予联合国和平荣誉勋章。可以说，中国在苏丹的维和实践是主权原则与道义原则结合的成功典范。

一、履行国际道义：充分发挥大国在缔造和平方面的特殊作用

“联合国苏丹特派团”预计任务期限为6年半，是迄今中国参与持续时间最长的维和行动，其类型属于“综合性维和行动”。苏丹位于非洲东北部，红海西岸，为非洲面积最大的国家。自20世纪50年代中期以来，苏丹北、南双方因在民族、宗教等方面存在差异，矛盾不断激化，并引发了两次内战。长期的武装冲突和政治动乱使苏丹经济遭受沉重打击，也成为世界上最贫穷的国家之一。2005年1月9日，苏丹北、南双方在肯尼亚首都内罗毕签署了《全面和平协议》。

为帮助苏丹北、南双方落实《全面和平协议》，联合国安理会于2005年3月24日通过了第1590号决议，授权在苏丹南部部署一支维和部队。苏丹政府对此决议表示欢迎。苏丹代表埃瓦尔指出，“苏丹人们期待联合国特派团支持苏丹和平。我们充分赞赏安理会各成员的智慧和合作，从而能够一致通过这项对苏丹具有重要意义和历史意义的决议。”①

3月29日，联合国致电中国国防部维和办公室，请求中国派遣维和部队赴苏丹参与维和行动。中国人民解放军济南军区受命组建这支部队。该部队共435人，包括一支275人的工兵分队、一支100人的运输分队和一支60人的医疗分队，

① 资料来源：联合国安理会第5151次会议逐字记录，联合国官方网站，http://daccessdds.un.org/doc/UNDOC/PRO/N05/283/76/PDF/N0528376.

主要担负联合国划定的苏丹第二战区内的修筑道桥、机场，修建供水、供电设施，运输人员、物资，组织伤病员救治和卫生防疫等任务。5月16日，中国维和人员抵达苏丹，并立即执行维和使命。这是继中国向柬埔寨、刚果（金）、利比里亚和黎巴嫩派遣维和部队之后，第五次成建制派部队执行联合国维和任务。

这次派遣如此大规模部队去苏丹执行维和使命表明，中国愿意在尊重苏丹主权前提下，在联合国授权情况下，充分发挥大国在缔造和平方面的特殊作用。尤其与其他大国就维和人数相比，中国在苏丹维和行动中承担重要角色。例如，按照联合国维和行动部对苏丹特派团的月度统计结果，中国是五大常任理事国中派遣维和人员最多的国家，其人数是四国人数总和的2.9倍；中国派遣的维和部队人数也列第一位，其人数是四国人数总和的3.5倍，如表23所示：

表23 五大国参与苏丹维和的人员数量统计表（至2006年11月30日）

国别	维和部队	维和警察	军事观察员	维和人员总数
中国	443	9	9	461
俄罗斯	123	12	12	147
美国	–	11	–	11
英国	3	–	–	3
法国	–	–	–	0

在苏丹，中国维和部队克服种种常人难以想象的困难，出色完成了营区设施建设、战区道路修筑、瓦乌机场维护、物资运输保障、医疗救护服务等任务，充分展现了中国军人的良好形象。2006年11月27日，在授勋仪式上，联苏团总司令里德尔中将高度赞赏中国维和部队，“中国工兵、运输、医疗3支分队完成任务出色，这一点有目共睹。联合国授予你们和平荣誉勋章，是对你们在苏丹做出重要贡献的体现。”①

二、捍卫主权原则：苏丹政府同意是达尔富尔维和的前提

随着《全面和平协定》的签署，苏丹南部的内战已经结束，但另一场内战仍

① 《我驻苏丹维和官兵被授予联合国和平荣誉勋章》，新华网，2006年11月28日，http://news.xinhuanet.com/mil/2006-11/28/content_5399657.htm.

在西部达尔富尔地区进行。约有80个部族生活在达尔富尔地区，信奉伊斯兰教的阿拉伯居民与信奉基督教和原始宗教的黑人居民经常发生武装冲突。自2003年2月起，苏丹达尔富尔的冲突和饥荒已经造成20万人死亡，200万人流离失所。而且，达尔富尔局势也影响到乍得东部，那里的族裔冲突最近不断升级，乍得政府已宣布进入紧急状态。2006年5月5日，苏丹政府与达尔富尔地区反政府组织签署了《达尔富尔和平协议》，但暴力冲突仍有增无减。

目前，在达尔富尔执行维和任务的非洲联盟部队能力有限，因此国际社会希望联合国能替代非洲联盟开展维和行动。西方国家甚至欲通过制裁，促使苏丹政府接受联合国相关决议，但中国表示反对。中国政府认为，尊重苏丹主权是开展维和行动必须遵循的首要原则，国际社会不能一味对苏丹政府施压，制裁只会增加苏丹人民的苦难，甚至可能使局势进一步恶化。2004年9月18日，联合国安理会通过了关于苏丹达尔富尔问题的第1564号决议。中国、俄罗斯、巴基斯坦、阿尔及利亚4国对决议投了弃权票。期间，正是由于中国在内的有关国家提出许多积极建议，使最终决议与最初文本有很大变化。决议增加了“维护苏丹的主权、领土完整和独立”的措词，肯定了苏丹政府已采取的措施和取得的进展。同时删除了在达尔富尔地区进行国际空中监督及在达尔富尔地区设立禁飞区等内容，并弱化了对苏丹政府的指责。①

2006年4月25日，联合国安理会通过了1672号决议，中国、俄罗斯、卡塔尔投了弃权票。该决议要求对在苏丹达尔富尔犯有罪行的4人进行旅行限制并冻结其财产。这4人包括苏丹武装部队西部军区指挥官、北达尔富尔贾卢尔部落最高酋长、苏丹解放军指挥官、全国改良与发展运动战地指挥官。②中国常驻联合国代表王光亚在表决后指出，“中方对安理会实施制裁历来持谨慎态度。从过去的实践和经验看，制裁往往达不到预想效果，反而可能使平民百姓成为受害者”，“在诸多具体细节尚未搞清楚，缺乏令人信服的证据的情况下，有些成员即要求结束制裁委员会的讨论，将之提交安理会采取行动，这有悖于安理会多年形成的做法，也不符合制裁委员会工作指导原则，我们对此持保留态度。鉴于上述，中国代表团只能对1672号决议草案投弃权票。”③

① 联合国安理会第1564（2004）号决议，于2004年9月18日安全理事会第5040次会议通过。

② 联合国安理会第1672（2006）号决议，于2006年4月25日安全理事会第5423次会议通过。

③ 资料来源：联合国安理会第5423次会议逐字记录，联合国官方网站，http://daccessdds.un.org/doc/UNDOC/PRO/N06/325/75/PDF/N0632575.

安理会于2006年8月31日通过了1706号决议，决定在达尔富尔地区部署最多为1万7千兵力的联合国维和部队，以接替目前部署在当地约7000名士兵的非洲联盟部队。事实上，由于自身人力、财力有限，非洲联盟在达尔富尔维和作用有限，并急需联合国支持。安南多次表示，联合国将采取行动，从后勤、物资、军事参谋、民事警察咨询方面予以非洲联盟支持，并且在清除地雷、提供公共信息、执行《达尔富尔和平协议》等方面提供帮助。但是，苏丹总统巴希尔明确表示拒绝接受1706号决议。中国、俄罗斯和卡塔尔在表决1706号决议时，投了弃权票。王光亚在解释性发言中说："中国支持经苏丹政府同意后，在达区部署联合国行动"，"在目前情况下，推动安理会通过一个不具操作性的决议，不仅无助于阻止当地形势进一步恶化，而且可能引发当事国对安理会的误解和对立，甚至可能殃及苏南北和平进程。"王光亚还强调，"中国一直建议提案国在案文中写明'征得苏丹政府同意'这一安理会固定和惯用措辞，同时敦促提案国慎重考虑表决的时机……鉴于对通过决议的时机和案文措辞本身均有保留，中方只能对决议投弃权票。"①

的确，一些西方国家曾质疑中国在苏丹维和的意图，他们批评，"北京为资源与人权恶劣国家交往"、"中国未利用自身在苏丹的巨大影响去帮助解决内乱问题"，等等。事实上，中国在联合国向达尔富尔派遣维和部队问题上的立场是明确的：第一，中国支持联合国部队接替非洲联盟部队在苏丹执行维和任务，但认为相关维和行动必须得到苏丹政府的同意。第二，中国愿意在苏丹达尔富尔问题上发挥积极作用，也一直在不同场合做苏丹政府的工作，希望苏丹在有关问题上采取灵活态度。②中国强调，国际社会对苏丹主权的尊重恰恰有利于问题的最终解决。

国家主席胡锦涛2007年2月2日在与苏丹总统巴希尔会谈时提出对解决苏丹达尔富尔问题的原则主张，并宣布向该地区提供价值4000万元人民币的物资援助。胡锦涛表示，处理达尔富尔问题应遵循以下原则：尊重苏丹的主权和领土完整；坚持对话和平等协商，以和平方式解决问题；非盟、联合国等应该在达尔富尔维

---

① 资料来源：联合国安理会第5519次会议逐字记录，联合国官方网站，http://daccessdds.un.org/doc/UNDOC/GEN/N06/484/21/PDF/N0648421.

② 此外，中国也努力做苏丹政府的工作，希望苏丹在联合国维和问题上采取灵活态度。2006年11月2日，胡锦涛会见了前来出席中非合作论坛北京峰会的苏丹总统巴希尔时表示，"联合国通过1706号决议后，达尔富尔问题再次处于关键阶段。"其内涵已经十分明显，即希望苏丹政府对联合国决议予以重视。

和问题上发挥建设性作用；促进地区局势稳定，改善当地人民生活条件。可见，中方立场的核心仍是尊重国家主权。中国相信，“非洲内部问题完全能够依靠非洲的智慧、非洲的方式和非洲的主导，通过政治谈判加以解决”，并始终强调，获得苏丹政府的同意与合作是部署行动的前提。可以预见，中国政府的正义立场将得到国际社会的普遍赞同，获得越来越多国家和人民的理解与支持。

中国一贯坚持，国际社会应从全球和平与发展的高度，关注非洲冲突，注意倾听非洲国家的关切和主张，帮助非洲国家摆脱动荡，实现稳定、和平，走上繁荣之路。中国不断呼吁，国际社会应“充分照顾非洲国家要和平、促发展、谋合作的强烈意愿，让亿万非洲人民切实感受到国际大家庭的关心和支持。”①

从国际道义讲，中国需要参与非洲维和。从国家主权讲，为创造健康的维和环境，中国必须坚定捍卫以主权原则为核心的国际法准则。中国强调，“联合国有维持和平的义务，可以部署维持和平行动，但不是干预部队。联合国不能成为一个超级国家，到处进行干涉。”②在单边主义盛行的今天，我们需要辩证地看待主权原则与道义原则，但更需要明确，履行国际道义的前提是尊重国家主权。尤其是在介入主权国家内部事务所引发的冲突时，是否介入、如何介入以及在多大程度上介入，需要联合国各会员国以“负责任”心态进行维和实践。可以说，保持主权原则与道义原则的和谐，也是中国对维和行动所贡献的宝贵精神财富。

第六节　中国参与维和行动的行为趋向分析

中国对联合国维持和平行动的观念已经发生巨大变迁，因此由观念建构的国家利益将决定外交行为。之前我们已经分析，中国对联合国维和行动的需求日益增强，联合国维和行动本身具有的复杂性并不影响中国政府对前者的正向认同。在此基础上，深入参与维和行动在接受考验的同时，也为中国维护国际和平、实现国家利益提供了施展抱负的重要途径。在可预见的将来，维和行动仍将是世界

① 胡锦涛：《维护安理会权威、加强集体安全机制——在联合国成立六十周年安理会首脑会议上的讲话》，《人民日报》，2005年9月15日，第3版。

② 《钱其琛接受德国〈商报〉记者采访》，《人民日报》，1992年3月13日，第6版。

进步力量维持和平与安全不可或缺的手段，也是中国履行国际责任，树立国家形象的必要平台。

首先，中国政府在战略上要充分作好由维和行动“参与者”上升为“引导者”的心理、组织准备。[①]客观评价，中国现在对联合国维和行动的贡献已经不是简单的“参与者”了，在安理会五个常任理事国中，中国派出的维和人员是最多的；中国军人在亚洲、非洲、欧洲、美洲全面执行维和任务，这表明中国政府关注的重点不只局限于与自己利益密切相关的周边地区，中国对世界和平的贡献是全方位的；中国在参与维和过程中始终遵循并积极倡导维和原则，这本身就是对维和事业的积极引导。

其次，在策略上要始终坚持“稳步推进”的原则。因为，受现实国力的限制，目前的资源不允许中国不加选择地大规模参与维和行动。而且，中国所提倡的“引导者”决不是“领导者”，更不是发号施令、谋求私利的“霸主”。“引导”就是要与世界正义力量合作，共同促进联合国维和行动向进步、正义、文明、和平的方向发展。此外，中国政府即使具有维持和平的良好愿望，也不能采取咄咄逼人的方式，避免给国际舆论造成太大压力，要在不打破“和谐”的环境中实践自身理想。实际上，每一维和行动都针对特定的问题，有自己特有的参与模式，并不是每一项行动都有利于中国。何况有一些行动严重偏离了联合国维和行动的基本原则，甚至成为强权干涉的工具，中国难以参与其中。因此，坚持“稳步推进”原则具有实际操作的可行性、必要性。此外，在稳健务实的基础上，中国政府还应进一步拓展参与维和行动的职能范围。中国维和部队目前主要是在医疗、工程、运输等方面提供支持，但在新的形势下，这显然远远不够。中国当前最主要的是要扩展任务领域，尤其是要在相应地区的军事和政治安排中体现作用，以确保联合国维和行动更多地代表发展中国家的声音。

因此，“稳步推进”由“参与者”上升为“引导者”是未来中国参与联合国维和行动的主要行为趋向，这是世界潮流对中国大国责任的客观要求，也是中国政府责无旁贷的历史使命。

---

① 国际环境是十分有利于中国上述角色转变的。虽然许多国家表示支持维和行动，但却不愿更多地承担义务。单就军事资源为例，目前“蓝盔部队”（截至2006年3月31日）只有71559人，平均每个成员国（108个国家参与）只需派出600名维和人员。但事实上，“蓝盔”的人员构成是极不均衡的，三个经济超级大国美国、德国和日本派出的维和人员总数不到800人。长期承担维和任务的加拿大、北欧诸国、印度等近年来由于国防预算削减和人员裁减等原因已无法再继续提供大量受过严格训练能够胜任各种新型任务的维和部队，迫使联合国不得不将目光投向其他国家。可见，“天时”极有利于促成中国成为联合国维和行动的“引导者”。

小　结

中国对联合国维持和平行动所持观念的变化动因主要取决于维和行动在各个历史时期的客观表现以及中国政府对其性质的主观认定。20世纪70年代之前，中国将“联合国军”看做是帝国主义的警察部队。这一时期，中国政府对联合国维和行动保持高度警惕，并勇敢地揭露其“侵略罪行”。70年代，中国对维和行动仍有提防，且对维和机制缺乏足够的了解，中国对此采取了冷静观察的态度。从80年代初开始，中国对维和行动采取区别对待的灵活立场，并在相应领域做出了积极贡献。90年代至今，联合国维和行动成为世界和平支柱，中国在维和行动中扮演重要角色，今天中国已成为常任理事国中提供维和人员最多的国家。

中国政府进一步深入参与维和行动主要受以下两方面因素的制约：观念定位与外交战略因素的影响；参与维和的物质资源、人力支持有限。但上述制约因素不会构成中国深入参与维和的“瓶颈”。客观地说，参与维和行动有利于中国的国家利益：1．中国在维和行动中履行大国责任：改变世界，也在塑造自身。2．维和行动考验民族承受力，提升国民心理素质。3．参与维和可以全面展现中国军人光辉形象，有力批驳“中国威胁论”。4．充分表明中国要作世界和平大国的决心和能力。因此，中国会逐步由联合国维和行动的“参与者”上升为“引导者”。

终 章

2006年6月28日，第六十届联合国大会召开全体会议，黑山共和国成为联合国的第192个成员。从最初的51个创始会员国到今天的192个成员国，这从一个侧面反映出国际社会对联合国效用的重视。各国充分意识到，在事关和平与发展的重大问题上，世界需要一个强有力的联合国。正如联合国改革名人小组在其报告中所指出的那样，“倘若没有联合国，1945年之后的世界可能更为血腥。20世纪下半叶，国家间战争少于上半叶。对此，联合国功不可没。”①可以毫不夸张地说，今天的联合国影响着地球上每个公民的工作和生活，没有联合国的世界是难以想象的。正是由于联合国在各领域的巨大贡献，诺贝尔和平奖曾5次授予联合国机构，6次授予为联合国工作的杰出人士。

从战后集体安全机制的策划者到新中国成立后联合国席位被剥夺，再到上世纪70年代中国合法权利得以恢复，中国在联合国发挥越来越重要的作用。联合国前秘书长加利在谈到中国贡献时说：“作为安理会的常任理事国，中国在国际事务中发挥着举足轻重的作用。作为一个并不富裕的发展中国家，中国在发展本国经济的同时，还能慷慨解囊，帮助许多贫困国家，这种国际主义的精神在当今世界是难能可贵的。”②的确，在联合国各项事务中，中国作用日益上升、不可替代。中国与联合国已携手历经一个甲子的沧桑，和平发展下的中国必将在这个国际政治的大舞台上扮演更加积极的角色。

祈福未来，必须回溯历史、把握现在。因此，我们有必要先就中国对联合国的外交行为进行总结：首先，中国与联合国之间的文化结构先后经历了敌对的霍布斯状态、合作的洛克状态，而现在正处于洛克与康德状态的临界点上。这与两者由“冲突”到“合作”，再到“趋近和谐”的历史实践完全一致。“趋近和谐”直至“完全和谐”，如要实现这一跨越必须：一是继续保持国内文化结构的安定、繁

① 《联合国作用不可替代》，《人民日报》，2005年9月16日，第7版。

② 《中国需要世界，世界更需要中国——访联合国前秘书长加利》，新华网，2005年9月15日，http://news.xinhuanet.com/world/2005-09/15/content_3496271.htm.

荣；二是国际、双边文化结构的不断优化；三是中国自身规避“角色冲突”。

其次，两者的身份定位也发生了由敌人到合作伙伴的演变，但还没有最终形成稳定的朋友认同。中国正处于由工具性学习向规范性学习的转变进程，主要表现为：1．既关心本国利益，也关心联合国利益，逐渐形成休戚与共的“集体认同”。2．中国主动发挥“角色示范”作用，同时联合国对中国作用进行“正面激励”，这有利于双方“信任机制”的产生。3．在“规范合作”阶段，中国与联合国交往形成了“制度性环境”。

最后，中国对联合国的看法，经历了“联合国在美国控制下只可能做坏事，不可能做好事”——“世界离不开联合国”——“加强中国与联合国合作，促进世界共同发展”的转变过程。[①]认同转换建构了中国新的国家利益：由维护国家主权与安全的“革命的社会主义国家”到优先发展经济的“最大的发展中国家”，再到注重国家形象的“负责任的大国”。不同的国家利益产出特定的外交政策，中国对联合国外交行为的变化主线是“挑战—合作—维护”。

十六大之后，在新一届领导人的带领下，中国自觉履行“大国责任”。2003年，中国如何处理“非典”是对在中国新一代领导人带领下的中国外交形象的全方位考验。温家宝出席中国——东盟防治SARS高峰会时对香港传媒说：“作为一个时时刻刻把人民利益放在第一位的负责任的政府，中国不仅要对十三亿中国人民的健康和生命安全负责，还要为全世界的人民负责。”[②]

2005年9月15日，中国国家主席胡锦涛在联合国成立六十周年首脑会议上发表讲话时指出，“中国将始终不渝地把自身的发展与人类共同进步联系在一起，既充分利用世界和平发展带来的机遇发展自己，又以自身的发展更好地维护世界和平、促进共同发展”，“中国将一如既往地遵守《联合国宪章》的宗旨和原则，积极参与国际事务，履行国际义务。”[③]在此框架下，中国对联合国外交政

---

① 当然，中国政府清楚，联合国依然存在问题。例如，联合国仍面临受大国操纵的危险。以美国为首的西方发达国家不仅在安理会等核心机构中占有职务上的领导地位，而且在承担联合国经费、改革议案主导权等方面占有优势。在某些问题上，联合国决策还具有西方色彩。美国对联合国的政策一直是“把联合国装备起来做我们要它做的事。”据联合国前秘书长加利的助手透露，联合国在索马里维和行动中，安理会通过的相关决议，包括逮捕艾迪德和帮助索马里人重建国家的决议，都是在美国的推动下通过的。另一方面，一些大国一旦认定联合国无利用价值时，便将联合国一脚踹开。例如，在科索沃危机中，北约就公然绕开联合国对南联盟实施军事打击，大大削弱了联合国在维护世界和平与安全中的作用和影响，使联合国处于面临边缘化的危险。但上述因素并不能抹杀联合国的积极作用，更不能阻碍中国与联合国建立和谐的双边关系。因为，在困难面前，信任、集体认同、制度化环境等观念、意愿动力将使合作之路更加宽广。当然，警惕和避免少数大国利用和操纵联合国是双方合作机制有效运作并取得成功的重要前提。

② 《温家宝曼谷24小时：树立一个负责任大国形象》，人民网，2003年5月1日，http://www.people.com.cn/GB/shizheng/16/20030501/983258.html.

③ 《努力建设持久和平、共同繁荣的和谐世界》，《人民日报》，2005年9月16日，第1版。

策的定位已经清晰可见，即坚决捍卫联合国体制，主动承担大国责任，发挥大国作用。

今后，中国政府应在以下几方面采取更加积极主动的举措，促进中国与联合国的“和谐共赢”：首先，中国应深入参与联合国事务的决策过程，并逐步发挥决策主导国作用，推动创立、完善有利于人类和谐的国际制度。在联合国各项议题的政治安排上，中国的提案数量、质量也应有所上升，避免留给外界非“人权、台湾、制裁”问题就“漠不关心”的消极印象。此外，中国必须实质性参与联合国改革，在立场文件的基础上及早推出集中反映广大发展中国家意愿的具体改革方案，①以争取国际社会对中国态度的认可，并充分引导联合国改革的民主化进程。其次，在联合国机制下，中国需要全面关注国际事务。目前，中国参与的维和行动已经遍及全球。而且，中国仍需稳步增加对联合国的财政贡献，提高对不发达地区和国家的经济、技术援助，并推广具有中国特色的多元化援助手段，如教育、医疗、信息、体育合作，等等。第三，在安理会，中国应由“谨慎”转向“合理”行使否决权。否决权是大国特权，既是荣誉，更是责任。90年代以来，中国的否决票更多捍卫“主权原则”，但为世界其他和平与正义事业进行否决的实践不多，因此，在一定程度上弱化了中国“否决权”的效用。今后，应更加合理运用大国权利，体现“以正和，以奇胜”的大国谋略，避免投票行为的“单一性”。最后，应不断提高与大国身份相称的国民心理素质，以及中国社会的现代化、文明化程度，以宽宏、豁达的心态迎接国际挑战。

当前，坚持多边主义、采取集体行动、加强联合国作用，已经成为国际社会的共同愿望和普遍要求。这是历史发展的客观规律，是不可阻挡的时代潮流。今天，中国与联合国已经开启了合作的新篇章。在这一重要历史时期，中国愿与国际社会一道，推动联合国坚持多边主义、实现共同安全；推动联合国坚持互利合作，实现共同繁荣；推动联合国与时俱进，革故鼎新。我们相信，虽然中国与联合国在“建构和平”的道路上走过了曲折的20世纪，但利益的趋同性与文化结构的不断优化将使双方共同拥有辉煌壮丽的新纪元。

① 2005年6月7日，中国政府发布《中国关于联合国改革问题的立场文件》。这是所有联合国成员中第一个就联合国改革问题发表文件阐述自己立场的国家，首次以官方文件形式全面、系统地阐述了中国对联合国各领域改革的看法和主张。文件分四大部分，对中国在发展问题、安全问题、法治、人权与民主以及加强联合国等方面的立场进行了全面阐述。

附表1 联合国常任理事国会费缴纳情况（1971–2007年）

联合国常任理事国缴纳会费比例（1971-1979年）[①]

国家	1971	1972	1973	1974	1975	1976	1977	1978	1979
中国	4.00	4.00	4.00	5.50	5.50	5.50	5.50	5.50	5.50
美国	31.52	31.52	31.52	25.00	25.00	25.00	25.00	25.00	25.00
苏联	14.18	14.18	14.18	12.97	12.97	12.97	11.33	11.60	11.60
英国	5.90	5.90	5.90	5.31	5.31	5.31	4.44	4.52	4.52
法国	6.00	6.00	6.00	5.86	5.86	5.86	5.66	5.82	5.82
总计	61.60	61.60	61.60	54.64	54.64	54.64	51.93	52.47	52.47

联合国常任理事国缴纳会费比例（1980-1989年）[②]

国家	1980	1981	1982	1983	1984	1985	1986	1987	1988	1989
中国	1.62	1.62	1.62	0.88	0.88	0.88	0.79	0.79	0.79	0.79
美国	25.00	25.00	25.00	25.00	25.00	25.00	25.00	25.00	25.00	25.00
苏联	11.10	11.10	11.10	10.54	10.54	10.54	10.20	10.20	10.20	9.99
英国	4.46	4.46	4.46	4.67	4.67	4.67	4.86	4.86	4.86	4.86
法国	6.26	6.26	6.26	6.51	6.51	6.51	6.37	6.37	6.37	6.25
总计	48.44	48.44	48.44	47.60	47.60	47.60	47.22	47.22	47.22	46.89

① 资料来源：第25届联合国大会决议，决议号A/RES/2654(25)；第28届联合国大会决议，决议号A/RES/3062(XXVIII)；第31届联合国大会决议，决议号A/RES/31/95；第32届联合国大会决议，决议号A/RES/32/39。

② 资料来源：第34届联合国大会决议，决议号A/RES/34/6；第37届联合国大会决议，决议号A/RES/37/125；第40届联合国大会决议，决议号A/RES/40/248；第43届联合国大会决议，决议号A/RES/43/223。

联合国常任理事国缴纳会费比例（1990-1997年）①

国家	1990	1991	1992	1993	1994	1995	1996	1997	1998
中国	0.79	0.79	0.77	0.77	0.77	0.72	0.735	0.74	0.901
美国	25.00	25.00	25.00	25.00	25.00	25.00	25.000	25.00	25.000
俄罗斯*	9.99	9.99	9.41	9.41	9.41	5.68	4.450	4.27	2.873
英国	4.86	4.86	5.02	5.02	5.02	5.27	5.315	5.32	5.076
法国	6.25	6.25	6.00	6.00	6.00	6.32	6.4075	6.42	6.494
总计	46.89	46.89	46.20	46.20	46.20	42.99		41.75	40.344

联合国常任理事国缴纳会费比例（1998-2007年）②

国家	1999	2000	2001	2002	2003	2004	2005	2006	2007
中国	0.973	0.995	1.541	1.545	1.532	2.053	2.053	2.053	2.667
美国	25.000	25.000	22.000	22.000	22.000	22.000	22.000	22.000	22.000
俄罗斯	1.487	1.077	1.200	1.200	1.200	1.100	1.100	1.100	1.200
英国	5.090	5.092	5.568	5.579	5.536	6.127	6.127	6.127	6.642
法国	6.540	6.545	6.503	6.516	6.466	6.030	6.030	6.030	6.301
总计	39.090	38.709	36.812	36.840	36.734	37.310	37.310	37.310	38.810

① 资料来源：第43届联合国大会决议，决议号A/RES/43/223；第46届联合国大会决议，决议号A/RES/46/221；第49届联合国大会决议，决议号A/RES/49/19。

* 1991年苏联解体，俄罗斯联邦代替苏联行使其在联合国的相关权利。

② 资料来源：第52届联合国大会决议，决议号A/RES/52/215；第55届联合国大会决议，决议号A/RES/55/5B；第58届联合国大会决议，决议号A/RES/58/1B；第61届联合国大会决议，决议号A/RES/61/237。

附表2 联合国安理会否决权情况总计（1946–2007年）

联合国安理会否决权统计表

次数	时间	有关问题	投否决票的国家
1	1946年2月16日	叙利亚和黎巴嫩问题	苏联1次
2–5	1946年6月28日	西班牙问题	苏联4次
6	1946年6月26日	西班牙问题	苏联1次
7–8	1946年6月26日	西班牙问题	法国、苏联各1次
9	1946年6月26日	西班牙问题	苏联1次
10–12	1946年8月29日	接纳会员国（爱尔兰、葡萄牙、约旦）	苏联3次
13	1946年9月20日	乌克兰控诉希腊	苏联1次
14	1947年3月25日	科孚海峡事件	苏联1次
15	1947年7月29日	希腊边界事件	苏联1次
16–18	1947年8月18日	接纳会员国（爱尔兰、葡萄牙、约旦）	苏联3次
19–20	1947年8月19日	希腊边界事件	苏联2次
21–22	1947年8月21日	接纳会员国（奥地利、意大利）	苏联2次
23	1947年8月25日	印度尼西亚问题	法国1次
24–25	1947年9月15日	希腊边界事件	苏联2次
26–27	1947年10月1日	接纳会员国（芬兰、意大利）	苏联1次
28	1948年4月10日	接纳会员国（意大利）	苏联1次
29–30	1948年5月24日	捷克斯洛伐克问题	苏联2次
31	1948年6月22日	原子能的国际控制	苏联1次
32	1948年8月18日	接纳会员国（锡兰）	苏联1次
33	1948年10月25日	柏林问题	苏联1次
34	1948年12月15日	接纳会员国（锡兰）	苏联1次
35	1949年4月8日	接纳会员国（南朝鲜）	苏联1次
36	1949年9月7日	接纳会员国（尼泊尔）	苏联1次

37–43	1949年9月13日	接纳会员国（奥地利、锡兰、芬兰、爱尔兰、意大利、葡萄牙、约旦）	苏联7次
44	1949年10月11日	裁军	苏联1次
45–46	1949年10月18日	裁军	苏联2次
47–48	1949年12月13日	印度尼西亚问题	苏联2次
49	1950年9月6日	控诉对大韩民国的侵略	苏联1次
50	1950年9月12日	控诉美国空军对中国的轰炸	苏联1次
51	1950年10月12日	任命秘书长	苏联1次
52	1950年11月30日	控诉对大韩民国的侵略	苏联1次
53	1952年2月6日	接纳会员国（意大利）	苏联1次
54	1952年7月3日	要求对声称的细菌战进行调查	苏联1次
55	1952年7月9日	要求对声称的细菌战进行调查	苏联1次
56	1952年9月16日	接纳会员国（利比亚）	苏联1次
57	1952年9月18日	接纳会员国（日本）	苏联1次
58–60	1952年9月19日	接纳会员国（柬埔寨、老挝、南越）	苏联3次
61	1953年3月13日	任命秘书长	苏联1次
62	1954年1月22日	巴勒斯坦问题	苏联1次
63	1954年3月29日	巴勒斯坦问题	苏联1次
64	1954年6月18日	泰国问题	苏联1次
65	1954年6月20日	危地马拉问题	苏联1次
66	1955年12月13日	接纳会员国（蒙古）	中国1次
67–81	1955年12月13日	接纳会员国（奥地利、柬埔寨、锡兰、芬兰、爱尔兰、意大利、日本、约旦、老挝、利比亚、尼泊尔、葡萄牙、南朝鲜、南越、西班牙）	苏联15次
82	1955年12月14日	接纳会员国（日本）	苏联1次
83	1955年12月15日	接纳会员国（日本）	苏联1次
84	1956年10月13日	苏伊士运河问题（英法诉埃及）	苏联1次
85–86	1956年10月30日	埃及受到以色列攻击	英国、法国各1次
87–88	1956年10月30日	埃及控诉英国和法国	英国、法国各1次
89	1956年11月4日	匈牙利	苏联1次
90	1957年2月20日	印巴问题	苏联1次

91–92	1957年9月9日	接纳会员国（南朝鲜、南越）	苏联2次
93	1958年5月2日	美国军用飞机携带原子和生化武器向苏边境飞行	苏联1次
94	1958年7月18日	黎巴嫩控诉阿拉伯联合国共和国	苏联1次
95	1958年7月22日	黎巴嫩控诉阿拉伯联合国共和国	苏联1次
96–97	1958年12月9日	接纳会员国（南朝鲜、南越）	苏联2次
98–99	1960年7月26日	RB–47轰炸机事件	苏联2次
100	1960年9月16–17日	刚果问题	苏联1次
101	1960年12月3–4日	接纳会员国（毛里塔尼亚）	苏联1次
102	1960年12月13–14日	刚果问题	苏联1次
103–104	1961年2月20–21日	刚果问题	苏联2次
105	1961年7月7日	科威特诉伊拉克	苏联1次
106–107	1961年11月24日	刚果问题	苏联2次
108	1961年11月30日	接纳会员国（科威特）	苏联1次
109	1961年12月18日	果阿问题	苏联1次
110	1962年6月22日	印巴问题	苏联1次
111	1963年9月3日	巴勒斯坦问题	苏联1次
112	1963年9月13日	南罗得西亚	英国1次
113	1964年9月17日	马来西亚和印度尼西亚关系问题	苏联1次
114	1964年12月21日	巴勒斯坦问题	苏联1次
115	1966年11月4日	巴勒斯坦问题	苏联1次
116	1968年8月22日	捷克斯洛伐克问题	苏联1次
117–118	1970年3月17日	南罗得西亚	美国、英国各1次
119	1970年11月10日	南罗得西亚	英国1次
120	1971年12月4日	印巴次大陆局势（孟加拉）	苏联1次
121	1971年12月5日	印巴次大陆局势（孟加拉）	苏联1次
122	1971年12月13日	印巴次大陆局势（孟加拉）	苏联1次
123–124	1971年12月17日	任命新秘书长问题	中国、英国各1次
125–127	1971年12月20日	任命新秘书长问题	中国1次、苏联2次

128－129	1971年12月21日	任命新秘书长问题	苏联2次
130	1971年12月30日	南罗得西亚	英国1次
131	1972年2月4日	南罗得西亚	英国1次
132	1972年8月25日	接纳会员国（孟加拉）	中国1次
133－134	1972年9月10日	中东	中国、苏联各1次
135	1972年9月10日	中东	美国1次
136－138	1972年9月29日	南罗得西亚	英国3次
139	1973年3月21日	巴拿马运河	美国1次
140－141	1973年5月22日	南罗得西亚	英国、美国各1次
142	1973年7月26日	中东	美国1次
143	1974年7月31日	塞浦路斯	苏联1次
144－146	1974年10月30日	联合国和南非	英国、美国、法国各1次
147－149	1975年6月6日	纳米比亚	英国、美国、法国各1次
150－151	1975年8月11日	接纳会员国（北越、南越）	美国2次
152－153	1975年9月30日	接纳会员国（北越、南越）	美国2次
154	1975年12月8日	中东	美国1次
155	1976年1月26日	中东，包括巴勒斯坦问题	美国1次
156	1976年2月6日	科摩罗	法国1次
157	1976年3月25日	阿拉伯被占领土问题	美国1次
158	1976年6月23日	接纳会员国（安哥拉）	美国1次
159	1976年6月29日	中东问题	美国1次
160－162	1976年10月19日	纳米比亚问题	美国、法国、英国各1次
163	1976年11月15日	接纳会员国（北越）	美国1次
164	1976年12月7日	任命新秘书长问题	中国1次
165－173	1977年10月31日	南非种族主义问题	美国、法国、英国各3次
174	1979年1月15日	柬埔寨问题	苏联1次
175	1979年3月16日	东南亚局势问题（中国和越南）	苏联1次
176	1980年1月7日	阿富汗问题	苏联1次
177	1980年1月13日	伊朗人质问题	苏联1次
178	1980年4月30日	中东问题	美国1次

179–190	1981年4月30日	纳米比亚问题	美国、法国、英国各4次
191	1981年8月31日	安哥拉诉南非	美国1次
192–207	1981年10月27–28日	任命新秘书长问题	中国16次
208–223	1981年11月4–7日	任命新秘书长问题	美国16次
224	1981年11月1日	任命新秘书长问题	苏联1次
225	1982年1月20日	中东问题	美国1次
226	1982年4月2日	中美洲局势（尼加拉瓜）	美国1次
227	1982年4月2日	中东问题	美国1次
228	1982年4月20日	中东问题	美国1次
229–230	1982年6月4日	福克兰群岛问题	美国、英国各1次
231	1982年6月8日	中东问题	美国1次
232	1982年6月26日	中东问题	美国1次
233	1982年8月6日	中东问题	美国1次
234	1983年8月2日	中东问题	美国1次
235	1983年9月12日	韩国班机事件	苏联1次
236	1983年10月27日	格林纳达问题	美国1次
237	1984年2月29日	中东问题	苏联1次
238	1984年4月4日	中美洲局势（尼加拉瓜）	美国1次
239	1984年9月6日	中东问题	美国1次
240	1985年3月12日	中东问题	美国1次
241–243	1985年5月10日	中美洲局势（尼加拉瓜）	美国3次
244–245	1985年7月26日	南非种族主义问题	美国、英国各1次
246	1985年9月13日	中东问题	美国1次
247–248	1985年11月15日	纳米比亚问题	美国、英国各1次
249	1986年1月17日	中东问题	美国1次
250	1986年1月30日	中东问题	美国1次
251	1986年2月6日	以色列拦截利比亚飞机事件	美国1次
252–254	1986年4月21日	地中海局势问题——美国袭击的黎波里和班加西（利比亚）	美国、英国、法国各1次
255–256	1986年5月23日	南非袭击博、津、赞三国问题	美国、英国各1次
257–258	1986年6月18日	安哥拉诉南非	美国、英国各1次
259	1986年7月31日	中美洲局势（尼加拉瓜）	美国1次
260	1986年10月28日	中美洲局势（尼加拉瓜）	美国1次

261–262	1987年2月20日	南非种族主义问题	美国、英国各1次
263–264	1987年4月9日	纳米比亚问题	美国、英国各1次
265	1988年1月18日	中东问题	美国1次
266	1988年2月1日	中东问题	美国1次
267–268	1988年3月8日	南非种族主义问题	美国、英国各1次
269	1988年4月15日	中东问题	美国1次
270	1988年5月10日	中东问题	美国1次
271	1988年12月14日	中东问题	美国1次
272–274	1989年1月11日	美国击落利比亚飞机事件	美国、英国、法国各1次
275	1989年2月17日	中东问题	美国1次
276	1989年6月9日	中东问题	美国1次
277	1989年11月7日	中东问题	美国1次
278–280	1989年12月23日	巴拿马问题	美国、英国、法国各1次
281	1990年1月17日	巴拿马问题（美军搜查尼加拉瓜驻巴拿马大使官邸）	美国1次
282	1990年5月31日	中东问题	美国1次
283	1993年5月11日	联塞部队摊款分担问题	俄罗斯1次
284	1994年12月5日	制裁前南斯拉夫问题	俄罗斯1次
285	1995年5月18日	中东问题	美国1次
286	1996年11月9日	加利连任问题	美国1次
287–298	1996年12月10–13日	选举秘书长问题	美国3次、法国6次、英国3次
299	1997年1月10日	联合国向危地马拉派遣观察员	中国1次
300	1997年3月7日	中东问题	美国1次
301	1997年3月21日	中东问题	美国1次
302	1999年2月25日	马其顿维和部队延期问题	中国1次
303–305	1999年3月26日	科索沃局势	美国、英国、法国各1次
306	2001年3月27日	中东问题	美国1次
307	2001年12月14日	中东问题	美国1次
308	2002年12月20日	中东问题	美国1次
309	2003年9月16日	中东问题	美国1次
310	2003年10月14日	中东问题	美国1次
311	2004年3月25日	中东问题	美国1次

312	2004年4月21日	塞浦路斯局势	俄罗斯1次
313	2004年10月5日	中东问题	美国1次
314	2006年7月13日	中东问题	美国1次
315	2006年11月11日	中东问题	美国1次
316—317	2007年1月12日	缅甸局势	中国1次、俄罗斯1次

以上数据截止到2007年3月22日。

资料来源：

1. 1946-1990年数据来源于：Anjali V. Patil, The UN Veto in World Affairs, 1946-1990, a complete record and case history of the Security Council veto. Sarasota, Fla.: UNFIO & Mansell, 1992. Sydney. D. Beilay, *The Procedure of the UN Security Council*, Clarender Press, Oxford, 1988, pp. 202-209. 部分资料转引自王杰主编：《大国手中的权杖——联合国行使否决权纪实》，当代世界出版社1998年版，第492-297页。

2. 1991-2007年数据来源于：联合国官方网站，http://www.un.org/chinese/aboutun/prinorgs/sc/pv/other_years.htm.

附表3 五大国行使否决权情况（1946年2月–2007年3月）

中国行使否决权情况[1]

问题领域	1946–1948年	1949–1971年	1972–1989年	1990–2007年	合计
和平解决争端	–	–	1	3	4
会员国加入	–	1	–	–	1
选举秘书长	–	2	17	–	19
合计	–	3	18	3	24

苏联（俄罗斯）行使否决权情况

问题领域	1946–1948年	1949–1971年	1972–1989年	1990–2007年	合计
和平解决争端	18	36	8	4	66
会员国加入	12	38	–	–	50
选举秘书长	–	6	1	–	7
裁军	1	3	–	–	4
合计	31	83	9	4	127

美国行使否决权情况

问题领域	1946–1948年	1949–1971年	1972–1989年	1990–2007年	合计
和平解决争端	–	1	60	17	78
会员国加入	–	–	6	–	6
选举秘书长	–	–	16	4	20
合计	–	1	82	21	104

① 1971年10月25日以前，中华人民共和国在联合国的席位被国民党集团窃取。1955年12月13日，国民党就接纳蒙古成为联合国会员国议题上行使否决权。因此，中华人民共和国自1971年恢复席位后，共行使否决权24次。

英国行使否决权情况

问题领域	1946—1948年	1949—1971年	1972—1989年	1990—2007年	合计
和平解决争端	–	6	26	1	33
选举秘书长	–	1	–	3	4
合计	–	7	26	4	37

法国行使否决权情况

问题领域	1946—1948年	1949—1971年	1972—1989年	1990—2007年	合计
和平解决争端	2	2	14	1	19
选举秘书长	–	–	–	6	6
合计	2	2	14	7	25

后 记

本书的构思和写作，融入了许多老师、朋友、亲人的关心和支持。付梓之际，谨向他们致以深深的谢意。

首先感谢我的博士生导师曲星、熊志勇教授、清华大学博士后合作导师楚树龙教授。在求学与从事教研工作期间，我能够时时感受到各位老师高尚的人格魅力、严谨的治学态度、宽厚的为人品格。他们将一直是我学习的榜样。还要感谢美国阿拉斯加大学政治系的孟吉瑞（Jerry McBeath）教授。孟教授为我购买了大量专业外文书籍，并利用来华之际，将这些厚重的书籍亲自予我。

此外，我的硕士导师亓成章教授，国际关系学院的陈文波教授，北京语言大学的李铁城教授，外交学院的秦亚青、郑启荣、朱立群等教授，也都给予本人诸多教诲。感谢中国联合国协会前副会长兼总干事周欲晓、副总干事张云飞及潘辉、邵微露等同志，他们为本书提出了宝贵的建议，尤其在材料获取方面提供了很多便利，而这对本书的写作大有裨益。

最后，感谢我的家人，他们的期盼与鼓励始终是我勇往直前的不竭动力。

需要指出的是，本书出版得到中央党校国际战略研究所领导与同事的帮助和支持，得到东莞市长城环保服务有限公司的赞助，在此表示衷心感谢。

由于笔者水平有限，本书的结构和资料还不够完善，书中必然存在诸多不足和浅拙谬误，恳请各位专家、学者、读者给予批评指正。

赵磊

2007年7月30日

于中央党校国际战略研究所

参考文献

[1]陈敦德：《胜利在1971——新中国重返联合国纪实》，解放军文艺出版社，2004年版。

[2]陈鲁直、李铁城：《联合国与世界秩序》，北京语言学院出版社，1993年版。

[3]方长平：《国家利益的建构主义分析》，当代世界出版社，2002年版。

[4]方中霞：《世界大管家——联合国秘书长们》，时事出版社，1997年版。

[5]冯勇智、曾芳：《蓝箭出击：联合国维和行动大纪实》，辽宁人民出版社，1999年版。

[6]符浩、李同成：《经天纬地——外交官在联合国》，中国华侨出版社，1995年版。

[7]管文虎：《国家形象论》，电子科技大学出版社，2000年版。

[8]郭树勇：《建构主义与国际政治》，长征出版社，2001年版。

[9]贾永兴：《我在莫桑比克维和》，春风文艺出版社，2003年版。

[10][瑞士]哈里什·卡普尔：《觉醒中的巨人——一个外国人看新中国前三十年的外交政策》，彭致斌译，国际文化出版社公司，1987年版。

[11]韩念龙：《当代中国外交》，中国社会科学出版社，1987年版。

[12]姜长斌、[美]罗伯特·罗斯：《从对峙走向缓和——冷战时期中美关系再探讨》，世界知识出版社，2000年版。

[13]刘强：《蓝色交响曲：联合国维和行动点击》，湖南教育出版社，2002年版。

[14]刘恩照：《联合国维持和平行动》，法律出版社，1999年版。

[15]李捷：《毛泽东与新中国的内政外交》，中国青年出版社，2003年版。

[16]李铁城：《联合国里的中国人1945-2003》，人民出版社，2004年版。

[17]李铁城：《联合国五十年》，中国书籍出版社，1995年版。

[18]李铁城：《联合国的历程》，北京语言学院出版社，1993年版。

[19]李同成：《中国外交官在联合国》，山西人民出版社，2003年版。

[20]李一文：《蓝盔行动：联合国与国际冲突》，当代世界出版社，1998年版。

[21]黎风：《联合国重大决议内幕揭秘》，广州出版社，1998年版。

[22]秦亚青：《权力•制度•文化：国际关系理论与方法研究文集》，北京大学出版社，2005年版。

[23]曲星：《中国外交五十年》，江苏人民出版社，2000年版。

[24]田进、俞孟嘉：《中国在联合国——共同缔造更美好的世界》，世界知识出版社，1999年版。

[25]王杰：《大国手中的权杖——联合国行使否决权纪实》，当代世界出版社，1998年版。

[26]王杰：《国际机制论》，新华出版社，2002年版。

[27]王逸舟：《磨合中的建构：中国与国际组织关系的多视角透视》，中国发展出版社，2003年版。

[28]王逸舟：《全球政治和中国外交》，世界知识出版社，2003年版。

[29]王杏芳：《中国与联合国——纪念联合国成立五十周年》，世界知识出版社，1995年版。

[30]吴妙发：《乔冠华与联合国》，南京大学出版社，1996年版。

[31]王泰平：《新中国外交五十年》，北京出版社，1999年版。

[32]王铁崖：《联合国基本文件集》，中国政法大学出版社，1991年版。

[33]解超、胡健：《国际政府组织与中国的外交战略》，贵州人民出版社，2004年版。

[34]欣力：《联合国里的故事》，作家出版社，1999年版。

[35]熊向晖：《我的情报与外交生涯》，中共党史出版社，1999年版。

[36]徐京利：《解密中国外交档案》，中国档案出版社，2005年版。

[37]叶自成：《新中国外交思想：从毛泽东到邓小平——毛泽东、周恩来、邓小平外交思想比较研究》，北京大学出版社，2001年版。

[38][美]亚历山大・温特：《国际政治的社会理论》，秦亚青译，上海人民出版社，2000年版。

[39][美]伊莉莎白・埃克诺米、米歇尔・奥克森伯格：《中国参与世界》，华宏勋等译，新华出版社，2001年版。

[40]阎学通：《中国国家利益分析》，天津人民出版社，1997年版。

[41]张树德：《中国重返联合国纪实》，黑龙江人民出版社，1999年版。

[42]章百家、牛军：《冷战与中国》，世界知识出版社，2002年版。

[43]郑启荣、李铁城：《联合国大事编年1945-1996》，北京语言文化大学出版社，1998年版。

[44]张植荣、李义峰：《联合国行动内幕》，海南出版社，1998年版。

英文资料

[1]Alastair Iain Johnston, *Cultural Realism: Strategic Culture and Grand Strategy in Chinese History*, Princeton: Princeton University Press, 1995.

[2]Alastair Iain Johnston and Robert Ross, eds., *Engaging China: The Management of an Emerging Power*, London and New York: Routledge Press, 1999.

[3]Ann Kent, *China, the United Nations and Human Rights: The Limits of Compliance*, Philadelphia: University of Pennsylvania Press, 1999.

[4]Anjali V. Patil, *The U.N. Veto in World Affairs, 1946-1990: A Complete Record and Case Histories of the Security Council’s Veto*, London: Mansell, 1992.

[5]David S. G. Goodman and Gerald Segal, eds., *China Rising: Nationalism and Interdependence*, London and New York: Routledge Press, 1997.

[6]Deng Yong and Feiling Wang, eds., *In the Eyes of the Dragon: China Views the World*, Lanham: Rowman & Littlefield Publishers, 1999.

[7]Doak A. Barnett, *The Making of Foreign Policy in China: Structure and Process*, Boulder, CO: Westview Press, 1985.

[8]Lawrence Ziring, Robert E. Riggs, and Jack C. Plano, *The United Nations: International Organization and World Politics*, Belmont, CA: Thomson/ Wadsworth, 2005.

[9]Gerald Chen, *China and International Organization: Participation in Non-Governmental Organization since 1971*, New York: Oxford University Press, 1989.

[10]Gerald Chen, *Chinese Perspectives on International Relations: a Framework for Analysis*, New York: St. Martins Press, 1999.

[11]Harold K. Jacobson and Michel. Oksenberg, *China' s Participation in the IMP, the World Bank, and GATT, Toward a Global Economic Order*, Ann Arbor: The University of Michigan Press, 1990.

[12]James C. Hsiung and Samuel S. Kim, eds., *China in the Global Community*, New York: Praeger, 1980.

[13]John Franklin Copper, *China' s Global Rol*e, Stanford: Hoover Institution Press, 1980.

[14]Kenneth Lieberthal and Michel Oksenberg, *Policy Making in China: Leaders, Structures, and Processes*, New Jersey: Princeton University Press, 1988.

[15]Lu Ning, *The Dynamics of Foreign-Policy Decision making in China*, Boulder, San Francisco and london: Westview Press, 1997.

[16]Peter A. Poole, *China Enters The United Nations: A New Era Begins for the World Organization*, New York: Franklin Watts, INC. 1974.

[17]Samuel S. Kim, *China, the United Nations, and World Order*, Princeton, N.J.: Princeton University Press, 1979.

[18]Samuel S. Kim, *China In and Out of the Changing World Order*, Princeton, N.J.: Center of International Studies, Princeton University 1991.

[19]Steven Ratner, *The New UN Peacekeeping: Building Peace in Lands of Conflict after the Cold War*, New York: St. Martin' s Press; Council on Foreign Relations, 1995.

[20]Thomas W. Robinson and David Shambaugh, eds., *Chinese Foreign Policy: Theory and Practice*, Oxford: Clarendon Press, 1994.

[21]Weixing Hu, Gerald Chan and Daojing Zha, eds., *China' s International Relations in the 21st Century: Dynamics of Paradigm Shifts*, Lanham, Md: University Press of America, 2000.

[22]Yeshi Choedon, *China and The United Nations*, New Delhi: South Asian Publishers, 1990.